明蒙战争

明朝军队征伐史与蒙古骑兵盛衰史

著

李湖光

吉林文史出版社
JILINWENSHICHUBANSHE

图书在版编目（CIP）数据

明蒙战争：明朝军队征伐史与蒙古骑兵盛衰史 / 李
湖光著 . -- 长春：吉林文史出版社，2018.7
  ISBN 978-7-5472-5245-1

  Ⅰ . ①明… Ⅱ . ①李… Ⅲ . ①战争史 - 中国 - 明代
Ⅳ . ① E294.8

中国版本图书馆 CIP 数据核字 (2018) 第 158306 号

MING MENG ZHANZHENG:
MINGCHAO JUNDUI ZHENGFA SHI YU MENGGU QIBING SHENGSHUAI SHI

明蒙战争：明朝军队征伐史与蒙古骑兵盛衰史

作者 / 李湖光
策划制作 / 指文图书
责任编辑 / 吴枫
特约编辑 / 王晓兰
装帧设计 / 胡小琴
出版发行 / 吉林文史出版社
地址 / 长春市人民大街 4646 号
邮编 / 130021
电话 / 0431-86037503
传真 / 0431-86037589
印刷 / 重庆共创印务有限公司
版次 / 2018 年 7 月第 1 版　2018 年 7 月第 1 次印刷
开本 / 787mm×1092mm　1/16
印张 / 17.5
字数 / 280 千字
书号 / ISBN 978-7-5472-5245-1
定价 / 69.80 元

序言

　　明朝与元朝及其后蒙古各部落的战争，是一场长达二百多年的战争，各种大小规模的战事层出不穷、难以统计。然而，双方主力真正进行过的决战只有九次，分别是洪武年间的太原之战、沈儿峪之战、岭北之战、捕鱼儿海之战，永乐年间的克鲁伦河之战、兀儿古纳河之战、忽兰忽失温之战，正统年间的土木之战与北京保卫战。几乎每一场决战之后，失败的一方都会总结经验教训对军队进行改革，及时更新武器装备，并对步、骑等兵种做出合理的调整，以期待在下一次决战中克敌制胜。就这样，长枪兵、神机营、团营等新型部队在不同的历史时期应运而生。如果有谁因循守旧、拒绝改革，就不能百分之一百地保证击败敌人，弄不好还会吃败仗。而传统文人津津乐道的谋略等一些不可捉摸的因素在很多时候只起到辅助作用。只有从这个角度来把握元明战争史的脉络，才会察觉血腥的战争竟然能够促进军队的进步，尽管这种进步是曲折的，但并非停滞不前。

　　笔者长期研究明代蒙古史，对浩如烟海的文献资料作了详尽完备的搜集，多年来反复修改、数易其稿，以求写成一部"信史"。书中没有将史料简单地堆砌在一起，而是力图删繁就简，以通俗易懂的语言叙述敌对双方统帅部的决策与两军进行决战的具体过程，并从中总结出战争的发展规律，力图揭开输赢的秘密。全书十七万字左右，配图六十多幅，其中笔者亲自绘制了二十幅军事形势图，以达到一目了然的效果。

CONTENTS
目录

楔子 从精英到渣滓
——元朝正规军的前世今生

自古以来，不管多么强大的军队，总有盛极而衰的一日，此乃历史的规律。兴起于十三世纪初的蒙古军队，就是一个好例子。

蒙古军队的创始人是"一代天骄"成吉思汗，他"深沉有大略，用兵如神"，带领着游牧骑兵从一马平川的蒙古草原出发，以排山倒海之势把一个又一个的对手践踏于铁蹄之下，一生号称"灭国四十"，势力范围东至层峦叠嶂的大兴安岭山脉，南至人稠物穰的中原地区，西至横跨欧亚的钦察草原。他的继承者窝阔台、贵由、蒙哥、忽必烈继续南征北战，指挥着那些剽悍的游牧军人发起一次又一次的远征，他们四处出击，飞越千山万水，远至东亚、东南亚、中亚、西南亚及欧洲等地，不但统一了分裂的中国，而且几乎"征服了半个世界"，使蒙古政权（后来演变为中国历史上的元朝）成为有史以来领土最辽阔的国家。

回顾古代的世界军事史，成吉思汗及其继承者是当之无愧的"天之骄子"。蒙古军队的显赫武功可谓"前无古人，后无来者"，它是当时世界上最强大的军队。

◎ 成吉思汗之像

这支军队拥有那个时代最出色的指挥员、最训练有素的士兵与最先进的兵器。

可能有人对蒙古军队拥有这么多"世界之最"感到不服气，故此，需要列举事实加以分析。首先要说一说的是这支军队之中那些最出色的指挥员，正是在他们的指挥之下这支军队才能有多次远征欧亚大陆的壮举，远征的距离长达几千甚至上万公里。这种远离后方的作战方式具有鲜明的游牧民族特色，同时也要求军队各级将领具备高超的指挥技巧与组织能力。为了最大限度地加快行军速度，他们必须尽量减轻负担，通常只是带着"羊马随行"，不再花费额外的人力物力来"运送粮饷"，军中将士在途中渴则饮马奶，饥则宰羊，必要时在野外狩猎解决给养问题，射杀兔、鹿、野猪等野兽为食，在迫不得已的时候还可以"四处抄掠"，"取粮于敌"。宿营时，部队不管数量多么庞大，都能够尽量做到"不生烟火"，以免暴露行踪，打草惊蛇。正因为具有如此出色的远征能力，他们才能灵活运用令敌人闻风丧胆的"大迁回战法"，达到"来如天坠，去如电逝"的作战效果。这种打法是先让部分兵力摆出正面进攻的姿势，以牵制敌人，再派出奇兵长途奔袭，包抄迂回到敌军阵线的背后，配合正面部队前后夹击敌人。例如在公元1219年（蒙古太祖十四年，金兴定三年，南宋嘉定十二年）秋，成吉思汗率领十万人马进行第一次西征时采用过这种打法，当时，他为了对付雄霸中亚的花剌子模，派遣部分兵力沿着锡尔河发起助攻，自己与四儿子拖雷一起带着主力穿过人烟罕至、宽达几百公里的基西尔库姆大沙漠，迂回到敌人的侧后，于次年二月成功攻克对方的要害据点布哈拉，接着以破竹之势席卷河中地区，通过一系列的军事行动彻底击败了号称拥有四十万军队的对手。蒙古的军事领袖使用骑兵迂回包抄的战例多不胜数，后来，随着军队的扩编与兵种的健全，他们还使用水师打迂回战。1274年

（元至元十一年，南宋咸淳十年）九月初，蒙古将领伯颜奉忽必烈之命带着二十万大军从襄阳出发，分兵多路南下，主力绕过宋军在两淮地区坚固的防线，乘船从汉水进入长江，沿途击破数十万宋军的阻挡，再浩浩荡荡地奔流入东海，前后历时一年多，经过二千多公里的航程，由海路迁回驶进钱塘江，最终在其他部队的配合下迫使南宋首都临安竖起降旗。管中窥豹，可见一斑。蒙古统治者的大迁回战法能够充分体现出他们高瞻远瞩的战略眼光与大气磅礴的指挥艺术，就凭这一招，他们在那个时代就足以鹤立鸡群，有资格被列入最出色指挥员的名单之中。这些人之中的佼佼者有成吉思汗及其儿子术赤、察合台、窝阔台、拖雷，到了成吉思汗的孙子那一辈，闻名遐迩的有拔都、蒙哥、忽必烈、旭烈兀等等，此外，还有听命于成吉思汗家族的名将博尔术、木华黎、博尔忽、赤老温、速不台等异姓封建主，可谓将帅如云，人才济济。

蒙古军队常胜的原因除了拥有最出色的指挥员之外，还因为这支部队的士卒总是比敌人更加训练有素。众所周知，掠夺是游牧民族的一种生产方式，而大多数出色的牧民同时也是出色的骑兵。《蒙鞑备录》称"鞑人（泛指蒙古人）生长于鞍马之间，每个人都自行练习作战技能，以便适应自春至冬、时时打猎的生涯。故此，蒙古部落的军队没有步卒，全是骑士"。凭着骑兵起家的蒙古军队虽然后来在南征北战中逐渐建立起步兵、水师等其他兵种，然而其嫡系的武装力量始终是传统的骑

◎蒙古轻装骑兵

兵，因而最值得重点刻画。

　　"金戈铁马，气吞万里如虎"，这是中国古代诗词中描写骑兵扬威耀武的名句。综观古今中外的战争史，若论骑兵武功之盛，没有哪一支能比得上蒙古骑兵。蒙古骑兵的一大特色是马多，军中的每一名将士均配备着数匹马（从两三匹到五六匹不等），行军之时可以每天轮流乘坐，以免战马疲于奔命。生长在蒙古草原上的马匹不论严寒酷暑均暴露于野外，具有极强的忍耐力，它们经过牧民的训练后在长途行军时可以一连数日不进食，还有余力继续前行。牧民自幼与马匹打交道，当长

到十五岁时便顺理成章地成为一名合格的骑兵。

　　骑兵可分为轻装骑兵与重装骑兵。

　　轻装骑兵以弓箭为主要武器，他们一般带着两支弓。蒙古弓属于反射式弓（弓弦松弛后弓的形体向相反的方向弯曲），主要用动物的角与木材等材料混合制作，威力比较大。士兵们一般携带六十支箭，其中有三十支"轻镞"，其特点是"镞小而锐"，最大射程可达二三百米，能够远距离杀伤敌人；另外还有三十支"重镞"，其特点是"镞大而宽"，虽然射程稍近，但穿透力更强，击中敌人后可一举而"破

肤穿肩"。他们用机动灵活的方式四出游动作战，必要时可承担起哨探的责任，作为先头部队前进到百里之外的地方进行侦察警戒，在战斗时，也能有效地寻找敌人的弱点以避实击虚，而胯下的马匹大多数没有铠甲，以免累赘。

重装骑兵携带着刀剑、枪矛、斧头、盾牌、骨朵、套索等兵器，他们穿着厚厚的重甲，有时候甚至连坐骑也披挂着用皮革、铜铁等物制造的防护装具，以加强防御能力，因而在史书中又被称为"铁骑"。他们战时的任务是冲锋陷阵，接近敌人之后进行搏斗。在配备的兵器之中，常用于

近战的是又薄又弯的环刀。此类刀泛指由中亚、西亚伊斯兰国家制作的刀具，刀形弯曲是为了便于马上砍杀挑刺。除了刀剑之外，枪矛也非常重要，而骑兵使用的是骑枪。骑枪有长短之分，枪刃皆如凿子般坚硬，刺中目标时不打滑。

蒙古骑兵纵横欧亚，先后与东欧的俄罗斯（古称斡罗斯）骑兵、西欧的德意志条顿骑士、中国金朝的女真骑兵、埃及的马木留克骑兵等世界上赫赫有名的骑兵部队打过仗，鲜有败迹。在骑兵与骑兵的较量中，蒙古游牧战士常用的战术有点怪，他们往往先出动轻装骑兵进行骚扰式的进

◎蒙古重装骑兵

攻，并充分利用这个兵种机动能力强的特点进行大踏步进退——在对方前进的时候后撤，或者在对方后撤时前进——不论何种情况之下都与敌人保持一段距离，尽量使用弓箭等投射性兵器在有效的射程之内杀伤对手。等到对方的伤亡达到一定的程度，才改由重装骑兵收拾残局，贴身近战。

由此可见，打硬仗、啃硬骨头的苦差事主要依靠重装骑兵来干。《黑鞑事略》等史料记载，蒙古骑兵冲锋陷阵，全靠前锋，那些身穿铠甲打头阵的"开路先锋"实际就是重装骑兵，他们占了骑兵总数的十分之三左右。他们身上披着柳叶甲、罗圈甲、锁子甲等铠甲，一起列队猛冲，一般首先使用手里拿着的各式枪矛，刺向挡在前面的敌人。枪矛的穿透力非常强，常常一下子就贯穿前面的目标，并且不容易拔出，有时由于冲击力过于强大，它们甚至会在瞬间断为两截。如果真的发生上述情况，蒙古骑兵会立即丢掉断枪，抽出随身携带的"轻便而犀利"的环刀，劈向敌人，挥刀之法是"俯身低头，向前睨视，置刀于马鬃之上，当奔驰到敌人之前，再反手用刀尖，砍向敌人的面目、手足"。

难怪史书在评论蒙古骑兵的作战技术时说道："其长技，以弓矢为第一，环刀次之。"这在某种意义上是对轻装骑兵与重装骑兵的作用作了一个简明扼要的概括。事实上，蒙古骑兵各兵种在战场上互相配合，战法也多种多样，比如他们喜欢摆出弧形战阵，围攻对手，并把老弱置于阵后，以便让聚集于前面的壮士及时抓住机会发起进攻。除了强攻之外，他们还会

用巧计取胜，常见的一种战术是在布阵围攻敌人时故意留个缺口，引诱敌人从这个缺口中撤退，意图趁机使用骑兵预备队进行追击，充分利用骑兵速度快的优势大开杀戒。此外，万一强攻失利，他们马上"以聚为散"，四散而走，以迷惑敌人的追兵。有时，他们还会让少数骑兵在战斗时佯败而走，敌军如果中计紧追不舍，则往往被其预先埋伏的大部队歼灭。轻装骑兵与重装骑兵并非总是泾渭分明、截然不同，轻装骑兵有时会手持短兵器近战，重装骑兵也会挽弓射箭远距离杀伤敌人。在特殊的情况下，无论轻重骑兵，都会下马步战。

众所周知，骑兵擅长野战而不擅长攻坚。当蒙古人进入中原等农耕地区后，由于常常碰到坚城壁垒，所以需要组建步兵协助攻坚。步兵队伍最初由下马的骑兵改编而成，后来，则主要由投诚者、俘虏与在占领区之内召集、签发与掳掠而来的壮丁组成，这些人在实战中不断得到锻炼，因而战斗力不容忽视。其中，步兵之中善于使用抛石机的"炮手军"逐渐在攻城略地中发挥了不可或缺的作用，他们在进攻金朝、大理以及阿拉伯诸国的重要战役中都发挥出色，日益受到蒙古贵族的重视。

蒙古军队本来对水战不太在行，其后南下攻打中原时，经常在江河湖汊地区作战，便因地制宜招降纳叛，组建了水师。水师开始成立时规模不算大，装备的只是一些"木筏""革舟"之类的船只，主要用于运送军队与粮饷，直到十三世纪中后期，占领了黄河南北的蒙古统治者为了南下江南进攻偏安一隅的南宋，决定扩建水

师。此时，蒙古人仍然是"水战不如宋"，只能依赖汉人降将刘整等人在前线督造战舰，不惜花费重金"造船五千艘"，同时日以继夜地操练七万水师士卒，史载他们即使遇上雨天不能出操，亦"画地为船"而练习，终于大幅度提高了水师的战斗力，并超越了宋军水师，为灭掉南宋小朝廷立下了汗马功劳。

过去人们有一种误解，认为游牧民族无论是政治、经济还是文化，与农耕民族相比均处于落后状态，因而从草原上起家的蒙古军队使用的武器并不先进。事实却并非如此，这支军队不但拥有最训练有素的将士，而且将士们使用着许多世界上最先进的兵器。蒙古军队善于博采众长，为己所用，在他们的骑兵装备的各类弯刀之中，最厉害的是用"镔铁"制成的"大马士革刀"，这种久负盛名的短兵器由历来以制作刀剑而闻名的阿拉伯国家制造，可能在十三世纪通过各种渠道流入蒙古军队之中。此外，他们的远程兵器也很优良，比如军队之中装备的一种"靴车神凤弩"，射程可达八百步（一步相当于五尺），这是继承与发展了中原的制弩技术的结果。

在步兵装备的各种攻坚器械中，最值得一提的是抛石机。蒙古统治者在消灭南宋的关键一役之中，为了攻打南宋重兵驻守的襄阳，专门从中东的藩属国伊儿汗国

◎ 使用抛石机攻城的蒙古军队

征调优秀的回族工匠亦思马因等人制造巨型抛石机，这种兵器利用杠杆原理来抛射石块打击目标。杠杆可绕轴自由转动，它的一端固定了一个重物，当重物迅速下坠时，便使装有弹袋的另一端产生了强大的反作用力，可以将弹袋中的石弹抛掷出去。它一次能射出上百公斤重的巨石，《元史》记载它发射时"声震天地，所击之处无不摧陷，入地七尺"。据说襄阳守将因惧怕该型抛石机的威力而屈膝投降，故此，这种先进的"西域炮"又被誉为"襄阳炮"。

蒙古水师的装备也日新月异，这支军队在统一天下的过程中掌握了汉人的造船技术，在当时的世界上处于领先位置，并能够制造重达四五百吨的战船，后来在航海进攻日本时曾动用过上千艘战舰，质量远远超过对手，如果这些战舰不是恰巧被突如其来的台风摧毁，历史可能会改写。

随着火药的发明，那时的战争已经出现了各类火器。蒙古军队用兵中原，对汉人制造的火器深为赏识，军队上层领导者积极选募工匠研究与仿制这类先进的兵器，并在出征中亚、欧洲、中东与日本时加以使用。这些火器主要有使用抛石机抛射的火球，用弓发射的火箭，还有罐装火药等爆炸性火器，这些新式兵器足以令各国的敌人大为震惊。特别要指出的是，蒙古军人在远征过程中把中国的火器制造与使用技术带到了阿拉伯地区与欧洲，促进了上述地区火器的研制与发展，因而具有重要的历史意义。后来，蒙古人又拥有了世界上最早的金属管形火器，更是如虎添翼。1970年7月在我国黑龙江省阿城县（今

◎ 阿城县半拉城子出土的元代铜火铳
（《文物》1973年第11期）

黑龙江阿城区）半拉城子出土的一支铜制火铳，它铸造于13世纪末至14世纪初，使用方法是点燃填充在药室里面的火药，利用产生的气压从管口射出弹丸。这是现代金属枪械的祖宗。由此证明，《元史》记载的军中组建了"什伍相联"的火铳部队，是有事实根据的。这在世界军事技术史上可算是一个里程碑式的标志。

蒙古政权虽然在军事上拥有不少"世界之最"，但其过度扩张，早已为未来的分裂埋下伏笔。成吉思汗后裔作为"天之骄子"，他们前仆后继地攀登上光辉的巅峰，然后又以不可遏止之势往下滑，走向穷途末路，这个大起大落的过程是漫长而充满戏剧性的。其第四代大汗蒙哥汗死后，有实力的藩属国已经产生叛离之心，并试图走向独立。到了成吉思汗的孙子忽必烈建立元朝的时候，他镇压内乱，一度使帝国重振声威。他成功地在十三世纪后半期消灭南宋，统一了中国。在汉人的眼中，他是皇帝；在蒙古人的眼中，他是大汗。当时，表面上隶属于元朝的藩属国主要有四个，即是西域阿尔泰山附近的"窝阔台汗国"、锡尔河流域的"察合台汗国"、从中亚钦察草原到欧洲伏尔加河下游的"金

帐汗国"与控制中东阿母河和叙利亚等地的"伊儿汗国"。不过，山高皇帝远，这些由成吉思汗子孙统治的藩属国虽然仍然奉元朝为宗主国，但实际上处于独立状态。

忽必烈统一中国之后，多次用兵海外，先后对日本、安南、占城、缅甸、爪哇等诸国发起进攻，但大多数以挫败告终。1294年（至元三十一年）忽必烈死后，元朝虽然已经不再举行徒劳无功的海外远征，可是统治阶级内部的帝位之争从未平息过，一些权臣趁机任意废立皇帝、操纵朝政，他们为了达到各自的目的不惜互相残杀，致使政局长期不稳，这种情况一直持续到1332年（至顺三年）元朝最后一位皇帝妥懽帖睦尔即位才暂告一段落，可内部的明争暗斗仍然存在，始终未能得到有效的解决。

妥懽帖睦尔，史称"元顺帝"，此人治国无方，主政时不但未能制止朝廷长期存在的挥霍浪费现象，反而令其进一步加剧。因为信奉喇嘛教，他在佛事上不惜花费巨额资金，而且常常在宫中大摆奢华的宴会，用以招待上层的贵族与官僚，并给予慷慨的赏赐以达到拉拢人心、巩固帝位的目的。他的任意妄为使得政府的财政开支捉襟见肘，处于入不敷出的状况。

虽然元朝统治者由草原入主中原，为了适应新的形势而有选择地接受了汉族的传统文化，改用汉法治理汉地，但是他们作为征服王朝，还保留着很多蒙古旧制度的弊端，特别是将天下人分为蒙古、色目、汉人与南人四等，致使民族矛盾始终未能缓和。从中央到地方的重要官职都主要由蒙古贵族担任，色目人（包括钦察、畏吾儿、回族、唐兀等欧亚部族人）因擅长理财而成为蒙古统治阶级的得力助手，占了人口绝大多数的汉人（包括淮河以北的汉、契丹、女真等族以及四川、云南两省的汉人）、南人（指淮河以南的汉族以及其他少数民族人）只有少数上层人物能够获得有限的参政机会。蒙古、色目等贵族大臣平日过着骄奢淫逸的生活，引起了连锁反应，地方上的各级官吏有样学样，致使腐化现象愈演愈烈，就像时人所评论的那样："君主居于深宫，臣子在外面作威作福，各样官职可以靠贿赂而获得，各种罪行可以按人情而赦免。"在国家的财政已经濒临崩溃的情况下，为了使纸醉金迷的生活得以支撑下去，官员们倒行逆施、巧立名目，用滥发纸钞等方法对民间进行竭泽而渔般的搜括，令广大老百姓生活在水深火热之中。长期存在的各种矛盾必将激化，全国各地已经处于风暴来袭的前夜，蒙古贵族统治的根基已经摇摇欲坠。

政权，是镇压之权！元朝上层统治者文治不行，但他们在马上取得天下，潜意识中总是想靠雄赳赳的武夫用武力来维持统治，保卫大元江山。

元朝的正规军由蒙古军队发展而成，它的总数一直是个谜，各种文献没有留下记录。《元史》记载蒙古统治者以"兵籍"为"军机重务"，禁止汉人阅其数目，即使是在皇帝身边负责军旅事务的高级官员，也只有一二人知其详情，"故有国百年"，其兵数的多寡，后人不知详情。

元军内部，级别森严，武夫之中，人

分三六九等。这支部队主要由中央宿卫组织与地方镇戍军队两大部分组成。

中央宿卫组织包括"怯薛"与侍卫亲军。

"怯薛"这个来自游牧民族的词语含有"宿卫"之意，其组织则源于成吉思汗深为信赖的护卫军，经过忽必烈主政时的重组与扩建，到了元朝中后期已经包含着大量蒙古、色目贵族子孙与汉人、南人的官宦子弟，人数过万。他们作为皇帝的亲信、扈从，驻守于皇宫周围，肩负着保护皇帝、后妃人身安全的重任，承担着皇室的各种差役事务。他们在元帝亲征时才随军而行，平时极少出征作战，成了名副其实的"少爷兵"。他们的战斗力与开国时期相比有天壤之别，但在政治上却发挥着极为重要的作用，并享受着羡煞旁人的高福利待遇，还有机会直接被皇帝调动到政府机构里面，破格任命为官，根据元人姚燧的《牧庵集》记载，当时出身于怯薛的官员竟占了全国官员总数的十分之一。

侍卫亲军是忽必烈参考中国古代一些王朝的中央禁卫部队而设置的，其兵力全盛时达到二十万人以上，到了元顺帝在位时已经成了正规军的主力。这支部队可分为汉人卫军、色目卫军、蒙古卫军与东宫后宫卫军等四类。无论哪一类侍卫亲军的待遇都远远比不上怯薛，但所干的活却多得多，其作为朝廷常备的主力军，既要保卫首都（即"大都"，位于今北京）安全，又要随时准备出外征战。为了减轻朝廷的财政负担，他们还要屯田自备军饷与服各种徭役，因而对战斗力产生了一定的负面影响。

蒙古贵族为了睡得高枕无忧，还在全国各地布置了大批军队，统称为地方镇戍军队。地方镇戍军队有蒙古军、探马赤军（学界对于"探马赤"一词的解释很多，汉学家伯希和认为它源自唐代的"达摩支"与辽代的"挞马"，含有"扈从"的意思，后译为"前锋"）、汉军与新附军。

元朝的统治阶级既然是以蒙古族为核心的，那么，以蒙古人为主的蒙古军自然成为嫡系，处于高人一等的地位。蒙古军中既有直属于中央政府的武装力量，也有封建贵族的私兵，其主要任务是保护蒙古本土与东北、西北等边疆地区的安宁。元朝对蒙古草原这个祖宗的龙兴之地采取特殊的政策，为了促进这个地区的经济繁荣而不惜剥削国内其他地区，多年以来从各省迁来大批人口发展生产，并运来大量物质财富以满足各级贵族、官吏与军队的需求，因而有"贫极江南，富夸塞北"的说法，生活在草原上的蒙古军人与既得利益集团沾上了边，日子还算过得去。元朝为了与分封在东北、西北等边疆地区的蒙古贵族加强联系，经常给予这些人大量的岁赠与名目繁杂的赏赉，而封建贵族手下的私兵，也能分一杯羹。

探马赤军是从蒙古部落各个千户、万户等组织之中抽出来担任先锋、镇守等任务的军队，其成员除了蒙古人之外，还有色目人及汉人，因为军队中的成员主要来自蒙古部落，所以也被蒙古贵族统治阶级视为自己人。他们驻扎于北方各省的要害地带，形成固定的镇戍区域。军中大批牧民逐渐适应了农耕地区的生活，并参与屯田，越来越多的人从"以射猎为俗"演变到知晓"耕垦播殖"之法，渐渐成为务农的"华人"。探马赤军是地方镇戍军队的中坚力量，征战与戍守任务一向比较繁重，致使一些军人陷入贫困之中，《元史》记载有的军人为了"跋涉万里"进行远征，不得不出售"田产"，甚至卖儿鬻女，以筹集费用。总的来说，探马赤军"比上不足，比下有余"，他们的情况胜于汉军与新附军。

汉军主要由中国北部、四川局部地区、云南等地方的各族人民组成。新附军主要由南宋降军改编而成，因为统治阶级不能一视同仁地对待所有的军队，治军时亲疏有别、赏罚不明，所以汉军与新附军好像是后娘养的孩子，其政治地位与各种待遇最差，不但远远不及蒙古军，也比不上探马赤军。忽必烈刚死不久，军队管理不善的问题就已经暴露，当时沿边屯有数十万部队，仓库却没有充足存粮，首先承受苦果的自然是汉军与新附军，他们镇戍的重点也在距离元朝首都（政治中心）很遥远的南方，军中时常不按时发饷，士兵普遍贫乏不堪，再加上不用打仗的时候就干一些苦、脏、累的劳役，士气非常低落。

军队内部无论是陆军还是水师，也无论是步兵还是骑兵，均主要采取世袭制度，当官的世世代代是官，当兵的世世代代是兵，导致贤人上不去，愚人下不来。对军人出身异乎寻常的重视，成了部队战斗力急剧下降的原因之一。元顺帝与军中的大部分辅臣都是凭着家庭背景才能登上梦寐以求的位置的，并没有亲历过战争，也缺少作战经验，对他们而言，成吉思汗与忽

必烈等列祖列宗亲冒矢石、带领百战之师千里迂回的壮举已经成为神话。

自从元朝灭掉南宋之后，黄河两岸、大江南北各族人民的反抗虽然此起彼伏，一直没有间断过，但规模都比较小，持续的时间也相对有限，因而驻于长城之内的大部分军队逐渐过上了刀枪入库、马放南山的和平生活。昔日那些扬威世界的将领，如今他们的子孙整天沉湎于声色犬马、酒池肉林之中，不再训练有素，其中尤以蒙古、色目军人为甚。史载，军中的主要将帅大多是承袭其父祖之职，一些昔日的王牌部队现在充满了乳臭未干的膏粱子弟，他们往往手无挽弓之力，不能骑射，失去了祖传的看家本领，因为要想熟练使用弓箭必须经过长年累月的艰苦训练，以锻炼出强大的体力与高超的技巧，这对于过惯了优越生活的纨绔子弟显然是缘木求鱼。军中的汉人、南人也难以保持战斗力，因为他们深受蒙古贵族的猜忌与压制。鼠目寸光的蒙古统治者为了确保长治久安而制定了荒谬的法律，尽量不让汉人与南人的老百姓拥有武器，甚至对汉军及新附军也严加防范，只有出征时才发给军械，不出征则将之收回统一保管，因而对汉族军人的训练造成诸多不便，驻守于各地的大量士卒只知服劳役，不懂战阵，不知"击刺之法"，到后来干脆"废武事不讲"。

元朝立国未满百年，军队已经彻底腐朽衰败，上层的将领普遍碌碌无为，他们对军队中种种光怪陆离的事情熟视无睹，中下层的官兵也是上行下效，尸位素餐。部队龙蛇混杂，成了一盘散沙，缺乏应付

突发事件的快速反应能力，当战争来临的时候，在战场上就必然会闹笑话。《元史·顺帝本纪》记录了一个突出的例子，1347年（至正七年）十一月，一伙海盗劫掠长江沿岸的江阴、通州、泰州、镇江、真州一带，这班铤而走险的家伙不过三十六人，军队出动万余兵力讨伐不能取胜，反为所败。这件令人大跌眼镜的事表明一些正规军的素质不仅未能超过盗贼，也许还在盗贼之下。个别将士的所作所为甚至与盗贼无异，例如元末著名学者宋濂在自己的文集中记载，元朝有些地方镇戍士兵以执行公务的名义于白昼挥舞刀戟行走于市，吓唬路人夺取货物。

综上所述，元末军人的总体水平与他们的老祖宗相比一落千丈，指挥官沦为了最差劲的指挥员，士兵也好不到哪里去，尽管他们有机会使用火铳等世界上最先进的武器，但不堪一战，因为决定战争胜负的因素是人，而不是武器。严酷的事实即将证明元朝正规军已经逐渐丧失保卫江山的能力，他们难以应付一场即将席卷全国的大起义。而蒙古人在世界其他地方的各个藩属国，也先后被内忧外患所困扰，自顾不暇，无力互相策应。

第章 群雄并起与军阀混战

元军战斗力一日不如一日，越来越难以胜任镇压各种敌对势力的任务，渐渐地露出了外强中干的本质。当官府高压统治手段逐渐失效时，受压迫的老百姓立即会爆发出惊人的反弹力，把高高在上的官老爷们掀翻在地。

火山终于爆发！1351年（至正十一年），黄河南北掀起了一场足以颠覆元朝的大起义。

起义军以受压迫最为严重的汉人、南人为主，其中首先发难的韩山童、刘福通等人都是出自佛教净土宗的白莲教徒。面对世间不平之事，就算不食人间烟火的佛都会发怒，更何况是吃五谷杂粮的人。

白莲教主要信仰"弥陀净土"与"弥勒净土"，认为只需口念"阿弥陀佛"及"弥勒佛"，死后便可以往生佛国。由于该教没有什么高深的教义，而且修法简单，故在老百姓中比较盛行，后来又吸收了明教等民间宗教的教义，使信徒的规模进一步扩大。历尽苦难的老百姓盼望改变现状，他们诵经结社，焚香聚会，在多次遭到元政府查封的情况下仍然屡禁不止。根据一些宗教典籍的说法，"阿弥陀佛"与"弥勒佛"等宗教偶像在亿万年之后会降临人间，超度众生，到了那个时候，人间也会变得像天堂一样幸福无比，妙不可言，因此从南北朝开始，一些农民起义者已经依托"弥勒在现实世界中降生"的口号，反抗官府的暴虐统治。元朝建立之后也曾发生过几次这样的造反事件，但都被统治者镇压。然而白莲教是"野火烧不尽，春风吹又生"，到了元顺帝在位期间，又死灰复燃，有成为燎原之势的迹象。

白莲教徒利用元政府召集十几万军民在黄河黄陵冈、白茅口、阳青村等地修理河道、堵塞决口的机会，暗中将一具刻有"莫道石人一只眼，此物一出天下反"的独眼石人埋藏在黄陵冈的那一段黄河故道中，并事先在民众中有计划地宣传天下即将大乱的消息。当掘河的民夫挖出独眼石人时，无不纷纷议论，群情愤激。很多治河的民夫在白莲教徒的鼓动下，早已狂热地相信弥勒佛等神明必将降生在这个世界上，并带领苍生创造人间天堂。也就是说，改朝换代的时候即将到来。独眼石人的出现，加强了他们揭竿而起、用武力推翻元朝的决心。

白莲教首领韩山童自称为宋徽宗第八世孙，准备于五月初在颍州（今安徽阜阳）首先发难。他手下将领刘福通自称为宋朝大将刘光世的后裔，计划带着三千人马起兵。不料在正式起义之前，竟然走漏了风声，韩山童被元政府差人擒杀。刘福通被迫提前起义，率部攻占了颍州。很多在黄陵冈治河的民夫闻讯赶来会合，一时声势大振。起义军用红布包裹着头，身穿红袄，并以红旗为号，所以叫"红巾军"，简称"红军"。起义者以白莲教教徒为主，但与他们并肩作战的还有其他宗教人士，例如道教、明教教徒等。

红巾军的高级将领都出自民间，没有任何指挥经验，一切只能从零开始，从战争中学习战争。士卒们也缺乏训练，仅仅就武器而言，起义军与装备精良的元军相比有天壤之别，就像历史上很多揭竿而起的造反者一样，他们衣不蔽体的身上没有铠甲的覆盖，手里拿着的武器除了钗、钯、锄头、锤子、镰刀等各种生产工具之外，其余的大多由竹、木制成，好像一支叫花子军队。

红巾军造反的消息传到了元朝的首都大都，朝廷君臣的态度很坚决，反应也颇为迅速，马上以侍卫亲军中的精锐部队——阿速卫军为主力，会合多支汉军前往镇压。阿速人属于色目人。南下的阿速卫军总共六千人，号称"精悍，善于骑射"，擅长轻装骑兵的打法，这种打法就是利用骑兵机动能力比步兵强的特点时进时退，刻意与对手保持一段距离，尽量使用弓箭等远程兵器反复向对手射击。随着时间的流逝，处于被动挨打状态的一方因伤亡的增加必然会出现信心危机，距离末日也就不远了。

如果阿速人能够正常发挥他们的骑射

◎ 身穿汉式戎衣
的元代武士

本领，斩木揭竿而起的红巾军不具备与之抗衡的实力，势必在劫难逃。可是，实践证明阿速卫军作为元军中的精锐部队完全是浪得虚名，他们在枢密院同知赫厮、秃赤等高级将领的带领下向战区前进时出尽了洋相。军中的将领只顾饮酒作乐，放任士兵骚扰百姓，对于"剿敌"的具体措施却漫不经心，军国大事仿佛成了儿戏。两军相遇，胜利的天平立刻倒向红巾军这一边，因为义军之中的教徒有宗教信仰，内心相信打败官兵，颠覆朝廷之后就会过上人间天堂般的好日子，即使战死也会往生西方极乐世界，因而在战斗中前赴后继。人心涣散的元军严重低估了白莲教徒的献身精神，刚交手便一触即溃，指挥无能的统帅赫厮挥鞭骑马带头逃命，还大声叫道："阿卜！阿卜！"（"阿卜"的意思是快跑）这个逃跑将军不久死于上蔡，阿速卫在败退的过程中损失了一半人马。

起义军凭着宗教热情奇迹般扭转了乾坤，并乘胜攻击了河南上蔡、南阳、汝宁（今河南汝南）、息州（今河南息县）、光州（今河南潢川）等处，所到之处，或者开仓放粮或者劫富济贫。元政府军队无法平定事态，有的地方驻军甚至吓得不战而逃。星星之火就这样演变成为燎原之势，黄河南北、两淮等地方的贫苦农民不断入伙，队伍逐渐扩大到十万余人。刘福通领导的起义军长期活动于元朝的河南江北行省——这个行省在长江以北，范围广及现在的河南、江苏、安徽、湖北，后来，其军事影响力扩展到现在的山东、山西、河北、陕西、东北等地，所以人们习惯上称这支队伍为北方红巾军。

几乎与此同时，反抗官府的浪潮在南方迅速蔓延开来：江苏徐州爆发了以芝麻李等人为首的起义，长江以北的濠州豪杰也前呼后应地难，一支信奉白莲教的队伍及时活跃在长江沿岸，以彭莹玉、徐寿辉等人为首，占据蕲水（今湖北浠水）、黄州（今湖北黄冈）等地，这支队伍大多数人穿着简陋的"短衣草屦"，手里的枪矛是削竹制成的，甚至以木杷等农具为武器，史称南方红巾军。此外，还有起源于湘汉之间的北琐红巾军以及起源于豫北的南琐红巾军。

一些以贩私盐为业的武装集团在南方崛起，他们的势力范围局限于江浙沿海一带，经常在红巾军与元政府之间摇摆不定，左右逢源。

全国各地出现了很多规模大小不等的

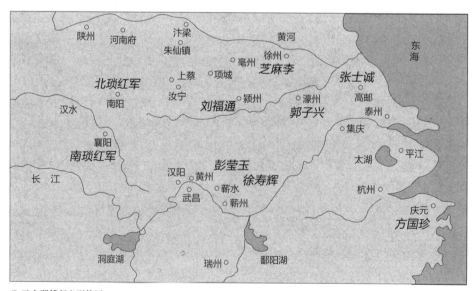

◎元末群雄起义形势图

起义队伍，天下已经大乱。当惊魂未定的元朝上层统治者回过神来的时候，新一轮较量即将开始。朝廷下狠手处分了反攻颍州时临阵而逃的一些将领，并于同年九月再次派遣十万卫军南下，统帅是当朝丞相脱脱的亲弟弟也先帖木儿，助手是卫王宽彻哥。为了壮大声势，统治阶级从蒙古草原的各个千户中抽调了一批人参加对河南的征讨。到了十二月，终于取得了预期的战绩，出征元军在地方部队的配合下按部就班地反攻，很快收复了上蔡，杀死了刘福通的手下韩咬儿，并于次年（至正十二年）三月，相继拿下南阳、汝宁。

红巾军在血的事实面前终于明白仅靠宗教热情难以彻底打垮"武装到牙齿"的敌人，刘福通及时吸取了教训，暂时放弃了与元军打正规战的想法，转而采取偷袭的战术，他在夜间出其不意地袭击了屯于汝宁沙河之旁的一支元军。这支元军并非地方上的乌合之众，而是由从京师出发的侍卫亲军与蒙古军组成，有数万人。领军之将是知行枢密院事巩卜班，这家伙日夜沉溺于酒色，在营中醉卧不醒，糊里糊涂地在睡梦中死于义军的刀下。群龙无首的元军一退数百里，撤至项城。事实证明，"夜战"是起义军制胜的好办法。直到一个月后，元军才重新集结力量返回了沙河，然而前次惨败给很多将士留下了心理阴影，他们旧地重游时个个风声鹤唳，自相惊扰，竟然在某个夜晚不战而乱，争先恐后地往回跑，途中抛弃了大量军械、粮食、车辆等后勤辎重。统帅也先帖木儿一口气跑回了汴梁南边的朱仙镇。元军先后两次大溃

退足以令先人蒙丑，昔日蒙古骑兵引以为傲的大迂回战法似乎早已失传。

刘福通缴获了堆积如山的军用物资，顿时给部队换了装，昔日竹、木等临时救急的武器如今变成了坚甲利刃，因而实力大增，声势一时无两。

元朝征讨刘福通一再失利，便痛定思痛，把矛头转向芝麻李与徐寿辉，决定先挑弱的来打，再及其余。丞相脱脱得知亲弟弟也先帖木儿在前线惨败，再也坐不住了，亲自督师从大都出发，沿途会合河南等省的"二十万户"地方部队，杀向江苏。在激烈战事中，脱脱的战马被铁翎箭射中，但他不为所动，继续挥师猛攻，于九月打下了徐州，屠城后班师回朝。义军领袖芝麻李在逃亡途中被捕杀。不久，南方红巾军的根据地蕲水也被元朝从河南、四川调来的地方部队攻陷，徐寿辉率残部撤入黄梅山与沔阳湖之中，彭莹玉转战到江西瑞州（今江西高安）时战死。在此期间，元军还先后歼灭了转战在襄阳、峡州（今湖北宜昌）等地的南、北琐红巾军。

元朝"先打弱敌，再打强敌"的战略已经成功了一大半，接下来正准备集中全力解决徐寿辉的时候，形势却突然一变，以贩私盐为业的张士诚于1353年（至正十三年）五月异军突起，举着反旗带领人马占据泰州、高邮等地，迫使元军分兵镇驻淮安，让徐寿辉转危为安。元朝慌忙抽调陕西、四川、湖广、江浙等省的地方部队围攻张士诚，却因准备不充分溃败而回。

元朝的大好局势竟然被斜刺里杀出的张士诚破坏了，脱脱对此感到难以容忍，

毅然再次亲征，与之决战。这是开战两年以来最大规模的决战，元政府不惜一切代价动员一切可以动员的力量，于九月倾巢而出，驻京各卫部队、蒙古军、诸王属下各部人马纷纷听令，甚至连西域、西番等边陲地区的酋长也发兵来助。南下大军号称"百万"，旌旗相连，长达千里，金鼓之声，震天动地，史载"出师之盛"，空前未有。

十一月，元军来到了地处水乡地区、背靠大湖的高邮，在城外大败守军。张士诚退入城中坚守不出。元军虽然分兵攻破六合、盐城、兴化等地，但始终未能拿下高邮。围城期间，元军的精锐骑兵因受到地形的限制乏善可陈，他们的表现比不上临时参战的义丁（民团）。《元史·石普传》记载，汉人军官石普带着从民间招募的一万步兵攻打北门，就在快要得手之时却功亏一篑。原来后面压阵的军官为了抢功，派遣一千蒙古骑兵，突然越过石普所部，试图强行冲入城中，不料遭到城中义军的拼命抵抗，一筹莫展，怯战的蒙古士兵纷纷掉转马头往回跑，甚至有一些骑兵在惊慌失措中掉入了城池附近的水里。蒙古骑兵鲁莽冒失的撤退行动对围城的步兵造成不良的影响，城外陷入一片混乱，石普被趁机反击的义军杀死。

如果说元军反攻颍州时显示出阿速卫精锐的轻装骑兵是浪得虚名，那么高邮一战就暴露了蒙古重装骑兵的无能。

围城持续了个把月的时候，脱脱被朝廷的政敌以"战局迁延不决，浪费钱财"为由弹劾。元顺帝相信谗言，让河南行省

◎ 元顺帝之像

左丞相太不花、中书省平章政事月阔察儿、知枢密院事雪雪前往前线解除脱脱官职，令其交出兵权，并将其调离部队。这名权臣后来被朝廷枉杀，成了党争的牺牲品。元军阵前易帅而军心动荡，个别忠于脱脱的将领竟然拔刀刎颈而死，以示抗议。月阔察儿、雪雪不得人心，根本指挥不动各路军队，致使"百万"之师因内部倾轧而自乱阵脚，在高邮城下一哄而散。张士诚阴差阳错地化险为夷。

元朝在高邮决战的失利成了整场战争的一个转折点，此后这个日薄西山的政权再也没有办法纠集如此大规模的军队围剿义军，《庚申外史》声称围城"大军百万，一时四散"。很多四处流浪、无所依附的人到后来干脆加入了红巾军。红巾军吸纳了大量朝廷的武装力量为己所用，

有利于部队建设的正规化，战斗力必然又会上一个新的台阶。全国各地群雄重新活跃起来，掀起一波接一波的斗争高潮。

从种种迹象来看，当时最有能力颠覆元朝政权的似乎是北方红巾军。北方红巾军为了凝聚人心，趁此良机建立了政权与元朝分庭抗礼。1355年（至正十五年）二月，忠于故主的刘福通在亳州拥立韩山童的儿子韩林儿为帝，号称"小明王"，国号为"宋"，年号"龙凤"，史称"龙凤政权"。韩林儿只不过是一个精神领袖，军政大权仍然牢牢掌握在刘福通手中。

亳州在成为红巾军临时首都的同时也成了元军重要的扫荡目标。反复的拉锯战致使义军的根据地内满目疮痍、哀鸿遍野。

刘福通为了分散元军地方武装不断施加的压力，决心把战火引向忠于元朝的地区——特别是那些尚未被战火波及的地区。他派出部队进行试探式的攻击，顺利打到了山东与陕西。其后，鉴于部下在山东取得的辉煌战果，他又决定于1357年（至正十七年）秋季举行战略反攻，出动东、中、西三路军发起前所未有的猛烈攻击。攻击的范围遍及鲁、晋、冀以及关中（今渭河平原一带）、秦陇（指今陕、甘之地）等地。其中，东路军由山东北伐大都；中路军绕道山西、河北，形成对大都的夹击；西路军则进入陕西，支援在当地坚持斗争的义军。可见，三路出击以东、中两路为重点，最主要的目的地是大都。众所周知，大都作为元朝的首都，一旦失守，将会对局势造成极为深远的影响。

大反攻开始了。东路军于1358年（至正十八年）二月从山东杀入河北，一路攻城陷地，经沧州、通州（今北京通州区）等地逼近大都。

大都城里的蒙古贵族老爷们人心惶惶，惊骇不已。朝中之臣有的人劝元顺帝离开京城"北巡"，以避敌锋芒，还有的提出"迁都关陕（指陕西地区）"的建议，众说纷纭，元顺帝权衡再三，最后决定调集重兵围截长驱直入的红巾军。尸位素餐的元朝正规军终于在柳林（今北京通州区境内）这个地方好像起死回生一样恢复了神志，奇迹般打退了远道而来、喘息未定的红巾军，逼其退回山东。

东路军退却后，很快便因内讧而一蹶不振。

铁一般的事实证明，大都尚未到沦陷的时候，元顺帝命不该绝，因为元军还有狗急跳墙，反噬一口的能力。

中路军为了配合东路军的行动而绕道山西进入河北，但尚未到达大都时东路军已经败退。元朝得以集中力量对付中路军，迫其重返山西。

至此，红巾军攻击大都的战略完全失败，这个雄心勃勃的计划与全盛时期蒙古军队的大迂回战法非常相似，但分进合击的两路军队在时间上协同不好，这反映出义军将领的指挥水平仍有待提高。

然而，局势接下来的发展却一波三折。返回山西的中路军北上兴和路（今河北张北），杀出塞外，于1358年（至正十八年）十二月冷不防地攻克了兵力空虚的上都（今内蒙古正蓝旗附近），将城中富丽堂皇的宫阙焚毁殆尽。上都是元朝皇帝每

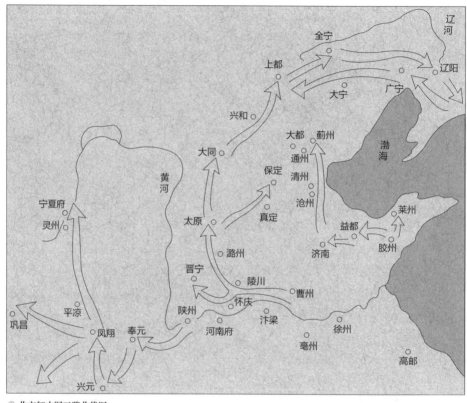

◎ 北方红巾军三路北伐图

年巡幸之地，它的失陷造成了非常大的政治影响。当时正值冬季，元顺帝在大都办公，躲过了这场变乱，但这名末代皇帝从此直到元亡都没有临幸过上都。而起义军拿下上都不久便弃城继续向东进军，一路打到了朝鲜半岛，由于孤军过于深入，不可能得到中原主力的任何援助，经过几年的颠沛流离后最终被官军镇压。

东路军与中路军先后失败了，转战于陕西的西路军，也终因势穷力竭而被元军地方部队击溃，残余势力流窜于四川、湖北等地。只有刘福通本人于1358年（至正十八年）率领留在中原的主力攻陷了河

南汴梁（今河南开封），并以此为新的首都，算是为北方红巾军挽回了一点面子。

元朝之所以能够重振雄风，全部击败了三路出击的红巾军，是因为很多新成立的地方部队表现出了惊人的战斗力。其中，察罕帖木儿所部首先在陕西参与镇压了红巾军的西路军，接着移师山西、河北等地阻击中路军，简直成了朝廷的救火队，哪里有险情就往哪里去。

元朝地方部队的崛起与朝廷正规军的没落几乎是同步发生的。正规军在应付各地的起义时暴露出了纸老虎的本质，让昔日不可一世的蒙古贵族脸上无光，他们为

了拯救这个垂死的政权，不得不放权，企图"借刀杀人"，默许各地的官绅地主阶层自行组织地方武装，与起义军抗衡。

各地的官僚、地主中的精英出手了，他们为了保护本阶层的权势与利益，遂开始组织"义军""义丁""乡军""民兵"等名目繁多的地方武装集团。在林林总总的地方武装之中，比较著名的是元将答失八都鲁一手组建的部队。答失八都鲁本是一员普通的将领，他在率领出自四川蒙古军都万户府的三千探马赤军于1352年（至正十二年）在荆襄镇压南方红巾军时感到兵力不足，便于当地招募两万"义丁"，结果，这支由正规军与地方武装合并而成的部队经过重新集训之后，多次在湖北、河南、山东、山西等地征战获胜，具备比较强的战斗能力。另外一支威名显赫的"乡军"与前文提及的察罕帖木儿有关。察罕帖木儿祖籍西域，出生于颍州沈丘（今安徽临泉），是原驻颍州的探马赤军后代，他与罗山吏员李思齐于1352年（至正十二年）联手组织地方武装，在黄河下游及关陕地区围剿各路北方红巾军，逐渐控制了河南、陕西、山西的部分地区，取得了不俗的战绩，因而日益受到元廷的重视，所部被划入官军系统之中。察罕帖木儿的部队虽然由地方武装集团起家，但新人事新作风，军中将领升迁时不怎么"论资排辈"，而是比较注重个人能力，因而指挥能力普遍强于元朝正规军之中那些仅仅凭着高贵的血统就能够步步高升的纨绔子弟。由于察罕帖木儿本人出身于探马赤军户，而他手下也有不少人在正规军中服过役，故此，

他的军队顺理成章地继承与发展了蒙古军队的传统战术。元代的探马赤军户由于长期驻扎在固定的镇戍区域，军中大批牧民早已适应了农耕地区的生活，这些人从"以射猎为俗"演变到逐渐知晓耕垦田地，慢慢融入农耕社会之中，他们的子孙后代对游牧民族传统的骑射习俗更是日益生疏，故此，察罕帖木儿所部最抢眼的不是以弓箭为主要武器的轻装骑兵，而是仗恃刀枪剑戟打硬仗、贴身肉搏的重装骑兵。那时全国各地的起义军大部分都是步兵，而重装骑兵——"铁骑"在突破步兵防御阵地的能力上比轻装骑兵更胜一筹，所以常常被当作"以骑制步"的拳头部队来使用，战绩最为彪炳。比较显著的例子是1357年（至正十七年）在陕西镇压红巾军西路军的凤翔之战，当时一股红巾军围困了这座城市，排列的战阵"厚达数十重"，察罕帖木儿亲自带领铁骑，昼夜不停地奔驰二百里赶赴救援，到达城外时，他把军队分为左右翼进行突击。守军亦开门鼓噪而出，对围城之敌形成内外夹击之势。红巾军全线溃退，很多人自相践踏而死，沿途伏尸百余里。元军斩首数万，一举平定关中。耀眼的战绩使这股新生力量好比在腐烂的元朝军事机构之中长出的新肌，尽管要恢复原有的各项功能还需要很长的时间，但其综合作战能力还是远胜于元朝正规军的。

在元军获得新生力量补充的同时，北方红巾军的好日子就快要到头了。刘福通是草莽英雄，他只靠掠夺敌人的物资来维持部队的生存，这种不重视建设根据地、

不重视发展生产的"流寇思想"使之在迅速崛起的同时也包藏着迅速失败的危险。部分红巾军将士虽然具有狂热的宗教情绪，但毕竟并非不食人间烟火的神仙，难免受到缺衣少食的影响，他们为了填饱肚子而四处扰民，情况极端严重时军队内部竟然发生人吃人的事情。

1359 年（至正十九年）的汴梁之战是元朝与北方红巾军生死较量的关键一役，它是元朝自高邮之战后又一次主动策划的决战，不过这一次地方部队成了主力。当时，在粉碎红巾军三路北征中立下累累战功的察罕帖木儿被朝廷委以重任，指挥各路元军反扑。他本人亲率大军于五月抵达虎牢关（今河南荥阳西北部），遣兵攻占汴梁南面的归德（今河南商丘）、亳州、陈州（今河南淮阳）、上蔡等地，而主力在战船的配合下沿着黄河水陆并进，直取红巾军的首都汴梁。为了增加胜算，他一再补充兵力，先调陕西军经潼关入豫，后调山西军越过太行山南下。各路大军俱会师于汴梁城下，迅速夺取了外城。踌躇满志的察罕帖木儿亲自带领铁骑屯于城外的杏花营，手下诸将环绕着城墙而筑垒，把汴梁围了个水泄不通。刘福通擅长的利用夜间偷袭的战术在元军坚固的营垒之前已不能奏效，只能困守危城。

在围城期间，元军不止一次采取"引蛇出洞"之策，故意用老弱残兵为饵，把对手引出城外，然后出动铁骑等伏兵进行猛攻，一再重创了试图突围的红巾军。围城的战事一直持续到八月份，察罕帖木儿通过谍报得知婴城而守的刘福通粮食匮乏，已经到了山穷水尽的地步，便果断发起总攻，各个城门成了元军重点打击的对象，当激战到夜间时，汴梁终于易手。红巾军首领韩林儿、刘福通仅率数百骑从东门杀出条血路南逃，从此一蹶不振。察罕帖木儿捉获了数万俘虏，同时下令对城内幸存的二十万居民采取安抚之策，以收买人心。

一战定乾坤！汴梁既克，元军立即席卷河南，分兵镇驻关陕、荆襄（指位于长江中游与汉江中下游的江汉平原及其周围附属地区）、河洛（指河南的黄河、洛河流域）、江淮（指长江、淮河一带）等地，并集结重兵屯于太行山周围，各个营垒的旌旗连绵不绝，长达数千里。完全剿灭北方红巾军似乎已经指日可待。高高树起主帅旗帜的察罕帖木儿以铁骑为先锋，带动部队以排山倒海之势由豫入鲁，一路屡战屡捷，连克冠州（今山东冠县）、东昌（今山东聊城）、东平、济宁、济南等地，到了第二年，已经基本平定了山东，仅剩益都一座孤城未下而已。这时，察罕帖木儿已官拜中书省平章政事、知河南山东行枢密院事、陕西行台中丞，真是威震朝野。

北方红巾军的主力即将瓦解，但黄河南北的战火不仅未能平息，反而有越演越烈之势，这是因为各地的军阀在煽风点火，史称"兵祸缠绵不解"，真是"一波未平，一波又起"。桀骜不驯的军阀由实力越来越壮大的元朝地方部队演变而来，他们割据一方，对坐镇大都遥控指挥的蒙古贵族统治阶级变得阳奉阴违起来。所有的一切都显示蒙古贵族"借刀杀人"的计划弄巧成拙，铁一样的事实就摆在眼前，军阀武装都是不太听使唤的"双刃剑"，在杀敌的同时也存在刺伤自身的可能性。他们不但与起义军作战，军阀内部也互相混战，甚至还与元朝正规军大动干戈。

元朝的内讧始自那些声名显赫的军阀头子。一度与察罕帖木儿齐名的答失八都鲁在红巾军三路北伐期间，曾移师山西，镇守大同，切断了红巾军中路军与汴梁主力的联系，他在北方与刘福通作战互有成败，因连年积功而官至河南行省左丞相、知行枢密院事与四川行省左丞相等职。答失八都鲁死后，改由儿子孛罗帖木儿统率旧部。这时，已经攻占汴梁的察罕帖木儿的地盘越来越大，引起了孛罗帖木儿的嫉妒，他暗中准备趁察罕帖木儿进犯山东之机夺取晋、冀之地。元顺帝察觉了两大势力之间存在的矛盾，为了避免内战，便开始插手准备调停，这位末代皇帝于1360年（至正二十年）八月下旨要以山西石岭关（今山西忻县南）为界，让孛罗帖木儿驻于关北，察罕帖木儿守于关南，敦促双方井水不犯河水，但桀骜不驯的孛罗帖木儿于九月突然越过石岭关，首先挑起争端。调解不成的元顺帝采取了偏袒孛罗帖木儿的态度，原因可能是对势力如日中天的察罕帖木儿不太放心。他于十月重新下旨将处于察罕帖木儿实际控制之下的山西太原地区（冀宁路）付与孛罗帖木儿，这种"拉偏架"的行为让察罕帖木儿很不满意，因而拒绝移防是自然的事。

利欲熏心的孛罗帖木儿在朝廷的暗中支持下有恃无恐，挥师抢占察罕帖木儿在晋冀的地盘，公然挑起了内战。身处豫鲁前线与红巾军鏖战的察罕帖木儿不得不分兵对付威胁其侧后方的孛罗帖木儿。就这样，两支与元朝探马赤军有着千丝万缕关系的地方武装在北方展开混战，它们装备的兵器与使用的战术都差不多，一时之间谁也吞并不了谁，打得难解难分。元顺帝眼见事情越闹越大，屡次派人进行调停，但效果有限。内战这个潘多拉的盒子一旦打开，各种牛鬼蛇神就纷纷跳出来，即使是智者亦难以善其后。在此期间，与察罕帖木儿同时起家的李思齐已升至四川行省右丞，成了地方军政大员，他在陕西为争地盘也断断续续打了几年内战，对手是靠镇压红巾军西路军发迹的张良弼（时任陕西行省参知政事）。驻军于蓝田的张良弼本来受察罕帖木儿的节制，他于1362年（至正二十二年）三月倒向孛罗帖木儿，因而被驻军于凤翔的李思齐猛攻。北方老百姓原本就在群雄并起的日子里过着朝不保夕的生活，现在再遭遇军阀混战，真是吃二遍苦、受二茬罪。

兵强马壮的察罕帖木儿从不惧怕两线作战，他一面参与军阀混战，一面继续讨伐北方红巾军残部，就在山东即将平定、大功即将告成之际，万万想不到一件偶发事件使形势急转直下，他因一时疏忽，于1362年（至正二十二年）六月在益都城外被叛将刺杀，虽然继承其位的养子王保保（胡名"扩廓帖木儿"）是一名百折不挠、具有钢铁般意志、后来甚至以"奇男子"之名而享誉天下的人，但却因号召力比不上养父，难以号令各路元军，致使元朝的中兴事业峰回路转、功败垂成。

就像俗语所言，"打虎亲兄弟，上阵父子兵"，王保保为了替亡于军中的养父复仇，于同年十一月攻下益都，清除了所有的敌对势力，控制了山东。王保保在前方血战，孛罗帖木儿却在后方捣乱，他趁机联合张良弼占据了真定路，威胁王保保所部的侧后。王保保不得不回师与李思齐一起联手对付孛罗帖木儿，两军连连在陕西等地交锋，打了个不亦乐乎。1363年（至正二十三年）六月，随着孛罗帖木儿部将竹贞的降附，王保保慢慢占了上风。四个月后，两军在太原再次交锋，孛罗帖木儿失利而还，始终夺取不了太原这个朝思暮想的好地方。

军阀混战的范围越来越大，涉及的地方越来越多，战火先后蔓延到山西、河北、陕西、河南等省，到最后连京城也未能幸免。当时，地方上的军阀完全不把元朝中央政府放在眼内，而元中央政府本身也并非铁板一块，其内部的不同既得利益集团与军阀勾勾搭搭，实际上已经分裂为两派：元顺帝与部分权贵在背后给孛罗帖木儿撑腰，而皇太子爱猷识理达腊及皇后奇氏则支持王保保。

皇太子在丞相搠思监的暗中扶持之下谋划废掉元顺帝而自立，便找借口指责元顺帝的支持者孛罗帖木儿图谋不轨，他挟持元顺帝下旨解除孛罗帖木儿的兵权。孛罗帖木儿不服气，于1364年（至正二十四年）四月派出大队兵马来到京城讨要说法。这支地方军阀队伍决心与驻京的元朝正规军主力部队决一雌雄。元朝正规军曾在六

年之前让企图攻打京城的北方红巾军付出了尸山血海的代价，可惜现在已经不复当年之勇，驻京部队根本无力阻止来势汹汹的孛罗帖木儿，只能靠边站。皇太子见势不妙，在侍卫亲军的保护下出城东走。这意味着元朝正规军的最后一块遮羞布已被地方军阀扯了下来。必须指出的是，孛罗帖木儿虽然轻而易举地拿下了京城，但不代表他已成为实力最强的军阀，除非他能够打败生平最大的对手王保保。而王保保正在隔岸观火，耐心等待着出手的时机。

为了防止王保保乘虚而入威胁自己在山西的地盘，孛罗帖木儿入京敦促元顺帝捕杀丞相搠思监等人，达到目的之后，立即回师大同，以防万一。

孛罗帖木儿前脚刚走，皇太子后脚便回到京城，双方依旧互相敌视。皇太子明白，要想取胜只能依靠地方军阀，不能依靠正规部队，故此采取"军阀打军阀"的办法，公开征调王保保的军队攻打孛罗帖木儿。王保保看见时机已到，便积极响应，于1364年（至正二十四年）五月率领主力进驻太原，并分兵三路，让部将白锁住带着三万东路军协防京城，部将关保带着五万西路军出击大同，而部将貊高、竹贞则带着四万中路军配合西路军行动。

谁知孛罗帖木儿不按章出牌，采取孤注一掷的打法，仅以少数部队留守大同牵制九万围城敌军，自己亲自督领大部分人马于七月取道居庸关第二次进犯京城。出城迎战的皇太子兵败受挫，不得不在白锁住的保护下逃往王保保的根据地太原。

孛罗帖木儿再次控制京城，而且打算

长期住下去。已经对局势失去控制能力的元顺帝不得不忍气吞声地任命这名飞扬跋扈的悍将为中书省右丞相，总制天下兵马，付与其军政大权。

号称总制天下兵马的孛罗帖木儿不过是个空头司令，王保保根本不买他的账，不但命令手下继续围攻大同，而且还打算抽兵反攻京城。1365年（至正二十五年）三月，身在太原的皇太子急调岭北（岭北行省原先叫和林行省，辖境为蒙古本土及其以北地域）、辽阳（管辖范围包括今东北三省、内蒙古东部以及俄罗斯东部地区的部分领域）、陕西、甘肃四省军队配合王保保的反攻计划。形势开始扭转过来。四月，关保夺取了长期围攻的大同。而分兵三路向京城出发的王保保也初战告捷，在离城不远的通州击败了孛罗帖木儿派出的驻军。孛罗帖木儿亲自带兵前往通州解围，他在征途中碰见了一位心仪的女子，为了抓紧时间享受"二人世界"，竟然不战而还，由此可知，这是个"英雄难过美人关"的主儿。孛罗帖木儿在大军压境之时仍然酗酒行乐、四处渔猎女色，甚至伸手向元顺帝索取其所爱的女宠。"我竟然被人欺负到了这种地步！"愤愤不平的元顺帝至此已经完全清楚自己倚重的是一条养不熟的"白眼狼"，遂秘密指使刺客刺杀了前来宫中觐见的孛罗帖木儿。

四面树敌的孛罗帖木儿死后，所部"树倒猢狲散"，很多人被王保保收编。王保保一跃成为各路军阀之中实力最强者，他的部队是元军之中当之无愧的主力。不过，他作为一个后起之辈，有时会指挥不动军

中的老将，这使部队隐藏着分裂的危险。

东山再起的皇太子却未能如愿以偿地登基，因为王保保进京之后没有赶元顺帝下台，反而接受了元顺帝高官厚禄的拉拢，欣然受命出任为左丞相。他的所作所为难免让人产生"挟天子以令诸侯"的猜想，而他亲近元顺帝的行为也使觊觎帝位的皇太子心存怨恨，两人关系出现了裂缝，这就为新一轮尔虞我诈、错综复杂的政治斗争埋下了伏笔。

位高权重的王保保在首都的政坛上不只是新人，还是一位"从天而降"的外来者。在元朝，一个人是否能够飞黄腾达与他的出身（蒙古语叫作"根脚"）有很大关系，而王保保"非'根脚'官人"，故被重视家庭背景的蒙古贵族轻视与排斥。这个不懂政治的武将在朝中常常"怏怏不乐"，经过深思熟虑，他决定辞掉左丞相之位，离开京城这个是非之地而准备"肃清江淮"，企图在外地发展与壮大自身的势力。

1365年（至正二十五年）十月，王保保以河南王、总制全国兵马的显赫身份奉旨出京代皇太子亲征，南下讨伐群雄，但原先依附孛罗帖木儿的张良弼不甘心受王保保节制，遂抗命不从。次年三月，返回河南的王保保决定暂停南下，改派关保、虎林赤西攻张良弼，同时下令盘踞关陕的李思齐予以配合。李思齐与王保保的养父察罕帖木儿同时起兵，在军中的资格比较老，他本来就对升迁过快的王保保有点心理不平衡，现在接到王保保的调兵令，终于按捺不住发了火，公开扬言："这个黄

发未退的乳臭小儿竟然反过来命令我么？我与其父同乡里，过去大家一起饮酒时，其父犹三拜而后饮，那时这个乳臭小儿在我面前尚无立足之地，现在竟敢公然以'总兵'之名命令我？"他不但拒绝接受军令，反而与张良弼勾结对付关保。面对变生肘腋的形势，《明史·扩廓帖木儿传》记载了王保保无奈的话："我奉诏统领天下军队，然而地方将领却不听号令，这样怎么可以讨贼呢！"对王保保来说，孛罗帖木儿虽死，但取而代之构成新威胁的是张良弼与李思齐两人，他在没有清除隐患、确保后方的安全之前不可能放心南下，因而只让其弟脱因帖木儿率领部分军队留守山东济南，以防范南方群雄，而自己引兵西向进攻关陕，与李思齐等人打得如火如荼。

面对新一轮的军阀混战，模棱两可的元顺帝没有坚决站在王保保一边，他只是应李思齐的请求下诏调解，而皇太子心中怨恨王保保不支持自己登基，也乐于作壁上观。战局一直僵持到 1367 年（至正二十七年）八月，王保保辖下得力将领貊高决定阵前倒戈，另谋出路，他暗中投靠皇太子，转而与王保保为敌。貊高所部收编了很多孛罗帖木儿的旧部，这些人对貊高背叛王保保起了煽阴风、点鬼火的唆使

作用，具有讽刺意味的是，貊高后来被朝廷视为"首倡大义"之人，所部将士皆赐号为"忠义功臣"。

元顺帝本来就不太信任王保保，现在干脆以不听朝廷号令、拒绝停战为借口诏夺其统兵之权，而改任皇太子总制全国兵马，太子虽与他貌合神离，但归根到底还是自己的亲儿子，总胜于把兵权交予外人。另外，此举还可以进一步挑拨皇太子与王保保的关系，使这两人的距离越拉越大。

王保保兵权被削之后，驻军于山西泽州（今山西晋城）伺机而动，仍旧与李思齐以及背叛自己的一些旧部属混战不休。

至此，军阀们你方唱罢我登台，已经持续厮杀六七年，后果是导致元军之中最出名、最能打的两支地方武装在内战里陷于绝境。其中，答失八都鲁所部首先在军阀混战里土崩瓦解，残部被对手收编；而察罕帖木儿所部亦四分五裂，与察罕帖木儿同时起兵的李思齐现已独树一帜，余部主要分为王保保、貊高等势力，互相吞并。局势益加糜烂，不可收拾。在这些林林总总、大大小小的军阀之中，实力最强的仍然是王保保，他能否重整旗鼓，东山再起，如今还是个未知数。

第二章 英雄莫问出处，雄师整装待发

自从元末天下大乱以来，北方红巾军与各路元军在黄河南北反复较量的历史给人们造成了一种错觉，以为刘福通是起义群雄之中实力最强者，实际上，在揭竿而起的这一批人当中，实力最强大、笑到最后的是放牛娃出身的朱元璋。

高高在上、不可一世的蒙古贵族，恐怕怎么也想不到最后把他们搞得国破家亡的竟然是出身如此微贱、为人不齿的放牛娃，可见世间人事的盛衰兴替，真是变化无常。

朱元璋于 1328 年出生在今安徽凤阳的钟离太平乡孤庄村，父亲本是给地主种田的佃客。他自幼家境不好，童年时给地主放过牛，后来在家乡的寺院出家，做过四处流浪的游方僧。元末天下大乱，烽火连天之际，他为了自保，于 1352 年（至正十二年）投靠了濠州的起义军，因在起义军中表现出色而深受首领郭子兴的赏识。

不久，郭子兴干脆招了朱元璋做女婿，从此，昔日的放牛娃便改头换面，成了军中有身份、有地位的"朱公子"。

英雄莫问出处。过去的"放牛娃"，变成了如今的"公子"，不正说明了"士别三日，当刮目相看"这个道理吗？

郭子兴于 1355 年（至正十五年）死去。为了避免被别的割据势力吞并，军中大多

◎ 朱元璋之像

数将领认为应该加强与白莲教的联系，借北方红巾军的旗帜以为声援。不过，他们只承认韩林儿、刘福通为名义上的领袖，这支军队基本上凡事皆自作主张。朱元璋已升为和州元帅，成为独当一面的将领。他在多年以后回忆起自己招兵买马、努力扩充势力的情况，"初起兵时，投靠我的士卒无论是一二十人，还是数百人，我都待他们亲如兄弟，爱如骨肉，予以'恩抚'，无不尽心"，最终形成了一支凝聚力比较

强的军队。其后，他与同道中人一起挥师渡江，占据集庆（即今南京），改集庆为应天，在江南建立了地方政权。

郭子兴的儿子郭天叙与小舅子张天佑在攻打集庆时双双战死，让朱元璋一下子成了军中众望所归的带头人。这时军队中的成员比较复杂，主要分为朱元璋嫡系、郭子兴旧部与巢湖水军三个派系：其中朱元璋嫡系部队有二万人以上，最早的骨干分子是徐达、汤和等淮西老乡，后来陆续收编了冯国用、常遇春、胡大海等人作为亲信；郭子兴的旧部属为数不少，总共超过万人，由宿将邵肆、邵荣统率；而"拥众万余，船千艘"的巢湖水军在渡江之前才归附，这支以廖永安、廖永忠、俞通海为首的部队为朱元璋征服水网密布的江南提供了极大的便利。随着根据地越来越大，各种征兵的方法也层出不穷，部队的编制自然也变得更多。朱元璋为了有效地把政权与军权集于一身，不断使用排除异己、重新调整人事关系与分配权力等手段，逐渐达到了目的。

朱元璋大权在握，便从严治军，他讲究号令统一，要求不同的部队在战时应该互相配合，做到"手足相卫、羽翼相蔽"，为了严明军纪，令行禁止，他赏罚分明，对于有功者"虽憎必赏"，有罪者"虽爱必罚"。他认为两军相争，杀敌主要靠士兵，而"兵不贵多而贵精"，"多而不精，徒累行阵"。可是精兵的重要性又比不上良将，因为"任将非人，则兵必败"，所以"两军之间决死生成败之际，有精兵不如有良将"。为此，他对将领的选拔特别重视，

强调必须"因材而授职"，最好是符合"有识、有谋、有仁、有勇"的标准。由此可知，他的军队名将辈出，绝非偶然。

自从红巾军起义的十多年来，元朝的主力一直集中于长江以北打大仗、拼消耗，这就给了江南群雄各显身手的机会。高瞻远瞩的朱元璋以应天为中心不断向外围扩张，他在驱逐元朝留守于各地的老弱残兵时，任用了大量元朝的旧官吏与儒士，共图大业，其中著名的有李善长、刘伯温、朱升等人。他们采用"高筑墙，广积粮，缓称王"的策略，派遣部队开荒屯田，储备粮食，发展经济以养精蓄锐，逐渐成为南方一个举足轻重的政权。

大浪淘沙，始出真金！多少英雄豪杰在乱世中旋起旋灭，能够长期坚持的都是万中无一的厉害角色。屹立于江南的朱元璋，其最危险的对手不是来自于元军，而是陈友谅与张士诚这两位起义豪杰。陈友谅出身于一度在长江两岸呼风唤雨的南方红巾军，他于1360年（至正二十年）五月在江州（今江西九江）弑杀了首领徐寿辉，自立为帝，国号"汉"，此种篡权夺位的行为难以服众，军中不少将领纷纷离去，尽管如此，长期纵横于湖广、江西等地的陈友谅，其实力绝不容小觑。而以贩私盐为业的张士诚于1353年（至正十三年）在高邮城下险胜"百万"元军之后，向江浙沿海地区发展，打下的地盘也颇为可观，在此期间，他出于韬光养晦的目的，表面上接受了元朝的招安，但与蒙古贵族统治阶级仍然是同床异梦。据说上述两人在战时都可以动员"数十万"之众，致使

坐镇应天的朱元璋陷入"左右树敌"的不利状态，因为他就夹在两个对手中间——陈友谅在西边，张士诚在东边。恰巧此时，表面忠于元朝的军阀察罕帖木儿攻克了北方红巾军的大本营汴梁，接着乘胜追击，大举南下山东，觊觎江南，大有"投鞭断流"之势。察罕帖木儿一旦南下，首当其冲的必然是名义上听命于北方红巾军的朱元璋，不可能是被朝廷招安的张士诚，更不可能是远在长江中游的陈友谅。

俗话说，"英雄难敌四手"，更何况朱元璋位于南京这个四战之地，面对三个强敌，情况已经危险到了火烧眉毛的地步。谁知天无绝人之路，南下山东的察罕帖木儿突然被降将暗杀，此后元军内讧，在北方混战数载，无暇顾及其他。这使得南方的朱元璋顿时解了燃眉之急，得以松一口气，腾出手来逐一解决陈友谅与张士诚。

这位未来的开国皇帝不但在战略上胜人一筹，而且看人的眼光也很准，他正确地判断"友谅志骄，士诚器小"——"志骄"者野心勃勃，喜欢惹是生非；而"器小"者则容易安于现状，不思进取。据此，他决定把陈友谅列为首先打击的目标，事实也是这样，当他西征陈友谅，与对手在鄱阳湖大战时，保守的张士诚果然没有出兵从东边夹击。一些历史学家认为，鄱阳湖大战是朱元璋一生之中经历的最险恶的一战。此战，他亲自带领二十万水陆大军沿着长江直上，于1363年（至正二十三年）七月开进鄱阳湖，与倾巢而出的号称"六十万"的陈友谅所部在湖中打了个你死我活。朱元璋的战船虽然比不上陈友谅所部可以乘载千人以上的战舰，但凭着机动灵活的特点，朱元璋采取了让火器与冷兵器混合在一起轮流射击的新战术——战时，先用火铳、火炮、燃烧性火器与弓弩等远程兵器攻击对方木制战舰，尽量烧杀对方士卒，等取得了优势，再进行"接舷战"，让军中壮士舍命登上对方的战舰展

◎ 南方群雄割据图

开刺刀见红的白刃战，因而屡屡告捷。鄱阳湖之战断断续续地打了三十六天，以朱元璋获胜而告终，此战之后，当时整个中国没有一支舰队能够与之相媲美，无论是龟缩于浙东沿海的张士诚，还是早已衰落的元朝水师，都不敢撄其锋。

假设朱元璋首先征伐的对象是张士诚，则东征之师极有可能会遭受到野心家陈友谅的趁机夹击，后果必然不甚设想。实践证明，朱元璋制定的先征陈友谅、后征张士诚的战略是非常正确的。他解决了陈友谅，就轮到缩头乌龟张士诚了。在1365年（至正二十五年）打响的消灭张士诚的战争中，最出彩的不是水师，而是陆军。由于张士诚尽量避免野战，而把兵力用于守御据点，所以，一系列的攻坚战成了最大的亮点。朱元璋军队连陷湖州、杭州等要地，于同年十一月杀向张士诚的老巢平江（今江苏苏州）。围城的二十多万部队在城的周围挖起了互相连接的长壕，筑起了数不清的堡垒，并搭起了大批高达四丈、分成三层的敌台，每一层里面都放置着弓弩与火器，日夜不停地发射，对守军进行火力压制。同时，还动用了数以千计的攻城器械，其中包括二千四百多门最先进的将军筒（火炮的一种）、二百四十多具襄阳炮与二千四百多具七梢炮（襄阳炮、七梢炮都是抛石机），数目繁多的重兵器把平江城轰了个千疮百孔。第二年九月八日，城被攻破了，在巷战中，困兽犹斗的数万残兵败将或死或伤，剩余的与张士诚一齐成了俘虏。此役充分证明了朱元璋所部无可置疑的攻坚能力。

在陈友谅、张士诚这两个最危险的对手被各个击破之后，物产丰饶的江淮地区就成了朱元璋的囊中之物，而北伐中原，问鼎天下的条件也成熟了。

十年人事几番新。在江南苦心经营了十余年的朱元璋，其思想早已起了翻天覆地的变化，变得与白莲教徒格格不入，变得"忘了本"。他虽然在江南建立政权，并于1364年（至正二十四年）元旦称"吴王"，建百官司属，但仍以"皇帝（指白莲教的精神领袖韩林儿）圣旨，吴王令旨"的名义发布命令，原因是其部队名义上仍属北方红巾军的龙凤政权管辖。然而，他与韩林儿及刘福通等人政见不同，因为他早在渡江南下之前，就目睹过很多红巾军将士将希望寄托在烧香拜佛的宗教迷信中，整天幻想着依靠弥勒佛的降生而达到治世的目的，忽视了对巩固自身政权的有益建设，反而到处进行杀戮破坏。他深知红巾军这样蛮干下去的结果只会进一步孤立自己，将当时拥有强大的人力、物力资源的缙绅地主阶层推向对立面，难以成事。故此，他吸取了前人的经验教训，渡江南下之后在建设根据地时，便以严明的军纪约束部队，注意拉拢人心，招揽名士宿儒，以获得地方上层人物及知识分子的支持。这显示了这位有志于统一天下的盖世豪杰已经彻底从宗教迷信中清醒过来，向着儒家的传统文化靠拢，成了卫道士。

朱元璋军队中那些平民出身的将士也起了本质的变化，慢慢地成了既得利益集团的一分子。后来，韩林儿、刘福通等起义领袖因兵败投靠朱元璋时，无疑等于自投罗网。1366年（至正二十六年）十二月，朱元璋手下大将廖永忠护送寄居于滁州的韩林儿、刘福通等渡江南下前往应天时，在瓜州这个地方将船凿沉，淹死了这两位北方红巾军首领，力图抹去朱元璋曾隶属过龙凤政权的痕迹。

一个与元朝分庭抗礼的新王朝呼之欲出。但是，朱元璋最强悍的敌人是察罕帖木儿未竟事业的继承者——王保保。众所周知，王保保的王牌部队为骑兵，骑兵的长处在于野战，而不是守城。朱元璋强大的水师与先进的攻城器械在面对那些纵横驰骋的骑兵时基本上失去了用武之地，他如果真的北伐，那么，他的陆军在北方的平原上是否有足够的把握战胜元朝骑兵——特别是王保保的铁骑呢？这成了一个非常有吸引力的悬念。

为了解开这个谜，需要对朱元璋陆军所用的兵器与战法进行一些分析。

这支陆军主要由步兵和骑兵组成，在长期的征战生涯里，无论是军官还是士兵，基本上都是靠"以战练兵"的方式逐渐积累起丰富的战争经验的。

野战时，步兵手里使用的兵器主要有刀、盾牌、弓弩、长枪等冷兵器与火铳等各类火器，头上戴的是阔檐红皮壮帽，帽上插着书"猛烈"二字的小旗，身上穿着的是红色战袄与战裙，甚至连使用的旗帜也是红色的，这个穿戴习惯来自于红巾军。朱元璋与白莲教决裂后，为了撇清双方说不清、道不明的关系，便有意把军中崇尚红色的传统与中国古老的"五行相生相克"等谶纬、占卜的神秘文化联系在一起，自认"火德"，所以军队应当"尚赤"，以

一种新的方式对军人进行洗脑。

从这支陆军的武器装备可以推断出他们使用的战术，就是战斗时先使用弓弩、火器远距离打击敌人，暂且让刀牌手与长枪手伺机而动。步兵的弓弩手在射击时，最远的距离可超过二百米。可是，如果对手是一个训练有素的重装骑兵，他可以在不到一分钟的时间里穿越这二百米的生死线，杀到弓弩手的面前。步兵火铳手的表现也同样受到客观环境的限制，尽管那时中国的管形火器处于世界领先水平，还能发射铁弹，可是在对抗前赴后继的骑兵时也基本上是束手无策，因为他在短短的一分钟之内即使能完成装填弹药、瞄准、点火、发射等一系列复杂的动作，也难以连续射击，要想连续射击，应该依赖轮番出战的"叠阵"，这种新式阵法在战场上出现已经是后来的事了。当万马奔腾而来，以迅雷不及掩耳之势冲到阵前时，所有的弓弩手与火铳手都必须退后，让刀牌手与长枪手在前列与敌人贴身近战。

为了把这些重装骑兵阻于阵前，盾牌手与长枪手在这时就会起到特别重要的作用。那些手执盾牌的军人排成横列，可以形成一面阻止敌人前进的"盾墙"，并低头抽出佩刀砍马脚，但他们的盾牌首当其冲地成了最明显的靶子，一次又一次地被重装骑兵的枪支击中或者刺穿。而长枪的作用更是不容忽视，由于它的长度通常比骑兵配备的骑枪要长，因而可用它来戳马的眼睛、喉咙等要害部位，防止骑兵近身。那时全国各地隶属于不同阵营的步兵都装备了这种长兵器，甚至很多地方还出现了

"长枪军"，比如1352年（至正十二年），朱元璋就在淮西（一般指淮河上游一带）收编了一支号称"长枪军"的起义军，就连朱元璋本人也对这样的长兵器情有独钟，明人陈继儒在《见闻录》中记载朱元璋打天下时曾拥有一支可能是用于"步战"的枪，长约"丈六尺"，超过五米。不过，在激烈的交战中，骑兵的枪支会折断，步兵所装备的长枪也一样，明代中期有实战经验的边防将领戚继光在著作中对此有过生动的描写："敌马万众齐冲，势如风雨而来，枪身细长惟有一戳，彼众马一拥，枪便断折，是一枪仅可伤一马，则不复可用矣。"也就是说，步兵的长枪刺向迎面冲撞过来的骑兵时最容易折断，因为枪杆多数是木、竹所造，往往难以承受迎面而来的强大压力。

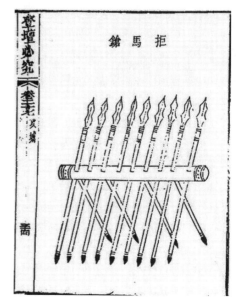

◎拒马

重装骑兵为了达到突破敌阵，向纵深长驱直入的目的，可以排成数行进行反复的冲击，"前队横过，次队再冲，次队不能入，则让位于后队"，最后，集中所有的兵力从四面八方一齐撞过去，大有不攻破敌阵誓不罢休的气势。由此，战场上常常会出现一幕壮观的场面，骑兵横队经过一轮冲撞之后，防御的步兵阵线之前立即断枪遍地。双方纷纷重新布置战斗队形，等待下一轮的交锋。

为了保险起见，步兵在野战之前，还尽量争取时间在阵营之前挖壕、立栅、设置拒马等阻挡敌人骑兵的障碍物，一一做足这些安全措施之后，便基本固若金汤了。

步兵虽然可以抵抗骑兵的进犯，但是要想全歼骑兵，难度却非常大，因为骑兵万一强攻失利，可以向各个方向四散而走，

而机动能力大为逊色的步兵对此只能干瞪眼。因而在理论上，步兵并非对付骑兵最好的兵种，最好是以骑兵对付骑兵，"以其人之道，还治其人之身"。

俗话说："南人乘船，北人乘马。"在水网纵横的南方作战，骑兵不是至关重要的，但要想完成北伐的历史重任，仅仅依靠步兵或者水师都是不行的，如果不能及时建成一支强大的骑兵队伍，将很难把蒙古人驱逐出塞外。

朱元璋对此心知肚明，他在投身军旅之初便认识到了骑兵的重要性，并于1353年（至正十三年）与元军的"铁甲骑兵"在江淮地区打过仗，当时的义军基本以步兵为主，骑兵很少，因而无力野战，只能以防御为主，只有在元军渡河或休息之时才可以趁

机发起小规模的进攻，尚欠缺大量歼灭元军的实力。为了使部队能够在未来的战争中与元军的"铁甲骑兵"一较短长，高瞻远瞩的朱元璋预先做好准备，四处招兵买马，这种情况在他渡江南下、建立政权之后也没改变。江南地区河道纵横、丘陵密布，是有名的"鱼米之乡"，不太适合于发展骑兵，可是他没有知难而退，反而继续用心经营，其战马主要来源于俘获，同时也斥巨资到处购买，终于组建了一支铁骑部队。1356年（至正十六年），朱元璋的得力助手徐达在常州城外与张士诚所部野战时，就成功运用铁骑从侧面突击敌军阵营，取得胜利。而这位未来的开国皇帝于两年之后亲率数万人马出征浙东时，骑兵与步兵的比例高达一比二。由此可知，在所有大规模的军事行动中，都少不了骑兵的参与。

这支新组建的铁骑队伍之中已经开始普及铁甲，且将士们的作战任务以突击为主，故可视之为重装骑兵。其武器装备具有汉族传统的特色，铁枪就是一个好例子。

一般的骑枪，其枪柄使用轻便的竹、木所制，因为兵器一旦过于笨重，则不利于士卒击刺，可是，古人某些臂力过人的勇士，却喜欢手执用铁锻造的枪柄（各类史书记载的这类铁枪的重量从数十斤到百斤不等，不排除当中有夸大其词之处，它们真实的重量估计在十五至三十斤左右），由于坚固，在骑马冲撞目标时肯定不会像普通骑枪那样容易断裂，不过，如果使用者手腕的力量不够，很可能会在枪柄的反作用力之下突然骨折，故此，惯使铁枪者，必非等闲之辈，他们胯下之马，也须是负重力强的良马。另外，这类武器如果是由毫无弹性的"浑铁"所锻造，还可以像大棒一样沉重地砸向敌人。

◎ 几种不同类型的头盔

◎ 明代的铠甲（注意坐骑的护甲）

使用铁枪最早见于史册的是后梁名将王彦章，《资治通鉴》说此人"每战用二杆铁枪"，骑马战斗时一杆置于马鞍中，一杆在手，"所向无前，时人谓之'王铁枪'"。五代之后的辽、宋、金、元，也有不少将士使用铁枪，当中最出名的是南宋名将岳飞，《宋史》称他"天生有神力"，使用的是一杆"丈八铁枪"。到了元朝，铁枪也出现于元朝骑兵之中，不过使用者主要是汉军将士。

朱元璋打天下时除了有一支用于步行作战的长枪之外，有时还使用骑枪，根据晚明文人钱谦益的记载，朱元璋的马上武器是一杆铁枪，他本人曾"匹马单戈，日行百里"。而保存至今的明代军中诏令，也白纸黑字地记录朱元璋把精锐骑兵称为"拼过铁枪""敢拼铁枪"的人，他曾一次就从京城调派三四百个这样的勇士补充前线军队，由此可知，军中擅使铁枪者不在少数。

朱元璋身边的将士也有很多人善于骑马作战，著名的有花云、常遇春、傅友德、李文忠、薛显、沐英、郭英、王弼、刘广等人。史载傅友德、李文忠、郭英等骁将经常拿着枪槊（"槊"有时又写作"矟"）带头突阵，而矟、槊常常代指骑枪，不排除当中有一些是铁枪。

刀剑也是朱元璋骑兵将士的常用装备。比如1353年（至正十三年），朱元璋与花云在滁州附近骑马前行时，突然遇到数千敌军，幸而花云仗剑横冲敌阵，成功护主突围。

有趣的是，军中还有将领配备双刀，名留青史的有王弼与刘广等人。例如在1366年（至正二十六年）的平江之战中，王弼挥舞双刀驾驭铁骑，一路冲杀，打得敌军步兵到处乱窜。双刀的优点是一守一攻，一刀在格开对手的兵器后另一刀可以立即还击。但是，两手握刀的前提是放开缰绳，任由战马驰骋，这种骑马技术要经长期训练才能运用自如。

弓箭作为远程兵器也是不少铁骑将士的心仪之物，《明史》称常遇春"猿臂善射"，可在马上用箭远距离射倒强敌。可见，这支队伍同时具有重装骑兵与轻装骑兵的双重功能，并不像蒙古骑兵那样在划分兵种方面截然分明。这支高手如云、装备齐全的部队以发挥重装骑兵的作用为主，主要战法有二：

其中之一是斗将。按照古代兵书《兵筹类要》的定义，斗将是指"两阵既立，各以其将出斗，谓之挑战"。这种精英与

◎王彦章之像

精英之间决斗的战法源远流长，历朝历代编写的各种史册都频繁出现两军战将互相搏斗的精彩场面。民间的通俗文学作品对此更是乐于渲染，脍炙人口的通俗小说《水浒传》与《三国演义》就是好例子，里面的故事经过几个甚至十几个世纪的流传和积累，最终写定于明代，书中经常描写分属不同阵营的高级将领们骑着马你追我逐，斗个不亦乐乎，这在某种程度上就是古代战争的真实写照。然而，朱元璋对这种战法不是十分满意，他认为骑兵队伍里高级将领的任务是在阵中主持大局，而不是像中级将领那样在前面厮杀，可惜某些高官屡教不改，始终保持着亲自操刀上阵的习惯，他曾就"斗将"问题批评过常遇春，说道："与百万敌人对抗，'摧锋陷坚'，谁也比不上你。我不愁你不能战斗，而是担心你过于轻敌。身为大将，不应该经常不顾身份地与军中的小校进行角力比赛，你这样做会辜负我的期望。"反过来，他表扬了稳重的徐达："如今诸将皆骁勇善战，但是平日里老成持重、治军严明、熟悉兵法的，谁也比不上大将军徐达。他的职责是在军中运筹帷幄，决不会轻易出阵与敌人搏斗。"可是，朱元璋苦口婆心的告诫杜绝不了军中高级将领好勇斗狠的风气，常遇春、傅友德、李文忠等精英在往后的日子里依然我行我素。必须要指出的是，朱元璋的铁骑部队还算是一支规模有限的队伍，因而很少独立打大仗，战时需要得到步兵的密切配合。而斗将，实际是先用少数精锐的重装骑兵强行突击挫敌

◎ 崇祯刊本《英烈传》中的斗将

锋芒，人多势众的步兵随后跟上扩大战果。不可否认的是，高级将领带头冲锋陷阵的确可起鼓舞士气的作用。

这支军队另一个主要的战法是先让步兵正面进攻，铁骑伺机"横突其阵"，其典型战例是上文已经提过的 1356 年（至正十六年）的常州之战。

历史没有明确记录朱元璋的铁骑到底有多少人。这支以部分精英将领为核心的骑兵队伍虽然能够称霸南方，但与历史上那支兵种齐全、战法多变的全盛时期的蒙古骑兵相比，仍是逊色不少。不过，朱元璋清楚地知道现在的蒙古骑兵已经衰弱，元朝大限将至，一旦时机允许，他会毫不示弱地挥师北上。可是，他的虎贲雄师虽然威震南方，能不能战胜在北方纵横驰骋的王保保所部，只有在战场上才可见真章。

第三章 杀出一条通往大都之路

在这个天翻地覆的转折时刻，身在应天的朱元璋对元朝崩溃前夕的局势洞若观火，毅然决定同时发起南征北伐。

在南方，自从陈友谅与张士诚两名劲敌覆没之后，力图控制江淮地区的朱元璋成为南方疆土最大、兵力最强的武装集团的首脑，尽管独霸一方的土皇帝还有不少，但有能耐向他叫板的英雄豪杰基本已经绝了迹。浙东的方国珍与福建的陈友定、广东的何真以及云南的梁王，此外还有四川的明升（明升是已故南方红巾军残部将领明玉珍的儿子，以其为首的割据政权称为"夏"），这些土皇帝都拥有一定的势力，他们当中除了明升之外，大多数人在名义上都与元朝保持隶属关系，虽然实际上自行其是。卧榻之侧，岂容他人安睡？朱元璋决定派汤和、胡廷瑞、杨璟等人南征，逐一攻取浙东、江西、福建、两广等未服地区，而四川与云南因远途艰，鞭长莫及，暂不在征讨之列。

与南征相比，北伐才是重头戏，而对手也强大得多。但北方的元军不能一致对外，所以实力大打折扣。当时，地方军阀之中最有战斗力的是察罕帖木儿的旧部，他们遍布于晋、冀、鲁、豫、陕等广大地方，现在已经分裂为王保保、貊高以及李思齐等势力，彼此势不两立。察罕帖木儿的继承人王保保因屡次抗命而成了朝廷的眼中钉、肉中刺。元顺帝为了最大限度地削弱王保保的军权，于1367年（至正二十七年）十月诏令将其军队分以数人掌管：其中，王保保只能指挥由自己直接掌握的"帐前诸军"；河南诸军则由察罕帖木儿一手提拔的李克彝统领，他现在官居中书省平章政事等要职；山东诸军由蒙古贵族出身的中书省右丞相也速统领；山西诸军由身为中书省左丞相的沙蓝答里统领；河北诸军由背叛王保保的貊高统领，此人已在元朝的中央军事机构枢密院中获得了一个头衔，被任命为知枢密院事；原属王保保的关保仍然统领本部不变。这个诏令不管是否真正得到有效的执行，它确实使察罕帖木儿旧部的分裂合法化了。王保保从总制全国兵马的显赫身份沦为了诸将中的一员，甚至要与貊高、关保等人平起平坐，而且他在山东、河南等地的留守部队要听其他人的号令，王保保当然非常不满意，他于十一月率余部驻于山西泽州，伺机而动。与王保保有嫌隙的皇太子落井下石，指使陕西的李思齐、张良弼等人进攻王保保，但李思齐为了保存实力拒绝听命，元顺帝见风使舵，出面扮演和事佬的角色，下令暂时以潼关为界，潼关以西属李思齐，以东属王保保。

选择这个时候北伐确实比较有利。朱元璋已经有所准备，他让身边的儒臣撰写了北伐檄文。文中强调儒家的"天命论"，指责元朝旧政府因施政不当而存在"失君臣之道""废坏纲常"以及"不知礼义"等种种不端的行为，活该被上天所弃，相反，新政府"恭承天命"，立志要"立纲陈纪，救济斯民"，重建以儒家文化为代表的传统封建秩序，以"治世安民"。这些思想对怀柔北方的汉族官绅地主阶级无疑起到了一定的作用。

北伐檄文虽然也有"华夷之辨"的民族主义思想，但为了争取和分化蒙古、色目统治者，又指出异族之人如有知"礼义"而愿为臣民者，与汉族人一样抚养无异。

用兵谨慎的朱元璋不敢轻视北方之敌，他选择了军中最好的将帅承担北伐重任，命令刚刚灭掉张士诚、征尘未洗的得力助手徐达再披战袍，为征虏大将军，准备挺进中原。战前，他召集诸将商议北伐的战略，急性子的常遇春干脆利落地建议说："以我百战之师，直捣大都，必定势如破竹！"常遇春代表了军中一部分猛将的意见，这些人恨不得立即从南京出发，走捷径抢渡黄河"一步到位"地冲到大都城下，与元军一战定输赢。

但朱元璋认为这个计划过于简单、粗糙和随意，提出批评道："元朝建国百年，首都的防御必然坚固，我方孤军深入，存在粮饷不继的隐患，再加上敌人各地的勤王之师从四面八方赶来，后果会非

常严重。"他的意思是北伐不能贪图一时的快捷，而是应该不惜走弯路，兜圈子，可这样做绝不等于走冤枉路，因为在沿途攻城略地都是以确保军队侧翼与后方的安全为准则，当一切准备妥当之后才直捣黄龙，与元军在大都城下决一死战。由于北伐中原最重要的目标是大都，因而整个军事计划围绕着如何攻克这个地方而布置，具体的步骤是先取山东，撤销大都战略上的天然屏蔽，再攻占河南，"破其藩篱"，然后分兵驻守于河南与陕西交界的战略枢纽——潼关，以防止陕西军阀李思齐等人反击河南。完成这一系列动作之后，下一步是从容出动北伐军主力从河南重返山东、取道河北而直扑大都。一旦攻克大都，山西与陕西这些地方上的元军"望绝势穷"，灭亡只是时间问题了。

进军大都需要取道山东与河南，但不需要通过山西与陕西。朱元璋特别强调在攻克大都之前不要过于刺激山西、陕西地区的军阀，因为这些军阀虽然勾心斗角，但至少在表面上还听命于元朝，假如在没有攻克元都的情况下就匆忙与这些人决战，反而会促使他们停止内讧，更加紧密地团结在元顺帝的周围，从而增加北伐的难度。战争的发展过程完全与朱元璋事前预料的一致。历史证明，即使北伐军攻下了大都，王保保等一些军阀还是继续流窜于西北地区，挣扎到最后。假设北伐军在没有攻下元都的情况下就匆忙从河南进军山西、陕西，与当地身经百战的各路元军决战，由于元朝的首都还存在，心存幻想的元军会抵抗得更加顽强，就很可能会出

现朱元璋一直极力所避免的"胜负未可知"的情况。

军中大多数将领对这个深思熟虑的计划纷纷表态支持。按照朱元璋的既定方针行事的北伐军，开局果然顺利。

磨刀霍霍的将士们于1367年（至正二十七年）十月开始出发，军中猛将如云，总指挥（对外号称"征虏大将军"）是名将徐达。

智勇双全的徐达是朱元璋的同乡，他于1332年（至顺三年）生于濠州钟离太平乡，后在追随朱元璋打天下的过程中身经百战，立下功勋无数，是朱元璋可以放下心来委以重任的第一人选。

徐达的副手是作风强悍、号称"常胜将军"的常遇春。常遇春比徐达大两岁，出生于安徽怀远的一个农民家庭。论谋略，他比不上徐达，但他的战斗风格以猛打、猛冲、猛追而著称，是北伐军中首屈一指的虎将。

此外，陆续参战的各级主要将领还有：右都督冯胜，都督同知张兴祖，都督副使顾时，平章韩政，右丞薛显，左丞赵庸、曹良臣，参政傅友德，卫指挥使华云龙，卫指挥金事郭英、张焕。

关于北伐军的人数，正史记载有"甲士二十五万"，而《明兴野记》等书则称这支军队的人马达到四十万之多。后一种说法比较夸张，不排除是为了迷惑敌人而故意制造出来的烟雾。

北伐军按照朱元璋事先制定的战略一路北上杀向山东，欲撤销大都战略上的天然屏蔽。元朝在山东的军政大权表面上由坐镇益都的东西道宣慰使普颜不花掌握，但这个人真正能指挥得动的军队并不多，称霸地方的实力派人物主要有沂州（今临沂）的王宣父子、益州的老保与济南的脱因帖木儿。其中特别值得注意的是脱因帖木儿，他曾奉其兄王保保之命率数万军队驻于济宁、邹县等地，以防范朱元璋北进，当王保保与李思齐、貂高等人爆发新一轮军阀混战时，脱因帖木儿在山东以南强拉民夫、劫掠牲畜，接着转移到河南卫辉（今河南汲县），企图配合王保保夹攻貂高，可惜未能如愿。山雨欲来风满楼，在北伐军杀向山东期间，脱因帖木儿慌忙又从河南重新赶回山东济南布防，成为北伐军最主要的对手。虽然沂州的王宣父子是北伐

◎徐达之像

军打击的第一个主要目标，但朱元璋非常担心驻兵于济南的脱因帖木儿趁北伐军主力向沂州出发之际，偷偷乘虚南下侵扰边民，他专门下令江淮前线的庐州、安丰、安陆、濠州、泗州、蕲州、黄州与襄阳各处守将严加守备，以防患于未然。然而，元顺帝对脱因帖木儿始终不太信任，早已下旨让中书省右丞相也速统领山东诸军。也速拥有一支正规军队，曾多次参与镇压红巾军，有比较丰富的实战经验，此举对增强山东的军事力量有所帮助。可是，山头林立的元军在强敌之前未能摒弃成见，且各部队分散驻防，以致"处处设防，处

处不防"，战斗一打响便毫无招架之力。

北伐军分作两路，主力在徐达的率领下由江淮北上，打算取道沂州直达山东的重镇益都。张兴祖以部分兵力从徐州出发，向山东西南进军，以掩护侧翼。

徐达的军刀一出鞘，便刀刀见血，以雷霆万钧之势连取下邳（今江苏睢宁以北）、榆行镇、梁城等地，其先头部队在徐唐臣的带领下于十一月已经杀到了江淮与齐鲁之间的枢纽要地沂州。留守沂州的是淮南淮北义军都元帅王宣及其儿子王信。王宣原籍扬州兴化，本是掌管农事的小官吏，因治理黄河有功，被朝廷任命为

◎ 北伐军的
进军路线

招讨使，元末天下大乱时，他带着招募的三万余丁夫参与收复徐州之役，因功升为义兵都元帅，成为一员地方将领。其子王信也随父从军，并在配合察罕帖木儿进军山东时表现不俗。在镇压北方红巾军的军事行动结束后，这两父子便一起镇守沂州。现在，北伐军的先头部队兵临城下，王宣使出缓兵之计假装投降，公开派员外郎王仲刚等士绅出城犒师，以麻痹驻扎于城外的徐唐臣，但暗中命令其子王信前往莒州（今山东莒县）、密州（今山东诸城）等地募兵，企图顽抗下去。麻痹大意的徐唐臣吃了大亏，遭到守军突如其来的夜袭，并在猝不及防的情况下惨败而回。徐达大怒，迅速带着后继部队来到沂州城下，分兵数路猛攻。冯胜亲自操刀前往第一线，指挥将士开坝放水淹城，欲使城中守军成为鱼虾蟹鳖。王宣眼见王信募兵迟迟不归，自忖无力抵抗下去，被迫打开城门出降，乞求活命。徐达入城后随即令使者携带着王宣亲笔写的招降书，前往招抚王信。可是，冥顽不化的王信杀死了使者，逃往山西。徐达为了替使者报仇，毫不留情地处死了反复无常的王宣。

攻占沂州起了敲山震虎的作用。在此期间，山东峄州（今山东枣庄以南）、莒州、海州、沭阳、日照、赣榆诸县慑于徐达的声威，相继投降。

此时，朱元璋对军队下一步行动做出了指示，他遣使传喻徐达，认为北伐军下一个目标是北连鲁山、南接岘山的重镇益州，而要想攻取益州，必须先派精锐部队扼守黄河要冲，保护后方的安全，如果一时未能迅速拿下益州，则可转攻济南、济宁二城，以分其势，然后再看准时机各个击破。徐达依计行事，他先令镇驻榆行、梁城地区的韩政部队全力扼守黄河，以断敌援兵；再令从徐州出发的张兴祖沿着大运河向济宁、东平北进，掩护主力经临朐到达益州。益州城内的最高领导人是宣慰使普颜不花，但掌军的却是跟随察罕帖木儿起兵于沈丘的宿将老保。为了不战而屈人之兵，徐达命临朐降将丁玉明入城奉劝老保归附，在遭到拒绝的情况下决定攻城，他满怀信心地对诸将道："老保等人敢于负隅顽抗，所恃的不过是援兵。但我军已分兵扼守黄河，断其左臂，这些自以为是的家伙尚不知道已成为釜中之鱼，危在旦夕。"他刻不容缓地督兵填平城外的河坝，于十一月二十九日顺利克城，活捉了错误估计形势的老保，并俘杀了普颜不花。益州既下，元军在山东的防线已经被打得千疮百孔、支离破碎。攻势如虹的北伐军以一连串迅猛的动作拿下了寿光、临淄、昌乐、高苑等县以及潍（今山东潍坊）、胶、博兴等州，扫掉进军路上的障碍。据不完全统计，在此期间北伐军共俘获元军一万五千多人、马骡一千六百余匹，还夺得了十八万九千余石（石是一种容量单位，一石约等于 104.7 升）粮食。

其后，张兴祖率师于十二月五日到达东平，守将弃城而逃。北伐军追击到东阿地区，以元参政陈璧为首的五万军民不战而降。

到目前为止，北伐军的进展比预期的顺利，所过之处元军被动挨打、望风披靡。

山东最具实力的守将脱因帖木儿一直不敢轻举妄动，而是在南依泰山、北临黄河的济南调兵遣将，会同忽林台等将领，准备做拦路虎，摆出不惜一战的姿态。在徐达的眼中，所有的拦路虎都是"螳臂当车"，他一概来者不拒。初七这一天，徐达意气风发地率军经章丘来到济南这个大城市，满以为可以捞到一场大仗打，不料只得到了一座空城，仅仅俘获留守的二千多名官兵以及四百二十九匹马，所得甚微。

原来，脱因帖木儿临时怯战，他经过焦思苦虑之后做出了弃守济南的决定。元军分批撤退，忽林台等人率领一部分人往北奔逃，而脱因帖木儿则向西转移到河南，意图与当地驻军会合继续抵抗。因为在河南统领诸军的是驻于汴梁的李克彝，此人曾受过王保保的指挥，所以被脱因帖木儿认定是"自己人"，而驻于洛阳的梁王阿鲁温还与脱因帖木儿有亲戚关系（阿鲁温是察罕帖木儿的父亲，他在察罕帖木儿死后被朝廷封王，可谓是"父凭子贵"，此公按辈分来算比脱因帖木儿大两辈）。

脱因帖木儿离开了山东，这个省份的沦陷只是时间问题了。济宁跟在济南的后面成了又一个不战而降的城市，张兴祖率领部分兵力逼退守军，兵不血刃地进入城中。北伐军出师短短两个多月，沂州、益都、济南、济宁等重镇名城就相继换了主人。待在大都的蒙古贵族与其他省份的军阀在山东沦陷期间基本上没有什么作为。元顺帝不忍坐视山东失守，曾命令也速、貊高、关保等人往援山东，同时诏命陕西的李思齐等人取道潼关，沿着黄河东行，共同勤

王，无奈貊高、关保、李思齐等皆不奉命，只有也速带着正规部队南下到前线，但碰上北伐军的骑兵只有挨宰的份儿，傅友德以轻骑诱敌入伏，奋勇反击将其打得大败而逃，乘胜攻取莱阳、东昌，在此期间，茌平、乐安也宣告投降。也速的部队仍剩下不少蒙古骑兵，他自忖还有与北伐军作对的资本，于次年二月会合从济南败退的忽林台，再次向乐安地区展开反击。当时，徐达刚巧亲自率军平定了降而复叛的乐安县，因而顺手击退了也速等人派来的援兵，跟踪追击八十余里，生擒枢密院判脱欢等数百人，获马三百匹。至此，山东变了天。

众所周知，元朝末年的蒙古骑兵已经由盛转衰，可是朱元璋起兵之初碰上这些外强中干的"铁甲骑兵"时还无力硬拼，能避则避，想不到十五年后竟然起了翻天覆地的变化，他的军队已经可以轻而易举地把这些人打得丧魂落魄。而历史也即将翻开新的一页。

到目前为止，朱元璋的北伐仅仅止于进攻山东，这与十年前刘福通策划的同时攻击豫、鲁、晋、冀、陕等省的三路北伐相比，似乎在气势上逊色不少。也许是因为这个原因而没有引起元朝统治阶级迫在眉睫的危机感，他们死到临头仍未醒悟过来，继续忙于窝里斗。王保保处处提防貊高、李思齐、张良弼等人，对山东的沦陷袖手旁观。元顺帝挖空心思采取封官许愿的手段来分化王保保的势力，他突然下令册封原属王保保的将领李克彝、关保为国公，此举起到了立竿见影的效果，留守河南汴梁的李克彝与留守晋冀、屯于潞州（今

山西长治）的关保立刻投桃报李，宣布效忠朝廷。元顺帝计谋得逞，决意趁王保保势单力薄之机，诏令李思齐等人出关与貊高一起进攻王保保，并急令关保兵进太原，予以配合。王保保临危不惧，放弃泽州退守晋宁（今山西临汾），他破罐子破摔，竟派兵尽杀朝廷在太原城中所置的官吏，以防患于未然。元顺帝马上做出了强烈的反应，下诏削去王保保的爵位，再次命令诸军予以讨伐。关保闻风而动，立即占据山西泽、潞二州，与貊高会师，准备与李思齐、张良弼一起围攻晋宁，展开大规模的军阀混战。

你继续打你的军阀混战，我继续进行我的北伐。横扫山东的徐达撤销了大都的天然屏蔽，等于干净利落地断了这个政治中枢的一条胳膊。其后，按原定计划回师，转攻大都的"藩篱"——河南。

朱元璋在后方坐镇，调动各路部队协调作战，他一面于二月十六日派都督同知康茂才到济南参加北伐，一面于三月初一让征戍将军邓愈从襄阳北攻南阳，以策应即将举行的河南会战。三月初五，徐达率领舟师从济宁沿着黄河向西杀了过来。河南驻守着大批察罕帖木儿的旧部，本来尚有与北伐军一较高下的信心，可是在这个节骨眼上，镇守汴梁的李克彝却突然宣布效忠朝廷，而镇守洛阳的阿鲁温与脱因帖木儿仍和王保保维持着千丝万缕的关系，因而内部不免互相猜忌，让徐达得了渔翁之利。

徐达一路连克永城、归德、许州（今河南许昌），经陈桥（今河南封丘东南）

到达汴梁城外。城里的李克彝召来左君弼、竹昌等将领，共商退敌之策，他对左君弼说道："你与南朝（指朱元璋政权）打过几次仗，比较熟悉其阵势，我现在抽调部分兵力给你，让你出去从正面迎战敌军，我带兵从后夹击，如何？"左君弼等本是南方红巾军的降将，根本不想铁下心来为元朝卖命，因而推诿道："南朝兵锐不可当，我一见其阵便胆寒，不能作战，以至流落到此，更何况徐达善于用兵，所向披靡。我不敢受命。"李克彝眼见部队士气低落，再也懒得询问其他将领，无可奈何之下遂连夜出城而逃。不肯随同逃跑的左君弼、竹昌等人于二十九日弃械投降。在徐达占领汴梁的三天前，邓愈指挥所部从襄阳、安陆、江陵出发，仅用了一天便攻占了唐州（今河南唐河）、南阳。这样一来，两路明军便对洛阳形成了钳形攻势。

徐达的动作比邓愈要快，他马不停蹄

◎ 身穿蟒服的常遇春

地自中滦（今河南封丘西南）扑向洛阳，取道虎牢关来到洛阳郊外的塔儿湾（今河南洛阳东郊），与从济南撤到此地的元将脱因帖木儿相遇。四月初八，两军进行了一次有决定性意义的较量。一退再退的脱因帖木儿现在终于挺直了腰板，使尽浑身解数，纠集起五万军队列阵备战。浑身是胆的猛将常遇春单骑出列，大声吆喝着闯入敌阵之中，威风凛凛地与二十名挥舞着长槊的元军骑兵混战，他在马上弯弓射箭，准确地击毙了一名元军先锋，其余的元军顿时为之气馁。徐达及时指挥各路部队随后跟进，趁刮起南风、尘埃满天的机会，顺风突破元军阵营，一口气追击了五十余里，打死及俘虏的敌人难以计算。

常遇春在此战中立了头功，他发挥"斗将"本色，一人勇挫二十名敌骑，出色地完成了为步兵做开路先锋的重任，充分证明依靠少数精锐骑兵与步兵协同作战的建军思想是行之有效的。

北伐军的空前胜利与对手的发挥失常有关。参战的元军骑兵以地方部队为主，虽然战斗力比起元朝的正规军略胜一筹，可是由山东、河南两地不同建制的部队临时凑合而成，各部队之间难免有所隔阂，发挥不了正常水平也是情有可原的。

再次成为丧家之犬的脱因帖木儿带着残部撤往陕州（今河南三门峡），而刚刚逃到洛阳的李克彝又匆忙西窜，他无颜再见王保保，干脆跑到陕西投靠了李思齐。在塔儿湾获胜的徐达已进至洛阳的北门安营扎寨，偌大的洛阳仅剩梁王阿鲁温坐困愁城。阿鲁温是"识时务"之人，他不想

成为元朝的陪葬品，为了争取尽快投降，迫不及待地先后派出多位使者出城议降，并最终如愿以偿，大开城门，爽爽快快地迎接北伐军入城。

经此一战，北伐军奠定了整个河南的战局，剩下的任务似乎只需要派出部队到未归附的地方转一圈儿，立马传檄而定。

事实也差不多是这样。趁热打铁的徐达分兵四出，攻城略地。元朝在河南的统治就这样土崩瓦解了。嵩州（今河南嵩县）、巩县（河南巩义市）孟夏寨、福昌（今河南洛宁东北）、钧州（今河南禹县）、许州、陈州（今河南淮阳）、汝州（今河南临汝）、郏县等地陆续投降。北伐军乘势从河南一路向陕西方向扩张，冯胜打得最远，他攻克陕州，把老对手脱因帖木儿驱逐得无影无踪。陕州一攻克，下一个进攻目标便轮到河南与陕西之间的门户——潼关了。

驻守潼关的是李思齐与张良弼所部。当徐达从山东杀向河南之时，李思齐与张良弼担心陕西的老根据地成为徐达的下一个目标，便决定不再参加军阀混战，他们遣使告诉王保保"出师并非本意"，于是从晋宁前线撤兵西返。只有貂高、关保这两个榆木疙瘩尚未开窍，继续留在晋宁，把内战进行到底。

"仓皇解兵西归"的李思齐与张良弼可不想与北伐军硬拼。当潼关于四月二十六日遭到攻击之后，李思齐的部下仅仅象征性地抵抗了一下，便放弃了辎重逃往凤翔。张良弼的部下则撤向鄜城。只要北伐军不深入陕西，他们也不想过分招惹对手，以免引火烧身。

占领潼关的冯胜再西进一步占领华州（今陕西华县），但并没有打算深入陕西，而是集中力量严防扼守，尽量做到滴水不漏，以捍卫潼关以东的地区。

河南大部分地区相继落入北伐军之手，这就意味着大都这个中枢机构的心腹部位已经失去"藩篱"，赤裸裸地暴露了，即将成为被各种武器攻击的靶子。

徐达出征仅数月，便取得重大进展，朱元璋非常高兴，他不等元朝正式灭亡就决定另起炉灶，正式称帝了。新王朝早在这一年的正月已经诞生了，首都为应天（今南京），国号"大明"，年号"洪武"。朱元璋成了明朝的第一个皇帝，史称"明太祖"。当此之际，南征的明军也捷报频传，汤和、廖永安、胡廷瑞、杨璟等将领先后攻取了浙江、江西、福建、两广等地区，歼灭了方国珍、陈友定等一批割据势力。

元朝的末日就快到了。六月初一，朱元璋亲自来到汴梁，分别与徐达、常遇春、冯胜等前线将领会面，商讨下一步何去何从。徐达胸有成竹地指出：在北伐军平定齐、鲁，攻取河、洛的整个军事行动期间，王保保等北方军阀一直逗留于山西地区逡巡不进，采取观望的态度，没有南下的迹象，而李思齐、张良弼自从潼关失守后便逃窜陕甘地区，无意对黄河以北的大都进行声援。综上所述，如果明军能够把握时机，全力向大都进军，则必胜无疑。朱元璋完全同意徐达的看法，他特别强调北方土地平旷，有利于游牧民族的骑兵作战，为了确保万无一失，应该选派精兵良将为先锋，而水陆大军则紧跟其后，就近在山东筹集粮食，由邺趋赵，经临清地区转而北上，直捣元都，使敌军陷入外援隔绝、孤军作战的困境，从而夺取最后的胜利。徐达乐观地提出攻克元都之后该怎么对待元顺帝的问题，据分析这位末代皇帝可能会弃城北逃塞外，到时要不要出塞对其穷追猛打就成了一个问题。朱元璋认为暂且不必穷追，只须守卫疆土，防其入侵就行了。徐达心领意会，顿首受命。朱元璋把一切安排妥当，满意地从汴梁返回应天。

七月二十九日，忙于调兵遣将的徐达，相继檄令张兴祖、韩政、孙兴祖等将领率领益都、济宁、徐州等地的部队，会师于东昌，向河北进军，还让薛显、傅友德带领先锋部队从安丘进至卫辉，迫使元军退往彰德（今河南安阳）。一切准备妥当之后，徐达于闰七月初二离开汴梁，从中滦渡过黄河。第二天，他与傅友德等人在淇门镇（今河南汲县附近）会合，随即攻克彰德、磁州（今河北磁县）、广平、赵州（今河北赵县）等地，俘获并收降了一批元朝文武官员，并于十一日转向地处卫河与运河的交汇之地临清，会合陆续到达的各路明军，集结船只，准备北上。

这时，北方连年战乱，一片萧条景象，大路上处处树木榛塞，人烟断绝。先行一步的傅友德率领游骑活捉了元将李宝臣、都事张处仁，再命令这两名俘虏为向导，从荆棘中开辟出一条道路以通骑。都督副使顾时奉命疏通自临清至通州的水路，以通舟师，因为陆路运粮非常麻烦，而水路运粮则可起到事半功倍的效果。办事干练的临清知府方克勤多方筹集粮饷，确保各路大军无衣食之忧。明军原计划征用五千纤夫，恰巧在此时得到老天的帮助，因连降大雨，水位得以上涨，舟师顺利扬帆北上。

徐达留下韩政镇守东昌、临清，于十五日率水陆大军由临清向德州进军。前路无人阻挡，这支虎贲雄师像尖锐的刀剑一样在敌人的躯体上越钻越深，慢慢地接近了敌人的心脏！

看来，元朝君臣如果再不停止旷日持久的军阀混战，灭亡将是不容置疑的事。恰巧在这个生死攸关的时刻，形势发生了戏剧性的重大变化——北方的军阀混战突然停止了，王保保奇迹般地获得了最后的胜利。

原来，在貌高与关保两军包围晋宁期间，王保保始终坚守不出。到了1368年（至正二十八年）闰七月时，过于轻敌的貌高终于出事了，他仅仅带着数名骑兵就敢大摇大摆地巡视辖下军营。与之对峙的王保保部将毛翼远远望见，便心生一计，让自己的手下悄悄换上敌人的旗帜，乔装打扮成敌军的样子进驻于敌营的"西角"。貌高果然中计，糊里糊涂地进入了毛翼布置的陷阱之中，成了俘虏。关保闻变，连忙拉大队到貌高军营的西边，还未等他列阵完毕，王保保已经把五花大绑的貌高扔在城外示众，此举令关保所部军心大乱，闹哄哄地不战而溃。关保亦在混乱中被俘。貌高与关保成为俘虏后，一大批无路可走的部属只能选择投降，听命于王保保。至此，原本四分五裂的察罕帖木儿旧部现在大部分人重新聚集于王保保的旗下。王保

保最终在军阀混战中脱颖而出，成了当之无愧的"带头大哥"。

王保保活捉了关保、貌高，马上派遣断事官上奏朝廷，此举含有向元顺帝示威的意味。在明军日渐逼近大都的情况下，如梦初醒的元顺帝也许终于感受到了切肤之痛，他不敢再得罪王保保，只能牺牲关保与貌高这两个马前卒。他默认了这个结果，无可奈何地下诏，宣布关保、貌高两人图谋不轨，在军队内部挑起事端，可依军法处置。王保保接到诏书后光明正大地杀了这两人。

为了与王保保重归于好，元顺帝一面把所有的责任都归罪于皇太子，一面下令恢复王保保原有的河南王、左丞相等爵位与官职，并敦促其早日统兵阻击北伐军。元朝廷在军阀混战刚刚停止不久就迫不及待地制定了一个"四道进兵"的计划，打算最大限度地集中所有力量与明军进行一场大决战。按照这个计划，王保保须由中道直抵彰德、卫辉，兵锋直指徐达的侧翼；刚刚在山东败还的也速则带领余部由东道水陆并进，正面迎战北伐军；李思齐以本部军马，南出七盘岭（今陕西宁强以南）、取道金州（今陕西安康）、商州（今陕西商县）而进入河南，克复汴洛；陕西行省左丞相秃鲁则成为关陕诸军名义上的统帅，他的直辖部队需要"东出潼关，攻取河洛"。此外，京师守军也严阵以待，准备反击。朝廷还想从关外的辽阳等地调来兵马，扼守渤海湾以西地区，增强首都附近的兵力。然而，任人唯亲的元顺帝把这场盛况空前的大决战的指挥权授予了皇太

子，王保保对此自然感到不甘心，他对前来督促出兵的元使采取虚与委蛇的态度，声称要提军北上云中（即山西大同）。有反对者劝道：丞相应该从井陉口，向真定，到河间与也速会师，可以挡住来势汹汹的南军，如果北上云中，那么需要迂回千里才能到达京城，这样就多走了一大段冤枉路。王保保口是心非地反驳道：北上云中，再潜师由紫荆关（今河北易县以西）进入京畿地区，可起到出敌不意的效果。其实王保保的真实想法只有谋士赵恒、曩元辉等人才最清楚，他们在军中议论道：朝廷重新起用皇太子，当中暗藏杀机，对丞相极为不利，现在又要我们勤王，我方应该驻军于云中，观其成败再作打算。

王保保没有及时出兵，李思齐等人也没有响应，关外的元军也迟迟未到，元朝"四道进兵"的计划顿成画饼，尚未执行便已经破产。只有也速为了不让明军控制直沽（今天津附近）的出海口，硬着头皮率领"番兵数千"南下拦截。这时，徐达已经会同常遇春及高显、毛让、程华等将领攻下了长芦（今河北沧州）、青州、直沽等地，骁骑卫指挥王老哥痛击了敢于拦路的也速。元军骑兵损失殆尽，惨败而回。

常遇春与张兴祖作为先锋，各自率领舟师在大运河中央并列向前航行，而步骑也沿着东西两岸并进。浩浩荡荡的明军向着大都一路疾进，前锋部队于二十五日杀到了河西务（今天津武清附近），击退一股元朝正规军，擒其将校三百余人，缴获六百多匹马、百余艘船以及二千六百石粮，引领着后继部队来到了大都的门户通州。明军在城外夹河而营——徐达带着部分兵力结营于城外的运河东岸，常遇春结营于运河西岸。同时，部队在附近地区搜缴了元军遗留下的四千五百余石粮食，此举有助于解决军中将士的口腹之需。诸将本欲迅速攻城，但年轻有为的中级将领郭英却沉着冷静地向徐达建议道：我军远道而来，与以逸待劳的敌人作战，攻坚并非上策，应该出其不意用计智取。徐达深以为然，授予郭英见机行事的权力。郭英利用次日大雾弥漫的时机，亲自安排千余人埋伏在道旁，又令三千精骑来到城下诱敌出战。守城的元朝正规军果然中计，派出万余兵力从城中冲出，张开两翼包抄明军。郭英佯败而退，成功地将紧跟不舍的敌人引入埋伏中，然后伏兵一跃而起把敌军截为两段，再各个击破。这一仗，明军以步骑协同的作战方式打得非常漂亮，总共斩首数千级，并俘虏了元国公知院卜颜帖木儿与副枢也先迭儿等人，获得四百余匹马以及百余艘船，并乘胜于二十七日攻下通州。

通州失守，元都大震，明军亮出的剑，已经离元顺帝的脑袋不远了。蒙古贵族阶级要想保住政治中枢，只能依靠京城里的正规军。正规军里面的纨绔子弟能否脱胎换骨爆发潜能击退来犯之敌，这一切就要见分晓了。

第四章 大都的崩溃

元代的大都可是当时的国际城市，它的前世今生都是世人瞩目的焦点。远在春秋战国时，此地就是诸侯国燕国的都城所在地，名叫"蓟"；汉代，改名"幽城"，也就是后来的幽州；唐代的安史之乱之后，幽州被藩镇割据；到五代十国时，后唐的河东节度使石敬瑭割让燕云十六州给塞外的契丹，幽州也包括在内（从此中原失去了屏障，为契丹的南下提供了便利条件）；后来，契丹族及其建立的辽与北宋长期对峙，幽州也在不同时期改称为"南京幽都府""折津府""燕京"；来自东北白山黑水地区的金国灭辽之后，又把幽州改称"中都"；公元十三世纪，蒙古人兴起，夺取了金的中都，改称"燕京"，后来又改回中都原名。

鉴于此地的特殊战略位置，一位目光锐利的名叫霸突鲁的蒙古贵族向有志于一统天下的忽必烈建议："幽燕之地乃是龙盘虎踞、形势雄伟的地方，它南控江淮，北连朔漠，天子居其中，可以接受四方朝觐。大王如果想要经营天下，驻驿之所，非燕地不可。"汉族幕僚郝经也提过类似的建议。忽必烈从谏如流，接受蒙汉部属的建议，在此地扩建新城，于 1272 年（至元九年）二月将中都改称"大都"。从此大都成了元朝的首都，是元代全国的政治与文化的中心，成为一座国际性的大都市。

《元史》称"大都方圆六十里，十一门"，城墙用夯土建成，并在四角建有角楼，还挖有宽阔的护城河。

该城作为全国的政治中枢，是以金碧辉煌的皇室宫殿为中心营造的。壮观的皇城位于都城的中部与南部，围墙的范围广达二十里。皇城的东面是宫城，其范围约为九里。在一眼看不到边的宫殿楼阁里面生活的皇亲国戚，他们在数以千计的宫廷侍卫、宦官与宫女的簇拥之下过着纸醉金迷的生活。

皇城的北面有全国最高的行政机构中书省，东面有中央政府直属各种武装力量的最高军事指挥机构枢密院，西北方向有负责监察各级官吏的御史台。城中设立有翰林院国史院，专为皇帝起草文件、编纂各类书籍，还有全国最高学府国子监学等权威的文化机构。此外，大都内也建有数量众多的各类寺院，以供不同宗教信仰的人们瞻仰。元朝灭掉南宋后，又将夺取的大量文化典籍、礼乐祭器，以及一大批文人学者、能工巧匠等送往大都，从而进一步提高了这座城市的文化地位。

至于这座城市到底有多少常住人口，

则有好几种说法，人数从四、五十万到百万不等。居民以汉族最多，同时也包括蒙古、色目人，此外还有大批外国使者、跨国商人、传教士等等。

大都是北方最大的手工业中心与商业中心，也有一定的农业基础，经济比较繁荣，然而，它的粮食生产总量却满足不了城市的消费需求。由于大量的王公贵族、各级官僚、上层僧侣、富商、驻屯大军屯聚于此，使它成了一座依靠从南方运输物资度日的消费城市。每年有数不清的粮食、形形色色的日用品等物资装载在大大小小的船只上，源源不断地由运河与海道从南向北运输。部分物资汇聚到大都后，再运往北边的上都等地，因此，大都在全国的交通运输网络中处于极为关键的地位，官府

建立了以这座城市为中心的驿传制度，加强与全国各地的联系，它就像人体的大脑，如臂使指地指挥着身体的每一处肢端。

大都真是一个好地方，蒙古贵族在城里过着声色犬马的放纵生活。不过，由于末代皇帝元顺帝治国无能，这种好日子就快要到头了。元末农民大起义爆发后，天下大乱，人心离散，大都与南方的联系经常被切断，致使南方的粮食不能及时运送到北方。到后来，城里终于出现了比较严重的饥荒，首当其冲的是普通老百姓，很多穷人挣扎在死亡线上，死者填满沟壑。

总之，大都的局势已是日薄西山、朝不虑夕，处于崩溃的边缘。

现在，当明朝各路军队汇聚在大都外围时，蒙古贵族肯定预感到了迎面而来的

◎ 大都示意图

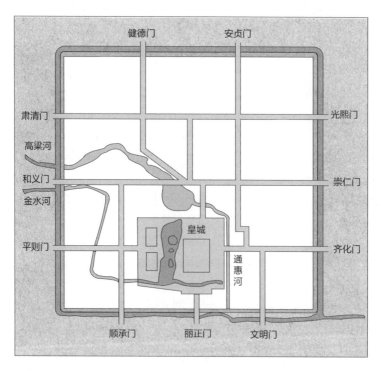

杀气。

面对未来，元顺帝应该何去何从？是战，还是降？这是一个不易选择的难题。

战斗的后果很可能是血染沙场。正所谓"啰唆"，死亡，绝不是那些在上流社会养尊处优的达官贵人们的首选。而投降只会贻笑千古，甚至连弱女子也看不起这种奴颜婢膝、摇尾乞怜的行为，就好像五代十国时期后蜀国的花蕊夫人为嘲讽君主孟昶降宋所写的诗：

君王城上竖降旗，妾在深宫那得知？

十四万人齐解甲，宁无一个是男儿！

综上所述，既不能战，又不想投降的蒙古贵族们，唯一的选择只能是逃亡。

七月二十八日，明军攻克通州的消息已迅速传到了大都。元顺帝在清宁殿召见群臣，表态要"巡幸上都"，意思是打算逃到上都避祸。群臣大多数屏息不发一言，只有左丞相失列门、知枢密院事哈刺章与宦者赵伯颜不花等少数人力谏，以为不可行。哈刺章从军事的角度着眼，他担心在敌军兵临城下之时，元顺帝一出城，就会有难以预测的危险，因而认为在通州既陷的情况下，朝中君臣应该在京城之内死守待援，否则"金宣宗南奔之事可为殷鉴"。金宣宗是金朝的皇帝，这人被频繁从蒙古草原进犯的元太祖成吉思汗打怕了，决意离开京城中都（今北京西南一带），南迁黄河以南的汴梁，致使黄河以北人心动摇，很快陷于敌手，而金朝灭亡的历史命运就此注定。看来，元顺帝正在步金宣宗的后尘。赵伯颜不花也哭谏："天下者，世祖之天下，陛下当以死守，奈何弃之？臣等

愿率军民及诸怯薛歹（怯薛歹，即保护皇帝安全的怯薛军队）出城迎战，愿陛下固守京城！"然而，去意已决的元顺帝对怯薛等中央禁卫部队的战斗力心知肚明，他固执地认定困守孤城等待援兵才是死路一条，断然反驳道：也速已败，王保保远在太原，哪里还有什么援兵！因而一锤定音，宣布退朝。

就在这一天晚上，元顺帝依依不舍地离开了这个日后令他魂牵梦绕的地方。他究竟带走了多少兵马，汉文史籍无记载，只有成书于十七世纪的蒙文史籍《黄金史纲》（全称为《诸汗源流黄金史纲》）及《蒙古源流》分别给出了两个不可靠的数据。《黄金史纲》称元顺帝带"十万蒙古"出走了，这里的"十万蒙古"并非实数，而是来源于明代蒙古人传统的说法，即蒙古部落主要由本部的"鞑靼"与别部的"瓦剌"组成，其中"鞑靼"拥有"六万户"，而"瓦剌"拥有"四万户"，两者合计十万户（"鞑靼"与"瓦剌"都是明代蒙古部落集团的名称，下文还要提及）。《蒙古源流》则称元顺帝带着"六万蒙古"出走了，这个数据显然只是特指"鞑靼"的"六万户"，不包括瓦剌的"四万户"在内。

但有一点可以肯定的是，无论"十万蒙古"，还是"六万蒙古"，都是指蒙古贵族的正规部队。

事实也是这样，一大批集结于大都的守军在衣着光鲜的贵族军官的统领下灰溜溜地不战而退。这些拥有高贵血统的官家子弟竟然被一帮乡下佬、放牛娃出身的泥腿子撵走了，他们那些曾扬威世界的老祖

宗如果九泉之下有知，恐怕会气得在坟墓里跳起来。

现在，大都这个中枢机构已经基本上瘫痪了，这个元政府赖以决策的脑袋，似乎失去了灵魂，只剩下躯壳。

跟随元顺帝一行仓皇北逃的汉官刘佶，后来留下了一本《北巡私记》，书中记载元顺帝离开时，随行的有"三宫后妃、皇太子、皇太子妃"，还有"左丞相失列门、平章政事臧家奴、右丞定位、参知政事哈海、翰林学士丞旨李家百奴、知枢密院事哈剌章与王宏伯等百余人"。

留守大都的官员则有：监国淮王帖木儿不花，义兵中书省右丞相和尚，太尉中书省左丞相庆童，平章迭儿必失、朴赛因不花，右丞张康伯，御史中丞满川，参知政事张守礼。

除此之外，留在大都的还有宣让、镇南、威顺诸王子等（其中，宣让王子就是淮王帖木儿不花的儿子）。

监国的淮王帖木儿不花，时年八十三岁，他本来是出镇地方的诸王之一，镇所在长江流域的庐州（今安徽合肥）。不过，他镇所里的亲军已经于1354年（至正十四年）随着庐州被南方起义军所陷而覆灭，他本人则北逃大都避难。

其余留守大都的镇南、威顺诸王子，其镇所也是在长江流域的扬州、武昌等地，因上述地方早已经在战乱中失守，所以也没有亲军可供调用。

元顺帝把这一批丧失了镇所、损兵折将的宗室留在大都，又没有留下精兵协防，无异于送羊入虎口。

据说，当中书省左丞相庆童得知自己不能随元顺帝撤离，要留在大都协助淮王帖木儿不花防守时，叹息道："我已经知道将要死在此地，再啰唆也没有用！"

元顺帝撤离了大都，身在通州的徐达还不知道这个重要的情报，他正在积极准备着与元军进行野战，虽然蒙古骑兵早已由盛转衰，但他一点也不敢轻敌，反而督促以步兵为主的部队建立巩固的阵营，以防止骑兵大规模的冲击。

明军布阵完毕，做好一切战斗的准备，并派出哨兵来到大都城下打探消息。哨兵迟迟不见敌兵出城，城上亦无旗帜，因怀疑内有伏兵而折返。

明军主力在野外前后等了五天，始终没有等到元军出城，谨慎的徐达只好做出攻城的决定，他于八月初二分兵左、中、右三路前进，在途中遇到了少数挡路的元兵，勇将尹坚首先冲上前去，只一会儿工夫，就捉住两个佩戴着金虎符的元将，只见他用嘴叼着刀，左右两手好像老鹰抓小鸡一样各自抓住两名俘虏，潇洒地策马返回。尹坚擒拿的两个佩戴"金虎符"的元将，其身份应为万户府军官，属于正规军的军官（根据《元史·兵志》的记载："金虎符……为伏虎形状，首为明珠，而有三珠、二珠、一珠之区别。"意思是说，不同的金虎符牌存在着嵌有一颗、两颗或三颗明珠的区别，它们分别由统兵七千以上的"上万户府"、统兵五千以上的"中万户府"、统兵三千以上的"下万户府"等将领佩戴）。

这时候的元朝正规军，虽然上战场时双手软绵绵的，但两脚跑得倒挺快，剩下的士卒群龙无首，哪里胆敢以卵击石，终四散而去，一溜烟不见了影踪。

冲破了这股元兵的阻挡，明军终于到达了大都城下。

大都城共有十一个城门，历来由元军中的"怯薛"轮番守卫（"怯薛"作为元帝的宿卫之士，种类有很多，专门守大都城门的"怯薛"，蒙古语叫作"八剌哈赤"，意思是"守门者"）。不过，此时的"怯薛"军早已经跟随元顺帝出走了，留下来的仅是一些羸弱士兵而已，例如守卫顺承门的仅有"数百羸卒"，以致守将朴赛因不花叹息着对身边的人说："国事到了这个地步，我唯一能做的只是与城门共存亡了。"

明军选择大都齐化门作为突破口，在城外填平壕沟迅速登上城墙，非常顺利地入了城。城内局势一片混乱，例如，在太庙里守护神主的元太常礼仪院使陈祖仁在逃往健德门时，就被乱军所害。

在描述明军攻克大都之战的过程时，不能仅仅参考汉文史料，还要参考蒙文史料，才显得公正。不过，蒙文史籍却有一些奇怪的记载，例如《黄金史纲》称："朱哥（指朱元璋）……以一万辆大车装了财货，以三千辆大车载了身穿铠甲的士兵来到（大都）。司阍者（即看门人）不允许进入，于是用大量财货宝物贿赂看守城门的人，才得进入（大都）。"另一本蒙文史籍《蒙古源流》亦有类似的奇谈怪论。流传在蒙古人之中的这类故事，不但与汉文史料记载明军攻下大都的史实相去甚远，而且因为过于荒诞，使之真实性也大打折扣，不过，在某种程度上可能从侧面反映了明军

在过去的战斗中善于用计取城的战斗作风（元末起义军的确有多次用计取城的例子，例如《明太祖实录》记载朱元璋在郭子兴军中时曾献计智取和州〔今安徽和县〕，他当时建议挑选士兵身穿青衣伪装成敌兵的样子，驱赶着"四匹乘载着物资的骆驼向前行"，并派人先行前往和州欺骗守军，诈称元朝使者带着大量物品即将到来，准备打赏守城将士，同时，"以身穿红衣的万名起义军尾随在青衣兵的后面，两者相距十余里。等到青衣兵进入城中举火为应，红衣兵即猛攻过来，一举而夺城"）。

总之，明军夺取大都已是板上钉钉的事，但徐达仍意犹未尽，他命令薛显、傅友德、曹良臣、顾时等将领率兵出城直向古北口，负责搜索以及追击撤离大都的元军，以扩大战果。然而，元顺帝是向居庸关方向逃走的，而明军却向古北口方向出击，两条相反的路线使两支军队恰好错开。

明军不知道走错了路，风风火火地赶到了古北口，迫使守将张益逃跑，并在这个地区陆续与一些残留的元军发生遭遇战。八月八日，骁骑右卫千户陈琼在巡逻途中俘获元将李德明、刘答失帖木儿、谢文振、尹野闾等三十九人而还。八月十七日，右丞薛显等率骑兵巡逻时，获得马匹一千六百匹，牛羊八千余头，车二百五十辆。

明军一位名叫俞本的老战士多年以后在《明兴野记》这本回忆录中记载了一些追击的经过，他指出明军在攻克大都的次日就立即展开追击元顺帝的军事行动，出动了凤翔等五卫步军，人数达到三万，"初八日，来到兴路，收获不大……傅友德在

路上遇到一批忠于元朝的回鹘人马，便把他们尽数拘留，并获得牛羊马匹十万"，其后，"大军回到北平（指大都），上报走错路的原因。徐达大怒，再令傅友德向东路的居庸关方向出击，但此时元君已经跑得无影无踪了"。

元顺帝一行人虽然已经跑远了，但即使如此，明军改辕易辙转而攻击居庸关的军事行动还是把他们吓了一大跳，当时陪同元顺帝逃到上都的刘佶后来在《北巡私记》中记载："九月初六日，主管军事的知枢密院事哈剌章惶恐不安地声称敌军追兵已出居庸关，这时有人劝皇帝北上到和林（和林，又叫哈剌和林，在漠北鄂尔浑河上游）地区避难，皇帝迟疑不决。不久又传来追兵不来的消息，此事才暂告一段落。"

由此可见，心急如焚的明军虽然狂追不已，却始终没有追上元顺帝。不过据说追兵曾和一些负责为元顺帝殿后的蒙古军作战。《黄金史纲》记载了成吉思汗兄弟合撒儿的后裔图穆勒呼巴图尔，他在陪同元顺帝撤退时，"命令自己的儿子哈齐库鲁克临阵，领着六十名擎旗手赶来，说道：'语云：与其毁声灭名，何如粉身碎骨！'因之，与汉家（指明军）追兵激战而死"。

图穆勒呼巴图尔又译"脱穆勒呼把秃儿"，清代学者罗布桑丹毕坚赞的《黄金史》亦记载了此人与自己的儿子一起战死，说他在"妥懽帖睦儿（即元顺帝）丢失江山之戊申年……与汉家追兵激战而死"。

这两父子，真是元朝嫡系部队之中少见的男子汉。

徐达没有捉到临阵退缩的元顺帝，但毕竟拿下了大都，捉住了一大批城中留守的达官贵人，也算是达到了作战目的。

北伐大军入城之后，马上对敌对势力进行镇压。将士们首先从大都齐化门入城，这个突破口竟成了一个临时的刑场。元朝的监国淮王帖木儿不花、太尉中书省丞相庆童、平章迭儿必失与朴赛因不花、右丞相张康伯、御史中丞满川等人已成为俘虏，徐达亲自坐在齐化门楼上，宣布将这些人处以死刑，就地正法，同时还将俘获的宣让、镇南、威顺等六名王子投入牢狱。在留守大都的达官贵人之中只有义王中书省右丞相和尚及参知政事张守礼等少数幸运儿得以逃脱。

特别要提到的是，监国淮王帖木儿不花与他的儿子（宣让王子）在城陷之时同时身陷囹圄，父子两人均恪尽职守，为国尽忠。帖木儿不花被杀之后，竟成了蒙古族的民族英雄，类似于为宋朝尽忠的汉族民族英雄文天祥。十六世纪的蒙文史籍《阿勒坦汗传》歌颂了他的丰功伟绩：

"外敌恃强进攻大都城时，
不花帖木儿丞相逼近与之搏战，
使可汗之身与玉玺得脱而出，
可汗虽失大统性命得全之情，如此这般。"

有学者认为这个"不花帖木儿"就是淮王帖木儿不花。数十年之后，相继在蒙古草原叱咤一时的瓦剌太师也先、鞑靼太师孛来等风云人物，均曾自称"淮王"，以示仿效先贤之意。

另外，以数百老弱残兵守卫顺承门的元平章朴赛因不花亦成了战俘，其后被明军押送到齐化门杀死。史载他在明军主将之前显示了硬骨头的本色，只是敦促对方快点动手。明军主将本来下令留他于营中，有意进行招降，可他却宁死不屈。

除此之外，死于齐化门的还有赵国公丁好礼。他被明军俘虏之后，拒绝参拜军中大将，并厉声呵斥道："我以小吏而步步高升，官居极品，爵位上公，如今年纪已老，只恨无以报国，所欠的唯有一死而已。"过了数日，明将又要召见他，他仍然不肯前往，但胳臂拧不过大腿，被士兵强行挟持到齐化门，最终因严词抗辩而死在那里，时年七十五岁。

与丁好礼同时在齐化门被杀的还有蒙古人郭庸。《元史》记载丁好礼死亡的同一天，中书省参知政事郭庸亦被押至齐化门，在众将士喝其下跪受刑之时，仍然嘴硬地叫道："做臣子的各为其主，死亡是我的本分，绝不拜跪！"

明军亦在齐化门处决叛徒。《明兴野记》记载："平章俞宝欲叛逃，但被捉获，徐达把他枭杀于齐化门，刖足以示众。"

前文提到，明军在追击元顺帝的途中，俘虏了很多回鹘人，并欲将这批回鹘人送回金陵。途经通州时，有回鹘人企图叛乱，不料因"事泄"而"被杀戮五千余人"，"妻女俱配给军士"。

徐达还下令：凡是元朝大小官员，皆要自首，藏匿于民籍中的，发现严惩不贷。将士们陆续将自首的前朝文武官吏押送回应天。元翰林待制黄殿仕，耻于抛头露面，投井而死。其他自杀的人员还有左丞丁敬可、太子司经郎拜住、大乐署令赵宏毅、总管郭充中等。

明军为了巩固政权，对大都周围的"团结"与"山寨"进行肃清作战。所谓的"团结""山寨"类似于乡兵团练，这是蒙古贵族为了对付各地的起义军而在1357年（至正十七年）让各路、府、州、县的地方官组建的。一些"团结""山寨"甚至还设立万夫长、千夫长、百夫长等军衔，"编立牌甲，分守要害，互相策应"。

这些"团结"与"山寨"有的投降，有的抵抗到底。其中，元朝皇太子爱猷识理达腊在主持军务的时候曾亲自命令张庸（官居同签枢密院事兼刑部尚书）练兵屯寨于房山。明军攻克大都之后，很多山寨放弃了抵抗，但是张庸不为所动，仍效忠元朝，集中兵力扼守骆驼谷这个险要处所，并派遣随从到山西向王保保求援。可是，援兵迟迟不来。在这种恶劣的环境之下，骆驼谷守军独木难支，遭到明军的围剿而全军溃败。坚守阵地的张庸的结局是被反水的寨民李世杰捉拿献给明军，终被处死。

明军对顽固不化的"团结"与"山寨"是不会手软的，于八月十五日又攻克"宣德府（今河北宣化）怀来县与鸡鸣山寨"，在攻打这些山寨之时，因当地土人拒不投降，强行架梯攀登的明军得手之后尽屠守寨之人。

明朝牢牢控制了大都，将其改名为"北平"，并让都督副使孙兴祖统领燕山六卫三万余人留守，卫指挥使华云龙升为都督佥事，同时兼职北平行省参知政事，加以协助。

当时北平城共有十一门，连同周围的

地区范围广达一百二十里，不易防守。明军予以改建，从北平城中间的光熙门起，将城市截断为两部分，集中力量防守其中的一部分，以巩固防线。

大都之战结束后，明人在评价徐达的所作所为时，认为这位开国元勋对前朝政治中枢的政策是"封其府库、图籍、宝物及宫殿门，派兵守护。而前朝的宫人、嫔妃，则令其宦官守护，同时禁止滥杀无辜以及用暴力侵犯百姓。因而人民安居乐业，'市不易肆'。为此，时人夸奖道'曹彬下江南亦不过如此'"。曹彬是北宋开国名将，《宋史》称他在率军渡江平定南唐金陵时"不妄杀一人"，而徐达攻克大都之后是否也"不妄杀一人"，则见仁见智了。

昔日，蒙古军队的铁蹄由亚洲踏过欧洲，灭国无数，举世震惊。同时，蒙古贵族在中土建立的元朝，开创了全体汉族被异族统治的先例。可见蒙古人的武功，曾登峰造极，不过现在一切都已经成为泡影，在刹那之间烟消云散。大都作为元朝的政治中心，它的失陷，代表统治中土九十七年的异族政权遭到了毁灭性的打击。尽管这个政权还有一些残余的势力散布在各地兴风作浪。明朝灭亡元朝的标志不是杀死或者俘虏元朝的末代皇帝元顺帝，而是攻陷元朝首都大都，因为，对于统治阶级而言，失去了旧皇帝还可以再拥立新皇帝（总之，在统治集团内部不愁找不到候补者），但是对一个国家而言，首都作为政治中心（有时还兼顾经济与文化的中心），它被对手攻克，基本上便是河山沦陷、国家残破的标志，甚至成为亡国的象征。元

朝的首都——大都既然于1368年（洪武元年，至正二十八年）八月初二被对手拿下，在天下人的心目中就意味着元朝已经灭亡（二十四史中的《元史》与《明史》就是以大都的失陷作元朝灭亡的标志的）。元朝是这样，明朝也是这样，同样逃不过这个宿命，二百七十多年后，李自成的起义军于1644年（崇祯十七年）三月十八日攻下明朝首都北京，正史就以此作为明朝灭亡的根据。古代人普遍存在着这种"首都情结"，首都的兴亡历来是吸引各方眼球的焦点。例如我国古代公元五至六世纪的南北朝，控制北方的北魏孝文帝是鲜卑族人，他为了统一胡汉，专门迁都黄河之滨的洛阳，推行汉化，目的是与汉人在南方成立的王朝争正统。著名的历史学家陈寅恪对此深刻地指出："洛阳为东汉、魏、晋故都，北朝汉人有'认庙不认神'的观念，谁能定鼎嵩洛（指洛阳），谁就是文化正统的所在。"也就是说，不管胡人还是汉人，只要能定鼎古都洛阳，便俨然成为正统王朝，也就能收拢中原人士之心。不但中国古人有"首都情结"，外国人也有。在中世纪四分五裂的欧洲，各国林立，人们始终对昔日盛极一时的罗马帝国念念不忘，德国君主奥托一世在公元十世纪远征意大利时，控制了罗马帝国曾经的首都——罗马，他便成了"罗马人的皇帝"，他的国家也获得了"神圣罗马帝国"的称号，尽管狗尾续貂的"神圣罗马帝国"被后世学者嘲讽为"既不神圣，也不罗马，更非帝国"，但它还是存在了数百年，因为在当时西欧人的心目中，"罗马是世界之首"，

统治罗马的人便自然而然地具有复兴罗马帝国的自信。明朝人未能免俗，也一样有根深蒂固的"首都情结"，因而攻克大都，对明朝君臣而言，无论怎样庆贺都不算过分，就像当时颁布的《平胡诏》所称的"列群讴歌四集，百年污染一新"。朝廷在三年之后为了歌颂这一丰功伟绩而创作了一首《平幽都之曲》，此曲成为官方宴会时奏响的雅乐：

> 天运推迁房运移，
> 王师北讨定燕畿。
> 百年礼乐重兴日，
> 四海风云庆会时。
> 除暴虐，抚疮痍，
> 漠南争睹旧威仪。
> 君王圣德容降房，
> 三恪衣冠拜玉墀。

有人欢乐有人愁。与兴高采烈的明朝君臣相反，失去了大都的末代皇帝元顺帝，据说在仓皇离开的路上，用蒙文写下了一首"歌声既哀继之以泣"的长篇史诗，这首诗可以从清朝乾隆年间的《钦定蒙古源流》看到，它被翻译成了汉文，虽然读起来佶屈聱牙，但因为是最早的汉文译本，故略加注解，摘录如下：

> 以诸宝装严之大岱都城（"岱都"，即大都），
> 以应时纳凉之尚都海绷古尔都城（"尚都海绷古尔都城"，就是上都），
> 以我烈祖避暑之尚都沙喇塔拉（"沙喇塔拉"是"金莲川"，上都城就建于此地），
> 际此戊申以致败亡遂失大统。
> 且九色宝物装严之大岱都城，

> 执掌九十九政之尚都海绷，
> 泽溥众生，道极黎庶，
> 一统君主之赫赫名誉。
> 晨起登高眺望则清光灿烂，
> 有时前后观览则威仪赫奕，
> 留憩于此虽历冬夏而无郁闷。
> 又额尔克图彻辰汗创立之宝贝岱都（"额尔克图彻辰汗"指忽必烈），
> 祖宗安居之大岱都城，
> 并抚有汗众宰桑以及所属民人之众多（"宰桑"，是汉语宰相的变音）。
> 乃不听伊拉呼图丞相之谏者是我之遗恨也（《钦定蒙古源流》记载伊拉呼图丞相为了防患于未然，曾经企图杀掉未发迹时的朱元璋，但元顺帝不从），
> 信任叛去之朱葛者是我之愚昧也（"朱葛"，指朱元璋），
> 误杀乌哈图托克托噶太师（"乌哈图托克托噶太师"，又译脱脱太师，他因谏言而被元顺帝所杀），
> 逐去宝异尊上喇嘛者是我之罪愆也（宝异尊上喇嘛，因与元顺帝意见有异而被逐离朝廷），
> 居汗之名誉，可惜究大可惜者。
> 际此升平之际，呼必勒罕彻辰汗百计经营而得骈集福祉之岱都城（"呼必勒罕彻辰汗"，也是指忽必烈），
> 以予狂惑而失于汉人朱葛之手，
> 愚顽之名我多衮特穆尔其难辞矣（"多衮特穆尔"，元顺帝本人的自称）。

这首诗究竟是元顺帝所写，还是后人伪造，现在还有争议，它在成书于十七世纪的《黄金史纲》《蒙古源流》等蒙文史

籍中都可看到，虽未必是真品，但因诗中多处提到令人牵肠挂肚的大都，深刻地反映了元朝灭亡二百多年之后，蒙古人对前朝的首都——大都仍然是念念不忘。明朝成立后，为了怀柔塞外的蒙古诸部，曾颁发"敕书"给一些游牧部落，作为双方贸易往来的凭证，念旧的蒙古人往往就把这些"敕书"称为"大都"。两个世纪之后，蒙古右翼领袖俺答汗甚至还仿照昔日大都的模样在塞外的草原上修建了呼和浩特城，以寄托蒙古人悠久的怀念故都之情。

然而，为什么在这首被认为是元顺帝所作的长诗中，除了提到大都之外，还提及上都呢？答案是因为蒙古人不止拥有一个首都。蒙古草原辽阔无边，蒙古民族是四处流动的游牧民族，因而统治者每年按照不同的季节在不同地方放牧的具体情况，就会有不同的政治中心，故此也就有了不同的首都（在中国的历史上，这并非特例，例如在蒙古之前兴起的辽国等少数民族政权都曾过着游牧生活，都实行过两个或几个都城的制度，国家首脑每年在这几个地方巡回办公）。

蒙古人这种源远流长的传统与中原定居的农耕民族有区别，而且在进入中原、成立征服王朝之后也没有什么改变。

了解蒙古人在不同历史时期的各个政治中心，对其发展的脉络会有更好的认识。在元世祖忽必烈把首都定于大都之前，也就是在成吉思汗到蒙哥执政的这一段比较长的时间里，政权的中心地域一直都在"风吹草低见牛羊"的漠北地区。成吉思汗称霸草原的时候，其政治中心长期在漠北地

区克鲁伦河上游的"大斡耳朵"。"斡耳朵"译成汉语的意思是"宫帐"，这表明成吉思汗喜欢待在蒙古包里办公，刻意保持着传统的游牧本色。而在成吉思汗的儿子窝阔台做一把手的年代，随着版图的继续扩大，新的政治中心已经迁移到了蒙古腹部地区新建成的和林，这座城市里面的宫殿具有汉族特色，同时亦遍布鳞次栉比的住宅，无论是规模还是豪华程度，都比仅由蒙古包组成的"大斡耳朵"气派得多。接下来，先后继承大位的成吉思汗的孙子贵由汗与蒙哥汗，他俩同样定鼎和林。蒙哥汗死后，即位的是他的兄弟忽必烈，忽必烈为了南下扩张的需要，将政治中心南移——不再以大漠之北的和林为首都，而是在接近汉族聚居地的开平（今内蒙古自治区锡林郭勒盟正蓝旗境内）建立城郭，名为上都，上都离经济发达的汉地很近，补充给养更加方便。不久，忽必烈为了统一大业而继续向南，干脆移动大驾进驻了长城之内的农耕地区，以历史上素有盛名的燕京为中都，后来又将此地改建为宏伟壮观的大都。他虽然入主中原，却不忘传统，按照游牧民族的传统，采取了两都制（也就是大都、上都两个首都并存）。此后，元帝在每年的四月份都会从大都出发前往塞外的上都避暑，并在那里进行各种重要的政治活动，一直到八九月份再返回大都办公。

由此可见，在蒙古人崛起的漫长岁月里，曾经成为政治中心的地方至少有大斡耳朵、和林、上都、大都这四个地方。而在元朝建立后，正式成为首都的就仅有大

都与上都了，其中最具影响力的是大都，这与其拥有悠久的历史传统、处于游牧地区与农耕地区的枢纽位置、在经济上具备沟通南北的雄厚实力、成为各民族文化的交汇地点等一系列优异条件是分不开的。

行文至此，人们就不难明白为什么在那首元顺帝所作的充满争议的长诗中，除了提到大都，还旁及上都。可是元末天下大乱时，红巾军曾于1358年（至正十八年）十二月一度攻克了上都，把城中宫阙焚毁殆尽，此后元顺帝直到元亡都没有临幸过上都，因而大都在这十年间成了唯一的首都，大都失守也成为元朝灭亡的标志。

大体而言，蒙古人打天下时，其重要的政治中心建立的顺序是由北向南，分别是大斡耳朵、和林、上都、大都，大都象征着辉煌的顶点，有意思的是，当其灭亡时，这个政权历代政治中心如多米诺骨牌一般相继崩溃，不过顺序却反了过来，由南向北分别是大都、上都、大斡耳朵与和林，这从另一个侧面生动地反映了成吉思汗的子孙后代们攀登上光辉的巅峰之后又往下滑、甚至倒退回原点的事实。

下文将会对蒙古人各个时期的政治中心的陷落过程一一予以叙述，这个过程等于从另一个侧面披露了一个王朝走向末路时的痛苦历程，展现了其土崩瓦解时最令人震撼的细节。

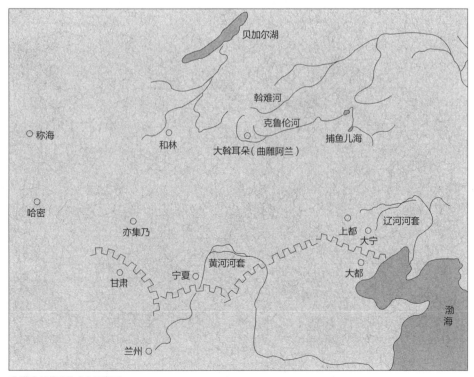

◎ **蒙古历代政治中心示意图**

第五章 迟来的大决战

大都的失陷虽然代表着元朝的灭亡，不过，就像明末清初著名的历史学家谷应泰所评论的那样，"元亡而实未亡"，因为元顺帝至少名义上还控制着东北、蒙古、山西、陕西、甘肃、云南等地区，能够对明朝北伐军构成直接威胁的元军武装力量分散布置于从辽东到甘肃的几千里战线上，史书称其"引弓之士"还有百万之众，盘踞在广阔的地盘上，拥有大量军械物资与驼、马、牛、羊，从表面上看，似乎具备将战争进行下去的能力。

元顺帝当初决策逃往塞外，只不过是一时的权宜之计，他于1368年（洪武元年，至正二十八年）七月二十八日离开大都之后只想找一个落脚点作为驻跸之地，然后着手反攻。八月初一，这支从京城撤离的队伍冒着秋雨在泥泞的道路上跋涉，于傍晚时来到了营口。地方政府对元顺帝的大驾光临表示理解，并给予支持。其中辽东参政赛因帖木儿率五千骑紧急入觐，以作护卫。知枢密院事哈剌章因担心明军追击，奏请"速召"山西的王保保入援，元顺帝表示同意，然而远水难救近火，这个计划最终不了了之。北元小朝廷为了自保而需要继续北撤，经过十四日的行军后终于来到上都。

上都距离大都有千里之遥，位于滦河上游，在今内蒙古锡林郭勒盟正蓝旗。

上都虽然在传统上是元帝从夏到秋的避暑胜地，不过，城市的范围比大都小，人口也比大都少得多。城里的布局与大都一样，都以皇室宫殿为中心，在城的东西两面还各建有一座行宫，分别称之为"东凉亭"与"西凉亭"，以供皇帝出城游猎时作为落脚点。城里还有中央政府的官衙，以处理国事。该城同样是一个多民族的聚居点，除了有蒙汉两族之外，还有回族、畏兀儿等西域色目人。老百姓有的从事手工业，有的经商，当然还少不了寺院与僧侣。皇室贵族栖身的皇城与宫城都显得庄严得体、宏伟豪华，与此形成鲜明对照的是那里的居民多住简陋的土屋，也有一部分人住毡屋（蒙古包）。

上都虽然有一定的经济规模，但由于处于牧区，没有农业，所以一向无力供应跟随元帝来到上都避暑的大队贵族、随臣与部属，这些人的日常生活用品大部分需要从关内运来。上都又扮演着交通中转站的角色，可以将储存的物资运往漠北。

根据今人在上都遗址上的考察，这座城市东西长约二千余米，南北长约二千一百一十余米，其外城城墙呈方形，用土夯成，底部宽约十米，上部宽约二米，高约五米，部分城墙与城里的皇城城墙相连。值得注意的是，城墙没有凸出的马面，四角也没有角楼，故此，守军在防御时很难形成交叉的火力点，以互相掩护。这种拙劣的设计可能是该城在历史上多次被敌人迅速攻克的原因之一。

尽管上都在政治上可能与大都同等重要，但是因为它规模小、人口少以及所处的地理位置比较偏僻，所以在历史上的影响力远远比不上大都。

当大都早已扬名四海的时候，上都由于受到交通条件的限制，长期在世界上名声不大，特别是在亚洲以外的地方更显得寂寂无名。就以欧洲为例，十三世纪的意大利旅行家马可·波罗曾到达过上都，后来在欧洲出版了《马可·波罗行记》，这本书用了整整一个章节绘声绘色地介绍上都的风土人情，可惜当时未能引起欧洲人特别的注意。到了十五世纪中后期的大航海时代，随着新航路的开通，东西方的交往日益频繁，不少向往东方的欧洲人越来越重视《马可·波罗行记》，而元上都也时来运转，逐渐名闻遐迩。真正让上都声名鹊起的是十八世纪的英国诗人柯勒律治，他在阅读《马可·波罗行记》中关于上都的一章之后，写了一首在欧洲广泛流传的《忽必烈汗》，诗中用无限憧憬的优美句子写道：

忽必烈汗在上都下令，
造一座堂皇的安乐宫殿：
这地方有圣河亚佛流奔，
穿过深不可测的洞门，
直流入不见阳光的海洋。

有方圆五英里肥沃的土壤，
四周给围上楼塔与城墙：
花园处处，溪河在蜿蜒闪耀，
树枝上鲜花盛开，一片芬芳；
连片的森林，跟山峦同样古老，
围住了洒满阳光的青青草场。

……

诗中那些如梦如幻的情景很容易让西方人联想起中世纪的古老城堡，从而使得上都在欧洲社会中广为人知。这首出色的诗歌当时被誉为"英国语言文学的标志性诗篇之一"，吸引了一大批欧美旅行家闻风而动，接踵前往上都考察——当然，迎接他们的不再是世外桃源式的人间仙境，仅只是残留于风中的一大片废墟，让后来者唏嘘不已。

上都早就毁于元末的战火。

自从元末农民大起义后，上都惨遭劫掠，致使昔日的琼楼玉宇多数在硝烟中沦为灰烬，一直未能恢复，在颓垣败瓦之间只有少数民居"间有存者"。处于流亡状态的小朝廷没有太多的选择，只能临时搭起帐篷住在这里。这时辽阳行省的官员"献币二万匹、粮五千石"，让这个落魄的小朝廷暂时能自给自足，解决了温饱问题。不久，上都行枢密副使乃蛮率众万余来到上都，被元顺帝收编为宿卫，进一步增强了这个小朝廷的军事力量。不过，朝中君臣对于明军仍然心存畏惧，当明军追出居庸关的消息传来，很多人张皇失措，有人劝元顺帝北撤和林，但元顺帝迟疑不决，不久获得了明军停止追击的情报，众人之心稍安。

偏安塞外、立足上都的小朝廷，史称"北元"。北元君臣总是习惯性地因循以前的思路来思考问题，他们绞尽脑汁地想着反攻，没有认清元、明力量对比早已发生了根本性的变化，反攻在很多时候成了以卵击石的鲁莽行为。新兴的明朝基本控制了南方各省（云南、四川除外）与北方的山东、河南、河北，人力与物力远强于北元。北元小朝廷出塞后便处于物质匮乏、财政收支捉襟见肘的困境中。当时虽然还存在着"贫极江南，富夸塞北"的说法，可实际上早已时过境迁，因为元顺帝控制的塞北地区在经济上长期处于寄生状态，主要依靠从汉地、特别是南方输入大量物资来维持，一旦切断了供应，势必难以为继。此外，山西、陕西、甘肃等地实际处于军阀割据状态，对元顺帝阳奉阴违是时有的事。显然，这个内外交困的小朝廷当务之急是想办法如何生存下去，而不是好高骛远地策划反攻。可是，北元君臣没有清醒地认识到敌我双方的力量对比已经发生了重大转变，更没有及时从战略进攻转入战略防御，反而轻率地准备派出主力与明军展开决战，这种"赌国运"的不良心态使得这个小朝廷难免会在未来的日子里输个精光。

北元诸部虽然号称"百万"，但大多数是老弱病残之辈，真正首屈一指的主力自然是在山西蛰伏已久、蓄势待发的王保保，而陕甘地区的李思齐、张良弼，他们也拥有一定的实力，这些人是地方部队的佼佼者，他们在未来的日子里将成为明军的主要对手。除了地方部队之外，元军正规军之中战斗力比较强的要算直属皇帝的禁卫部队，这支部队因主动撤离京城得以保存下来，他们与塞外蒙古的诸王戍军军队会合，仍然对明军造成一定的威胁。

北元时刻都想依靠决战来恢复失地，而明朝也同样渴望通过决战来彻底消灭敌人，双方都希望决战，决战就必然会发生。回顾明军向大都进军的过程，虽然一路摧枯拉朽，但所遇皆非劲敌，从没有与元军主力进行过决战，要想彻底灭亡北元，必须消灭元军主力，然而，只有歼灭王保保所部，才算歼灭了元军地方部队的主力，只有歼灭直属元帝的中央禁卫部队，才算歼灭了元军正规军的主力。对于奋战在第一线的徐达、常遇春诸将来说，这是个任重道远、不可一蹴而就的任务，需要进行多次的大决战才能完成。

大都刚刚易手之际，与王保保决战的时刻突然到来。朱元璋下令徐达、常遇春出动北伐军主力从北平西进夺取王保保的老巢山西，同时让刚刚结束南征的老将汤和与河南守将冯胜率领另一路偏师北上予以配合。1368年（洪武元年，至正二十八年）九月，北伐军首先行动，常遇春带着部分人马先行出发，取保定、中山（今河北定县）、真定（今河北正定）等地之后，准备杀向山西，徐达以大军继之，同时留下孙兴祖防守北平。就在徐达、常遇春在河北境内攻城略地的时候，汤和与冯胜已经抢先一步打进了山西，他们于十月从河南渡河，经武陟、怀庆（相当于今河南沁阳）越过太行山，攻破碗子城（今沁阳以北）这个关隘，一举拿下了泽州，逼退了王保保的守将贺宗哲与张伯颜，接着连克潞州、绛州（今山西新绛）等地。身在太原的王保保如坐针毡，立即派出韩扎儿、毛义率领步骑兵反攻泽州。明军知道来者不善，紧急要求杨璟、张彬等后继部队前来支援。天底下最强的两支军队在韩店相遇并决一雌雄，结果明军失利而还。

明军的失利与主将汤和、冯胜、杨璟、张彬的指挥能力脱离不了关系。汤和作为一员资深老将，他参加红巾军的时间比朱元璋还要早，可是，他在南方主要担任长期镇守常州的任务，因而指挥大兵团野战的能力比起徐达与常遇春等人还是差一点，南征开始时，虽然他曾率领水陆大军取得过歼灭浙东方国珍与福建陈友定的战绩，但尚欠缺带领骑兵作战的经验，当其在北方遇到王保保这样的劲敌，吃亏就在所难免了。冯胜是宿将冯国用的兄弟，此人多年来习惯跟从徐达打仗，这次改与汤和做拍档，便发挥失常了。杨璟、张彬两人的情况与汤和有相似之处，他们多年来一直待在南方，并刚刚结束了征战湖南、夺取广西的军事行动，征尘未洗就北上山西，首次在北方平原上与骑兵作战，受到挫败不足为奇。

韩店的胜利给王保保造成了一种印象，认为明军的战斗力远没有传说中的那么强，他现在既然打退了从河南进犯山西的明军，按理应该掉转矛头指向从河北真定方向冲杀过来的徐达，可是，远在上都的元顺帝恰巧传来了一个命令，要求王保保立即反攻大都。元顺帝除了要求山西的王保保出兵之外，肯定还会要求陕西的

李思齐、张良弼有所行动，但这两个人仍然企图置身事外，对君主之令虚与委蛇。这一次，只有遭到明军攻击的王保保忠实执行了命令。《北巡私记》记载及时转变态度的王保保重新获得了北元小朝廷的信任，而李思齐、张良弼两人则被元顺帝认定为心存异志。

王保保计划出奇兵，走间道，采取"避实击虚"的战法，绕过徐达、常遇春等人在河北地区的主力，直接攻击北平，以图尽快恢复这个旧日的元都，同时还想通过这次出兵达到"围魏救赵"的目的，迫使徐达回援北平，以缓解山西地区的军事压力。据《庚申外史》记载，王保当时的兵力号称"数十万"，分散驻扎于山西各地，他从中抽调精干部队取道雁门关、居庸关向北平猛扑过来。可惜，他的行动没有得到塞外北元正规军的及时配合，因而这次精心策划的反击成了一次极富冒险精神的单独行动。

而明朝北伐军主力自离开北平以来，在河北地区连战皆捷，正准备于同年十一月开进山西，在这个时候，身在前线的徐达通过出色的情报工作发觉敌情起了新的变化，他面前有两条路可走：一是回师救援北平；二是置北平于不顾，继续进攻山西。明军到底何去何从？这成了军事会议上的热门话题。其实徐达早已拿定了主意，他在会议上对诸将分析道："王保保率师远出，太原必虚。而留守北平的孙兴祖总领六卫之师，足以镇御。我等应趁王保保不备，潜师直抵太原，倾其巢穴，使其'进不得战，退无所依'，这是兵法所谓的'批

吭捣虚'。等到王保保回师救援太原，则已为我所牵制，处于进退失据的境地，势必束手就擒。"显然，徐达不会被敌人牵着鼻子走，他坚决拒绝回师北平，依旧按照原定计划继续向山西进军，针锋相对地围攻王保保的大后方太原，迫其撤回进攻北平的部队。这一招可算是"围魏救赵"的翻版，可见徐达对付王保保，讲究"以其人之道还治其人之身"。

兵贵神速！徐达为了以最快的速度赶到太原城下，果断地将部队一分为二，让骑兵尽快出发，步兵随后跟上。一声令下，薛显、傅友德率领三千铁骑为前锋，火速突击山西，攻打平定州。徐达率领骑兵主力紧跟其后，走捷径经太行山麓的井陉也进入了山西，他取道平定州，经新兴店、寿阳县，进至黄次站，还在那里俘获太原派来的十五名元军侦察骑兵，前后仅用数天时间就抵达了太原的门户榆次。就这样，快马加鞭的明军骑兵以迅雷不及掩耳之势杀到了太原城下。徐达这一招后发制人使得非常干净利落，他比王保保动身要晚，却在王保保尚未到达北平之前，抢先一步来到了太原，原因是绕道而走的王保保，其进军路线比徐达要长，所以速度自然慢得多。

王保保前进到保安（今河北怀来附近，与北平尚有一段距离）时，意外收到后方不稳、对手兵临太原的坏消息，不禁大惊失色，叫苦不迭，他深知明军即使失掉北平，还有河北、山东、河南等广大的回旋

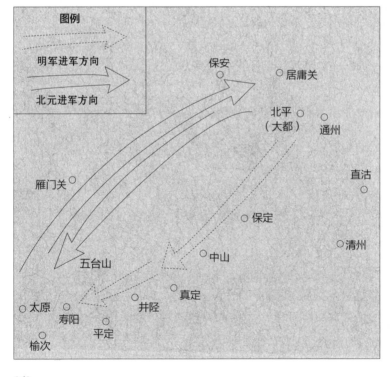

◎ 太原之战示意图

余地，而自己的根据地仅有山西，一旦失去太原，则后路将有被切断的危险，无奈之下，只得被迫放弃恢复失地的原定计划，屁颠屁颠地回师自救。

徐达这一招"批吭捣虚"虽然全盘打乱了王保保的计划，可是他带到太原城外的全是骑兵，由于缺乏步兵的配合难以克城，故此只能因时导势，把军队屯于城外，意图以逸待劳，伺机在野战中攻击回援的元军。可是，明军骑兵将士的素质参差不齐，既有一路追随朱元璋的淮西旧部，也有中途入伙的绿林好汉，还有新近投诚的元朝军人，他们的训练与装备并不一致，徐达倚为左膀右臂的只有少数精锐的重装骑兵。所幸的是，军中一些高手的表现没有让人失望。当元军前锋"万骑突至"之时，

◎ 傅友德之像

发生了难以置信的事情，他们竟然在明军前锋骁将傅友德、薛显与数十名骑兵"敢死队"的阻击下退却，一下子退到了城西。

这一偶然的失利并不代表王保保的骑兵不能打，也许是他们在山西与河北境内兜了一个大圈重返太原城下，早已疲惫不堪，无意立即决战。

王保保主力随后赶到，与前锋会合，根据《明兴野记》的记载，这支军队共有"番汉兵十余万"，集中驻于城西。明军骑兵面对优势之敌，命令部分士卒下马建立营垒以防万一。两军列营二十余里，一连对峙了三日，大战随时可能爆发。

这时，明将郭英登高远望敌军大营，经过详细观察敌情之后，他向上级将领常遇春提出建议道："敌兵虽多而阵容不整，军营虽大而无备，应当趁夜劫营。"看来，郭英真实的意图是避免在白天堂而皇之地决战，而想在夜色的掩护下以巧取胜。常遇春对此深表赞同，理由是明军只有骑兵，而"步兵未至，何以能战"，因而派遣精骑乘夜劫营确为上策。此时，正巧王保保手下有人愿意做明军的内应，一位名叫"豁鼻马"的将领悄悄派人约降，表示愿意里应外合。喜出望外的徐达立即批准了劫营之策，并派出五十骑埋伏于城东十里之外，预先约定举火鸣炮为号，为总攻做准备。当夜，主动请缨的郭英率十余骑在元军内应的引导下潜入敌营，按计划举火鸣炮。元军大营之外的伏兵马上响应行动。不久，常遇春闻讯带兵杀到，各路明军鼓噪之声此起彼伏，互相呼应。元军乱成一团，自相践踏。正坐于帐中挑灯夜读的王保保仓

061

英雄勇武异常。临阵功将进河南都指挥使之也。赐白金二十锭。
後有御史裴承祖劾弘养家奴五十八人擅殺男女五人常開永樂開末年六十七卒。
友通書史行師有紀律之風以忠謹見觀於太祖又以宇妃故恩寵尤渥諸功臣莫敢並焉。

營國公郭英

◎ 郭英之像

促之间不知所措，匆忙从帐后逃出，骑上骣马，与十八名随从一起突围而去。徐达随后带领大队人马来到城西，接受豁鼻马等一批元军将校的投降，总共获得四万降卒与四万余匹战马，占领了太原。

太原之战是一场迟来的决战。明军的胜利彻底解除了王保保这支劲旅对北平的威胁，巩固了北伐来之不易的成果。常遇春、傅友德、薛显、郭英等精英将领在这一战中表现非凡，他们为打败王保保的铁骑立了大功。明军骑兵在没有步兵的支持下意外地取得了戏剧性的重大胜利，实在有点侥幸。王保保所部虽然人多势众，但在元朝刚刚宣告灭亡的历史背景下各怀异

志，否则的话，鹿死谁手还不一定。形势的发展完全在朱元璋的预料之中，一切就像他在北伐之前所说的那样，大都一旦失守，必将对元军的士气产生重大影响，这有助于明军对山西、陕西地区的元朝地方部队进行穷追猛打。

王保保在太原战败后已经无法掌握分散于山西各地的军队，他逃跑到大同，可是不敢在此地停留，不久转而逃往甘肃，常遇春率兵追至忻州，不及而还。徐达根本不让王保保有时间重整山西的旧部，他刻不容缓地分兵一一收拾山西那些未克之地，相继击败贺宗哲、脱因帖木儿、竹贞等守将，连克石州（今山西离石）、朔州（今山西朔县）、大同等地。从河南杀入山西的汤和、冯胜等人虽然在不久之前受挫，现在却卷土重来，连下猗氏（今山西临猗）、平阳（今山西临汾）与绛州，并于次年正月来到太原，与徐达会师。在短短三个月的时间里，明军基本上控制了山西。

远在塞外的元顺帝得知王保保失败后，召令其收拾残部撤往上都，与中央禁卫军会合，以图再举，但王保保可能已经察觉到明军下一个攻击目标是陕西，他决定继续逗留在甘肃，协助李思齐、张良弼抵抗到底，为此，他不断在甘肃边外召集旧部，联络漠南蒙古诸部，拥兵塞上，准备再战。可是，王保保对明军最有威胁的骑兵已在太原受过重创，很难在一年半载的时间里恢复元气，因而实力大打折扣。就此而言，明军是太原决战之后才奠定了"天下第一"的地位，并真正在关内处于无敌状态。

_{第六章} 东线与西线

徐达与王保保在冀、晋角逐期间，塞外的北元正规军基本处于偃旗息鼓的状态。当明军打下山西，即将对陕甘地区动手，正在按部就班地进行征服北方各省的宏伟事业的时候，就连政治白痴都可以看出，陕甘屈服之后，东北地区（包括辽阳行省以及上都路、应昌路、全宁路等原属于中书省的部分地区）遭受大规模攻击的日子就不远了。到那时，孤悬上都的北元小朝廷由于具有独特吸引力，非常有可能首当其冲地独自承受明军巨大的军事压力。

元顺帝似乎感受到了迫在眉睫的危机，他还没有等明军正式向陕甘地区动手，就开始指挥北元正规军骚扰塞内，进行牵制性的反攻，以便打乱明军的战略部署。1369年（洪武二年，至正二十九年）二月，也速奉命以精骑四万入塞反攻北平的门户通州，其中万余骑扎营于城外白河。当时明军主力集结于山西，北平兵力薄弱，而通州守军也不满千人，处于敌众我寡的不利状态。如果北元军队不惜代价死打硬拼，很可能会获得一些战果，可是，他们的反攻却显得虎头蛇尾，因为底气不足的元顺帝早已吩咐也速不要过于深入，理由是适可而止才不会引火烧身，否则"恐贼乘虚内犯"。通州守将曹良臣对敌情了如指掌，他认为："我军兵力过少不可以出城迎战，敌军虽多，然而是'亡国之后，屡挫之兵'，可以用计取胜。"他秘密派遣部属潜出城外，在沿河的船只之中树起红旗，并在连绵数十里的地方四处鸣钲击鼓，伪装援军已到。本无斗志的元军望之惊骇不已，遂心安理得地找到了退兵的借口。明军趁机反击，以精骑出城渡河追击，至蓟州不及而还。

也速的反攻预示着元明战争即将同时在东北与西北地区出现两个战场，也就是东线与西线。但此时的明军尚未打算对东北展开攻势，而是专注于西边的陕甘战场。

徐达对也速入塞的骚扰活动置之不理，他按照原定的战略部署行事，率师从山西平阳前往河中（今山西永济附近），在黄河制造浮桥，以常遇春、冯胜等人为先遣部队渡河进入陕西，而主力则在蒲州渡河向奉元路进军。

陕西诸路元军以李思齐马首是瞻，他总关陕、秦陇之兵，西至吐蕃，南至矶头关，东至商州（今陕西商县）、雒南（今陕西洛南）一带，北至环州（今陕西环县）、庆阳等地，麾下精兵有十余万，他本人据于凤翔，副将许国英、穆薛飞等驻守关中，张良弼、孔兴、脱烈伯、张良臣、龙济民、李克彝等驻于鹿台（今高陵西南），以卫奉元（今陕西西安）。

明军进入陕西，首先攻击张良弼所部，经栎阳（今陕西临潼附近）直捣鹿台。张良弼等人不敢硬拼，在明军到达前三日已由野口方向逃遁。徐达令都督金事郭兴以部分骑兵为先锋一路向奉元奔去，而大军随后继进，渡过泾水与渭水，轻而易举地夺取了奉元路，改"奉元路"为"西安府"。

张良弼既逃，李思齐已变成"泥菩萨过河，自身难保"。朱元璋见缝插针，以书招降，书中大意谓：昔日足下（指李思齐）在秦中，有"兵众地险"之利，却不能图秦而自己称王，已失良机。如今中原全为我有，足下以孤军相持，最终没有任何益处！凤翔一旦失守，足下必然退入塞外，以图后举。然而塞外之人"非我族类，其心必异"，更有甚者，倘若中原相从之众，难以适应塞外的荒凉之地，一旦变生肘腋，发生内乱，可能会导致足下连妻孥都不能相保。相反，如果能"以信相许，幡然来归"，朝廷当"以礼相报"。李思齐得书之后，产生投降之意，但其麾下一些将领尚未服输，极力劝其西入吐蕃，再作打算。李思齐只好走一步，看一步，他不敢与迎面而来的常遇春、冯胜对抗，从凤翔西撤临洮。

明军进占凤翔期间，朱元璋鉴于塞外的元顺帝时常派人骚扰通州，从而对北平构成了潜在威胁，因而在陕西战局进展顺利的情况之下诏令常遇春率领部分兵力回师北平，准备清除流亡到上都的北元小朝廷。从此，明军同时在东西两线展开作战。

常遇春离开之后，西线仍旧打得如火

如荼。四月初二，徐达在凤翔与诸将召开军事会议，商量下一步的军事行动。大多数将领认为张良弼的才华不如李思齐，而且庆阳较临洮易攻，可先北取庆阳，然后再从陇西攻向临洮。徐达独排众议，他认为庆阳这个地方，具有"城险"与"兵悍"的特点，绝非那么容易攻取。而临洮之地，西面与番人相通，北面与河、湟（今青海和甘肃境内黄河和湟水交汇的那一带流域）为界，如能夺取，"得其人足以备战，得其土地所产足以供军储"，临洮一克，附近地方可不战而下。诸将只好唯唯听命。

事实证明徐达的决策是正确的。西进的明军迅速连克陇州（今陕西陇县）、秦州（今甘肃陇西），元军守将纷纷投降。根据《明兴野记》的记载，冯胜带着先头部队来到临洮时，势穷力蹙的李思齐被养子赵脱儿挟持，于四月十三日出降。另一路明军在顾时、戴德的率领下也攻克了兰州。前线的捷报传至应天，朱元璋览毕，遣使传谕徐达：李思齐既降，进攻庆阳、宁夏（今宁夏银川）的时机已成熟，然而张良弼兄弟向来多诈，若前来投降，应当审慎处置，勿中其计。

明军踏上了讨伐庆阳的征途，于四月十五日占领安定州（今甘肃定西），接着攻下会州（今会宁）、靖宁州（今靖宁）、隆德县，并在六盘山地区与蒙古贵族的嫡系部队打了一仗。豫王阿思纳失里，其封地本在沙州（今甘肃敦煌），在元末天下大乱之时奉命到南阳、襄阳、邓州一带征讨义军，后来转战关陕各地。徐达通过谍报得知豫王军队驻于六盘山附近的西安州（今宁夏海原西北），便令薛显率五千精骑前往袭击。蒙古骑兵果然不堪一击，薛显尽收其部落辎重以归，唯有豫王逃遁无踪。到了五月初四，明军已经顺利来到萧关（今宁夏固原附近），占据平凉（今甘肃平凉）、延安，逼近张良弼的大本营庆阳。但这时的张良弼早已离开庆阳，原来，他得知明军攻克临洮的消息后恐惧不已，命令其弟张良臣、部将姚晖等留守庆阳，自己北撤宁夏，可是，他刚刚逃到宁夏就被从山西逃亡至此的老对手王保保所捉，真是人算不如天算。张良臣以其兄被执，遂于初八日投降明军，徐达命令薛显以五千骑兵赶赴庆阳受降。不料，张良臣眼见明军兵少，竟心生歹念，降而复叛，他于六月十五日出城迎接时匍匐于道旁，佯为卑下，以示归顺，到了薄暮时分，即派兵劫营。明军骑兵的优势在于进攻，而不是列阵防御，因而在遭到突然袭击之时措手不及，全部溃散，其中指挥张焕被活捉，薛显则受伤而还。

徐达闻讯，对诸将说："今日之事，果然就如皇上前些天所预言的那样。然而张良臣之叛，只是自取灭亡而已，当与诸公全力剪除之。"于是急令冯胜、傅友德所部自临洮至泾州（今甘肃泾川）与汤和会师，准备参战。为了断绝庆阳的外援，徐达陆续派出多员将领从四面八方切断通往城中的一切通道，其中，俞通源率精骑略其城西，顾时略其城北，傅友德略其城东，陈德略其城南，明军主力于十九日迅速来到战场，里三层外三层地把庆阳城围了个水泄不通。

张良臣素以骁勇而著称，军中呼为"小平章"，其手下兵马"精悍"，养子七人皆善战，在军界中有"不怕金牌张，惟怕七条枪"的称誉。而庆阳位于山区，城池居于险要之处，易守难攻。此地还有"井泉"，不担心水源被对手截断，利于长期固守。

庆阳攻防战打响了，张军在城中稳守反击，但其野战能力与明军相比仍稍逊一筹，因此多次出战挑战无不惨败而回。但明军一时之间也难以克城。徐达困于坚城之下的原因可能与常遇春带走一部分兵力有关，从这个意义上说，元顺帝在东线主动入塞骚扰还是对西线的明军起到了一定的牵制作用。

西线的明军在庆阳陷入僵持状态，东线开始战火连天。明朝不会长期容忍元顺帝在上都遥控指挥残余的元军骚扰北平，常遇春于四月从陕西回撤后，会合从南方而来的李文忠，共同率步兵八万、骑兵一万自北平出塞直取上都，明军取道三河，经鹿儿岭，过会州，在锦川（今辽宁凌海市一带）击败元将江文清，俘获敌军人马数以千计，其后在全宁（今内蒙古翁牛特旗乌丹镇附近）与前来阻击的也速交手。也速不是常遇春的对手，大败而逃。明军继续前进至大兴州（今河北滦平县一带），在那里活捉了北元丞相脱火赤，夺取新开岭，来到了上都。

在此之前，以元顺帝为首的小朝廷，就像当初离开大都一样，在禁卫部队的掩护下匆忙向东北方向撤走，逃往三百里之外的应昌（今内蒙古克什克腾旗达尔汗苏木境内）。

不战而胜的明军在上都的废墟之上再放了一把火，将不能带走的东西烧为灰烬，接着向北追赶数百里，俘虏了蒙古宗王庆生及平章鼎住等人，旋即将这些人处死，同时收降了成千上万的兵卒，掳获了三千匹战马与五万头牛，还夺得万余辆车。至此，蓟北悉平。而常遇春也成了第一个同时攻克元朝两个首都（大都与上都）的将领，这样的战绩在明军之中是独一无二的。

◎ 身穿冕服的李文忠

世事难料，创造战争奇迹的常遇春突然离开了人世，他于七月初七在凯旋途中病死于柳河川，所部转由平章李文忠代为经略。年仅三十一岁的李文忠是朱元璋的外甥，他文武兼备，平时常用的兵器是长槊，擅长带领骑兵冲锋陷阵，适合在北方平原野战。美中不足的是，他在明朝开国前后那一段日子里因转战南方而错过了参与北伐的良机，直到今年才得以北上讨伐元顺帝，想不到在短短的数月间竟然取代常遇春的位置，一跃成为主持一方战事的军政大员，继续在东线保持对元顺帝的军事压力。

在此期间，西线的战局发生了跌宕起伏的变化。敌对双方所有的行动都围绕着庆阳而进行，明军部分骑兵为了配合步兵围城而不断清剿周边地区，铲除敌对势力。远在宁夏的王保保虽然与张良臣有很深的矛盾，但也知道唇亡齿寒的道理，决定派遣骑兵赶赴战区参战。此举表明王保保的骑兵部队自太原之战受创后，实力已经得到了部分的恢复。王保保吸取了太原之战的教训，尽量避免出动铁骑与明军打硬仗，而是让部属采取轻骑兵的战法，用机动灵活的方式四处游动作战，专门寻找敌人的弱点以避实击虚。他下令曾在山西韩店战胜过明军的韩扎儿率骑兵向陕北开进，出其不意地攻陷了位于庆阳西面的原州，打死明军指挥陈寿。徐达闻报，马上召来冯胜、傅友德等商议对策，经过研究之后他们认为庆阳与原州之间的驿马关非常重要，只要扼守此地，就会让来援的敌骑无所作为，因而冯胜主动请缨，率领强兵悍

将加强此地的防守。此外，为了防止王保保从其他方向增援庆阳，徐达紧急命令辖下将领叶石真驻守彭原，韦正扼守邠州（今陕西彬县）。傅友德、薛显率骑兵北上进驻与宁夏距离不远的灵州（今宁夏灵武附近），监视王保保的动向。

徐达分兵四出防御，必然削弱了围攻庆阳的力量，使战局继续拖延下去。可见，韩扎儿在原州一战得手，成功地骚扰了明军的侧后方，打乱了明军围攻庆阳的军事布置。然而，韩扎儿的实力有限，他攻克原州之后不敢西攻驿马关打通前往庆阳之路，而是趁夜南下，转而攻打守备薄弱的泾州（今甘肃泾川）。泾州一失，留在驿马关守株待兔的冯胜再也坐不住了，他果断带兵出关南下迎战韩扎儿，可是扑了一个空。韩扎儿采取避战的办法，经邠州、宜禄（今陕西长武）等地撤走。冯胜害怕中了调虎离山之计，在收复了泾、原两州之后不再穷追猛打，于七月底班师回屯驿马关。

韩扎儿刚刚撤回，贺宗哲又奉王保保之命于八月初突入陕西腹地，他仍旧沿用轻骑兵的战法，故意避开明军重兵镇驻的庆阳地区，从间道长途奔袭兵力薄弱的凤翔，企图迫使徐达派兵回援，减轻庆阳的军事压力。婴城自保的凤翔守军拼命顶住元军凌厉的攻势，日复一日地苦苦支撑着。

此时，徐达已经知道王保保使用的是"围魏救赵"的老战术，他不想再被敌人牵着鼻子走，毅然决定不分兵回援，而是企图集中一切力量抢在元军攻克凤翔之前拿下庆阳。

两场攻坚战在一南一北同时进行，哪一支军队抢先克城，哪一支军队就掌握了战略上的主动权。

西线的形势急如星火，朱元璋决定抽调兵力支援徐达。他判断屡受重创的元顺帝玩不出什么花样，因而在东线战局暂时风平浪静的情况下命令李文忠火速离开北平，回师陕西，尽快帮助徐达攻克庆阳。

李文忠马上起兵向陕西进军，在途经太原时却传来了重镇大同被围的消息。原来，东线的元顺帝虽然在新败之后无力反扑，但他始终未忘牵制明军，为此急令脱列伯、孔兴以重兵攻大同，试图在明军的防线之间打入一个楔子，同时撼动东西两线。脱列伯、孔兴原来与张良弼一起驻于陕西鹿台以卫奉元，但被西线的明军打散之后便流窜到了山西，如今正好乘虚进攻大同。战局发生了意外的变化，李文忠对身边的将领道："我等奉命出征在外，只要有利于国家的事，可以独断专行。如今大同告急，如果等候朝廷的指示就会失去战机。"他果断停止进军陕西的原定计划，调转军队的方向，转而取道雁门关北上解大同之围。明军在马邑（今山西朔州以东）击败北元数千名游兵，生擒平章刘帖木儿，打开了前往大同的通道。北方八月的气候变幻莫测，当前进到白杨门，距敌还有五十里时，天忽然下起了雨雪，明军击败了一股前来骚扰的敌人，便在此地安营扎寨。李文忠不放心，他亲自带着数名骑兵到周围的山区巡查，经过视察，他对部队宿营的地形不满意，立刻强令疲惫的士卒又向前移动五里，凭河水以自固。其后发

生的事证明他确实有先见之明，当天夜里元兵果然来劫营，以逸待劳的明军因得地利而从容应战，有恃无恐地出动二万骑兵与敌周旋，大部分人马得以在军营之内继续休息。战斗断断续续从深夜持续到天明，等到暴露在野外的元军筋疲力尽的时候，李文忠抓紧机会指挥全部兵力从左右两翼夹击，以最快的速度获胜，活捉敌将脱列伯，俘斩万余人，并穷追残敌至东胜州（今内蒙古托克托）的莽哥仓地区而还。逃回陕西绥德的孔兴被有意降明的部将所杀。大同解围战以明军的彻底胜利而告终。元顺帝已经黔驴技穷，此后再也没有办法插手关内战局。

李文忠未能及时赶到西线参战，而庆阳之战已经接近尾声。明军井然有序地列营于城下，把城池围得像铁桶一般，张良臣多次突围受挫，派人偷偷潜出城外企图远赴宁夏求援，所派之人在途中被明军捉获，致使城内城外音讯不通，而元军粮饷乏绝的情况非常严重，最后出现了"马食松柏屑，人食黄泥"的情况，甚至出现了人吃人的现象。张良臣的助手姚晖知事不济，于八月二十一日悄悄打开北门向明军投降。上天无路、入地无门的张良臣父子投井寻死，但被徐达打捞上来斩首示众。庆阳攻坚战历时两个多月，是明军在整个北伐战争期间打得最为艰苦的一场攻坚战，原因之一是昔日势不两立的元军军阀们在濒临末日时一反常态，积极配合共同作战，给明军制造了不少麻烦。然而元军中下层将士在京城失守的背景下士气逐渐瓦解，不想做统治阶层的陪葬品，因而人

们对张良臣被部下出卖就不感到奇怪了，相同的例子还有孔兴在绥德被有意降明的部将所弑杀，更有甚者，就连李思齐也是被养子挟持出降的。

抢先一步在庆阳获得胜利的徐达最终牢牢地掌握了战略上的主动权，他留下都督金事陈德守城，挥师杀回凤翔。围攻凤翔接近半个月的元军被迫解围撤向六盘山，明将顾时、薛显、傅友德率万骑在后面紧追不舍。元军骑兵野战打不过对手，跑倒跑得挺快，贺宗哲带着他们一口气逃到兰州附近，满以为可以喘息一会儿，顺道抢掠当地的民众以补充给养，想不到冯胜带着一万七千骑兵又追了上来，迫使他们由迭烈孙渡河北逃，离开陕西区域。

徐达平定陕西用了半年左右的时间，但如果从他出师北伐之时算起，到现在差不多已连续奋战了两年，也基本达到了驱逐胡房、恢复中原的目的。战争持续到这个时候，在北方唯一有实力与明军唱对台戏的只有王保保集团了。徐达连续在山西与陕西等地多次挫败过王保保，对其难免存有"不足为患"的轻敌情绪，再加上将士们久战疲惫，需要进行休整，因而班师回朝也是水到渠成的事。同年九月，徐达、汤和率主力从平凉出发返回京师，留下冯胜在陕西主持大局（但冯胜误以为关陕已定，不久便擅自率部属返京。朱元璋大怒，对其加以切责，因念其功大，未予治罪）。二个月后，明军大部队回到京师，北伐暂告一段落。

然而，事实证明徐达低估了王保保的实力。王保保派到陕西支援张良臣的部队

虽然受挫，但实力并未受损，他在塞外待机而动，准备发起空前规模的反攻。到了十二月，王保保确信徐达已经返回应天，知道反攻的时机已到，马上动员军队从甘肃杀向陕西，并把突破口选在位置比较偏远的兰州。

元军蜂拥而至，来到兰州城下。守将张温临危不惧地对部属说："敌众我寡，本来难以迎战。然而敌人远道而来，未知我方虚实，因而我军在暮色的掩护下出击，可挫其锋。如果敌人还不退，则固守以待援。"于是，守军冷不防杀出城来，逼得元军一度退却，然后再收兵回城，坚守不出。

明军只知道敌军人多势众，但弄不清楚对方到底来了多少人。镇守巩昌的于光紧急来援，不料进至兰州附近的马兰滩时却被优势之敌所围而成为俘虏。元军把于光带到兰州，勒令其在城下呼叫"张将军投降"，企图开展心理战，打击守军士气。没想到于光是个铁骨铮铮的硬汉子，他反而大喊："我不幸被捉，诸公要坚守下去，徐总兵（指徐达）带援兵就快到了！"元军士卒大怒，当场痛击其面，接着将其杀害。守军受到于光的激励，士气高昂，他们不肯投降，决意死守下去。

兰州以南的临洮守军还不知道局势有变，本来极有可能会被元军突然袭击，幸而当地的老百姓及时给明军通风报信，生活于马衔山的一个叫作王黑子的人在正月初三晚上赶到临洮城外叩门报信，称："元小总兵（指王保保）军马已围兰州，指挥于光被擒，哨兵将至矣。"守将韦正不敢怠慢，马上登城布防。到了天明时分，元

军哨兵果然杀到，见无隙可乘而返回。

韦正兵力有限，无法解开兰州之围，他十万火急地把兰州被围的消息传给了大后方。

兰州被围的消息在1370年（洪武三年，至正三十年）年初已传到应天，朝廷大震。朱元璋以西北敌情严重，命令徐达为征虏大将军，李文忠为左副将军，冯胜为右副将军，邓愈为左副副将军，汤和为右副副将军，大举出征。朱元璋在诸将动身之前召开了一个军事会议，会议指出当前的形势不容乐观：在东线，滞留于塞外的元君让元朝遗民仍存侥幸之心；在西线，王保保以孤军进犯兰州，欲争寸土之利。因而

元顺帝与王保保，谁将成为明军重点打击的对像就成了急需解决的问题。为此，朱元璋问道："卿等出师，打算首先攻打何处之敌？"诸将一致认为王保保在西线为非作歹，是因为元顺帝还存在影响力的缘故，因而"若以师直取元主，则王保保失势，可不战而降"。朱元璋却有独到的见解，认为放过在西线兴风作浪的王保保，而仅仅打击东线的元顺帝，是"忘近而趋远"，犯了不分轻重缓急的错误，他自忖兵多将广，意欲同时对付两人，决定分兵二路——一路以徐达为首，自潼关出西安，捣定西，直取王保保；一路以李文忠为首，出居庸，入沙漠，追击元顺帝，使各处之敌自顾不

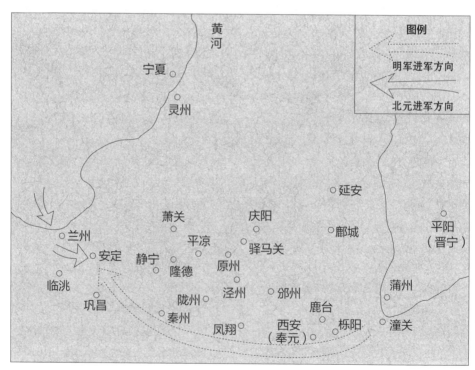

◎沈儿峪之战示意图

暇，难以互相救援。这位开国皇帝特别指出元顺帝远居塞外的荒漠地带，对明军可能会疏于防范，一旦出其不意地杀到他的老巢，定如"狐豚之遇猛虎，取之必矣"。结论是两路出征，可一举两得。诸将表示赞同，遂受命而行。在此期间，明军驻守于北平、大同等地的守将纷纷主动清剿塞内外的残元势力，并在云州（今赤城以北）、东胜州、武州（今五寨以北）、朔州等地获得了一些战果，以免各地的元军散兵游勇互相配合、协同作战。

徐达奉命重返西线，他以冯胜、邓愈、汤和为副手，调集了潼关以东的各路部队，以号称"四十万"之众西进，经过急行军，于同年四月从万里之外赶到了陕西的定西，距离兰州仅有两日路程。将士们正在摩拳擦掌准备打破元军包围圈的时候，徐达却突然下令部队停止前进，他对身边的人解释道：我军留在此地安营，实际上已经和兰州守军内外呼应，一起对元军形成夹击之势，王保保为了避免腹背受敌会主动解围而赶来此地与我军作战，等到他们来时，我军经过休息之后正好以逸待劳，一战而胜！这表明具有丰富作战经验的徐达清楚地知道，明军士兵经过长途行军后身体疲惫，确实需要休息一两天以迎接即将到来的大战。此外，这支以步兵为主的部队能够提前在自己选择的战场上建立巩固的阵营，有利于防止敌人骑兵大规模的冲击。

兰州守军凭着城中储存的大量粮食坚持到了现在。相反，元军远道而来，粮食日渐告罄，部队之中出现了人吃人的惨状，一些饥饿的士卒竟然互相杀食，屡禁

不止。王保保围城数月，无尺丈之利，正处于进退失据之势。他得知明军援兵到达的消息后被迫解开兰州之围，带领军队迎战徐达的援军，但他过去多次败于徐达之手，变得谨慎起来，因此没有立刻攻击明军建立于定西的军营，而是退到离定西西北百余里的车道岘，与对手遥相对垒。徐达见王保保没有上钩，便改变"以逸待劳"之策，下令明军主动以"步步为营"的方式出击。打头阵的左副副将军邓愈指挥部下靠近敌军，在阵地之前树立起用竹木等物做成的栅栏，以起到阻碍骑兵的作用。不久，明军全部转移到车道岘以南的沈儿峪，隔着一条深壕与元军展开较量。就这样，又一场轰轰烈烈的大决战爆发了，激烈的战斗一日展开数次，两军难分高下。为了打破僵局，王保保大胆使用劫营之计，决定从军中选择千余精兵突击明军阵线的薄弱点，如果能成功突破敌阵，后继部队便可趁机向纵深长驱直入分割歼敌，夺取最后的胜利。元军向来有使用骑兵打头阵的传统，因为骑兵可在最短的时间内发起奇袭，以迅雷不及掩耳之势冲到敌阵之前厮杀。根据《国榷》的记载，奉命出击的千余精兵全是骑兵，他们悄悄地走小路，突然从东山冲下来，避开明军的正面阵地，向位置比较偏僻的东南营垒发起猛攻。明军的营垒之前尽管树立了栅栏等阻挡骑兵的障碍物，但还是被打了个措手不及，显得惊慌失措，幸而徐达及时带领亲兵赶到击退来犯之敌，并斩了几名临阵退缩的将领，以整肃军纪。东南营垒的实际负责人是左丞胡德济，此人由于表现失常，

论罪当死，可是徐达却将其缚送京师交由朱元璋处理，这样做实际等于饶了这名庸将的性命。朱元璋后来为此事专门遣使传谕徐达道："胡左丞失律，应当于军中就地正法。如今将军把他推给朝廷处理，朝廷必念他往日的战功，不忍诛杀。朕担忧将军此举会妨碍军法在以后的日子里得到公正的执行。"朱元璋的传谕微含责备之意，警告徐达治军必须不留情面。而徐达自从斩了那几名临阵退缩的将领之后，的确在全军之中起到了以儆效尤的作用。次日，明军发起总攻，将士们争先恐后奋勇前进，硬是打穿了元兵的大营，一直打到军营后面的乱葬岗中，终于大获全胜，活捉了包括北元剡王、文济王、国公阎思孝、平章虎林赤、严奉先、李克彝、察罕不花等在内的上千名文臣武将，其中王保保属下著名的骑兵将领韩扎儿也成了俘虏，此外还俘虏士卒八万四千五百余人，缴获战马一万五千二百八十余匹与相同数量的骆驼、驴骡等牲畜。从这些俘虏中可以判断元军参战人员的成分比较复杂：剡王、文济王属于蒙古王室成员，拥有私兵部曲；李克彝本是镇守河南的将领，后来在与北伐军的作战中失败而投靠陕西的李思齐，现在可能是自成一派；阎思孝、虎林赤跟随察罕帖木儿起家，他俩与韩扎儿一起，算是王保保的嫡系人马。由此可知，参战的元军除了王保保所部之外，还融合了塞外的蒙古贵族武装部队与不愿降明的军阀。这些不同派别的军事势力在穷途末路的情况下终于抛开以前的是非恩怨凑合着在一起，王保保能够成为领袖，既依靠其

超群的实力，也与其在军中的声望与地位有关。最值得注意的是，被俘人员中没有王保保，也没有脱因帖木儿与贺宗哲等人，这显示王保保的人马未被明军一网打尽，他仍有卷土重来的可能。

王保保幸运地突出重围，又一次成了漏网之鱼，他与妻子、亲信等数人向北逃遁，依靠从水中打捞的"流木"渡过黄河，经宁夏奔向蒙古草原的和林。明将郭英以骑兵追至宁夏，不及而还。

明军经过这一场规模空前的大战，牢固地控制了陕西地区。徐达在太原决战结束一年半之后，又一次在生死较量中打败了王保保。此战与太原决战的不同之处是骑兵不再发挥决定性的作用，而是需要步兵的密切配合，两军在大部分时间里都以步兵列阵攻防为主。明军能够取得胜利显然还得益于粮饷的充足，因为元军此前在围攻兰州时粮食已经告罄，如今在车道岘饿着肚子打仗，惨败不足为奇。王保保正确的打法应该是在明朝援军到来之后，立即退回塞外，在辽阔的蒙古草原上用游击战和运动战的方式与明军周旋，但他没有及时将战略进攻变为战略防御，反而总是企求"毕其功于一役"，幻想通过一次决战歼灭占有优势的明军，以挽救元朝亡国的命运，这种不良的心态使他在太原之败后好不容易积累起来的力量在一次豪赌中输得惨不忍睹。

明军屡战屡胜，从而在高级将领之中形成了轻视元军的态度，甚至连王保保辖下久负盛名的骑兵也不放在眼里，这种潜移默化的错觉流传开来，让他们在未来的

日子里付出了沉重的代价。

在西线，徐达与王保保决战的硝烟渐渐平息，而在东线，李文忠正在策划如何与元顺帝的禁卫部队进行决战，为此，他决意直捣黄龙，攻击元顺帝的驻跸之地应昌。东线明军已在二月上旬经居庸关、兴和（今山西万全边外）、察罕恼儿（今河北沽源一带）、开平（即上都）等地杀向应昌，途中，他粉碎了元太尉蛮子等人的阻击，擒获平章竹贞，接受了平章上都罕的投降。山西、河北各地的驻军也群起响应，纷纷扫荡沿边地区。然而，部分元军进行了顽强的抵抗，致使明将孙兴祖与孙虎分别在三不剌川（今阿巴嘎旗附近）与落马河（今伯尔克河一带）战死。李文忠在距离应昌城百余里之处，俘获一名蒙古骑兵，审讯之后，意外得到元顺帝因患痢

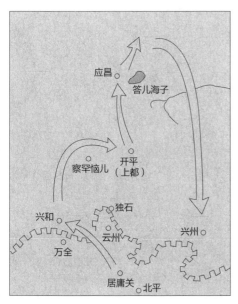

◎ 应昌之战示意图

疾已于四月二十八日病死（时年五十一岁）的消息。原来，这名蒙古骑兵正是奉上司之命从应昌前往开平地区，向残留在当地的元军报告国丧，不料任务尚未完成，就已落入明军手中。

李文忠得到这个重要的情报，不敢怠慢，立即督兵，日夜兼程以进，沿途击破担任警戒的元兵，并乘胜追至应昌，在五月十五日当天把这座城市包围起来。

这是一座名气不大的小城，它有瓮城以及三座城门。专家们根据现存遗址考古发现此城的"城墙全用黄土夯筑，平面呈正方形，东西宽六百五十米，南北长八百米，城墙高三至五米"。

被视为北元正规军主力的禁卫部队在元顺帝刚死的情况下竭力避免与明军决战，只能匆匆后撤，这使得李文忠仅用了一天工夫就将这座小城拿下，捉拿了包括元顺帝的嫡孙买的里八剌在内的一大批皇亲国戚、达官显宦等，并获得宋元玉玺、金宝、宣和殿玉图书、玉册、镇圭、大圭、玉带、玉斧等贵重物品，以及无数的驼马牛羊。

拿下应昌的李文忠并未满足，他亲自率领精骑追击残敌，一直追至北庆州（今内蒙古巴林右旗察罕城）才折返。当他回师经过兴州（今河北承德以西）及红罗山（今北京怀柔以北）时，元将江文清与杨思祖带着总共五万二千九百多军民，前来投降。

应昌之战可视为前一年上都之战的延续。从大都逃出的北元小朝廷，虽然在上都逃过一劫，但最后在应昌之役中几乎被

一网打尽。不过，当时跟随元顺帝从大都逃出的百官扈从，仍然有一部分在应昌之战中成了漏网之鱼，例如太子爱猷识理达腊，他与一些随从逃到了漠北的和林。明军要到1388年（洪武二十一年，天元十年）的捕鱼儿海之役，才将这些漏网之鱼基本肃清。

明军在东线只是打了一次死老虎，而且也未能达到迫使北元的禁卫部队进行决战的目的，从歼灭敌人有生力量这个角度来看，西线的战绩更辉煌。然而，北元小朝廷在应昌之战中遭到了毁灭性的打击，这对明朝来说，具有很高的政治意义与重要的宣传价值。因为明军在三年之前夺取元大都时未能捉到元顺帝及其直系亲属，所以也举行不了传统的献俘与朝觐的仪式，朝中一些食古不化的儒士可能感到美中不足，现在正酝酿着利用应昌的俘虏来补充这一缺陷。

当李文忠派兵护送包括蒙古后妃宫人在内的大批俘虏踏上南下的旅途时，那些后宫佳丽们，应该也是花容失色。"失我焉支山，使我妇女无颜色"，这首远古匈奴的歌谣，反映的是游牧民在与汉朝的战争中失去土地的无奈，如今历史又重复了这一幕。经过长途跋涉的俘虏们，于六月到达明朝南方的都城应天。根据明朝的制度，军队凯旋时是要押解着俘虏在太庙、太社、午门等地向皇帝举行盛大的献俘礼的，可是，朱元璋另有考虑，他为了怀柔故元遗民，当场拍板免除了传统的献俘礼，只是令男俘虏们穿戴上宽檐的"钹笠冠"、女俘虏们穿戴上高耸的"姑姑冠"等蒙古民族传统服饰，分批在雄伟壮丽的皇宫朝觐。买的里八剌首先在侍仪司的引导之下在奉天殿朝见朱元璋，行"五拜礼"，然后再到东宫朝见皇太子，行"四拜礼"。而买的里八剌的母亲及其他蒙古后妃则到乾宁宫朝见皇后。朝觐仪式完毕，俘虏们全部脱下蒙古民族服饰，换上中土衣冠。让蒙古俘虏换上中土衣冠，是明朝同化蒙古政策的一部分。明朝之所以采取这一政策，是因为元代蒙古人没有真正汉化。元朝政府承认蒙古人与汉人风俗不同，用"各从本俗"的办法来治理蒙古族与汉族，也就是说汉人需要遵守儒家的纲常礼法，而蒙古人却可以不必理会那套繁文缛节。尽管蒙古人从未企图将自己的风俗强加于汉人，但汉人士大夫却要求蒙古人改遵汉人风俗，"当守纲常"，"皆从礼制"。一贯以"立纲陈纪"而自命的朱元璋从政治的角度看问题，对此尤为积极，在著名的《讨元檄文》中痛斥"元之臣子"，"废坏纲常"，"弟收兄妻，子烝父妾，上下相习，恬不为怪，其于父子君臣夫妇长幼之伦，渎乱甚矣"，因而在立国之初就明令颁布"禁胡服、胡语"等，还特别规定蒙古人"不许与本类自相嫁娶"，从而强制改变蒙古人的婚俗，开始实行同化政策。朱元璋认为蒙古等异族，"虽非华夏族类，然同生天地之间，有能知礼义、愿为臣民者，与中夏之人抚养无异"。回顾历史，滞留在中原的蒙古人真正汉化，是在元明易代之后，这当然与明朝所奉行的针对性政策有关。

朱元璋后来以怜香惜玉的口吻就被俘

获的蒙古后妃安置问题专门发了一番议论，指出历代改朝换代之际，胜利者往往无礼对待被俘虏的亡国后妃，他形容这种行为是欺负别人的孤儿寡妇，不值得模仿。根据《明实录》的记载，这位开国皇帝认为蒙古人适合居于寒冷的北方，不耐南方的暑热，而且喜欢食肉饮酪，这与惯吃米面的中土人士有所区别，因此，对俘获的蒙古后妃应该根据不同的情况，酌情处理。他特别以脱忽思皇后为例，认为如果此女因为水土不服的原因而愿意重返蒙古，可以随其所愿。后来，他果然履行诺言，陆续将一些蒙古后妃公主送回蒙古草原，此举被后人誉为"真千古大圣人举动"（沈德符《万历野获编》卷二十八之《果报》），这些言词似乎有过分溢美的嫌疑，但仍反映出朱元璋的行为是受到舆论支持的。历来亡国后裔，即使委曲求全，但在胜利者的猜疑之下，最终也难免性命不保。例如金灭北宋，被金国俘虏的宋朝皇族宗室被远迁至东北上京（今黑龙江阿城区）、五国城（今黑龙江依兰县）等地，受尽凌辱，《金史·梁肃传》记载金海陵王杀赵氏子孙一百三十人，导致了金国境内宋室后裔的灭绝。而到元军灭南宋的时候，又出现了以强凌弱的情况。公元 1276 年（元至元十三年，南宋德祐二年），元军进入南宋的首都临安，有的将士纪律欠佳，恃强索取宫女、内侍及诸乐工等人，其中有百余名宫女不甘受辱，投水自尽，南宋全太后及嫔妃在元军的监护下前往元朝首都大都朝觐，而太皇太后谢氏有疾，病愈之后才启程北行，到了大都之后，宫人安定夫人陈氏、安康夫人朱氏，与两位侍女一起自缢，以死明志，元帝忽必烈下令斩下尸体的脑袋，并将其悬挂在全太后的寓所，以示警诫之意（陶宗仪《南村辍耕录》卷三）。不过，当时的忽必烈对待在大都的南宋太皇太后谢氏、全太后及宫嫔等人有时还是比较宽厚的，甚至允许她们有自己的财产积蓄等等，但是，全太后以在北方生活不惯为理由要求重回江南，却被元世祖拒绝。后来，一些怀有故国之思的后妃用出家的方式以保清白，例如全太后自愿做了尼姑，宋度宗的妃子王清惠做了女道士。蒙古贵族始终对亡国的南宋皇族充满警惕，多年以后，南宋废帝瀛国公被多疑的元英宗赐死。相反，朱元璋的做法却不同，他善待蒙古宗室俘虏，不但关怀被俘的蒙古后妃公主，还册封元顺帝嫡孙买的里八剌为崇礼侯，并于五年之后将已经长大成人的买的里八剌遣返回了蒙古。他认为这种怀柔政策既可以抚慰买的里八剌对父母与故乡的思念之情，又可以让其有子承父业的机会，延续祭祀祖先的香火。他这种罕见的高姿态志在安抚活动于蒙古草原的残元势力，因为先后逃往和林的王保保与爱猷识理达腊并未认输。明朝虽然在西线与东线横扫千军如卷席，但不等于赢得了元明战争的最后胜利。

第七章 三路北征之谜

明军同时在西线与东线获得丰硕的战果，黄河南北的鲁、豫、冀、晋与陕甘等地基本平定。战后，李文忠南返京师，而徐达则驻军于北平，监视着流亡于塞外的敌对势力的一举一动。

北元连连战败，内部已出现混乱与不稳，许多人在明朝的军事进攻与政治诱降之下改换门庭，陆续有多名贵族官僚率领部属降明。其中，参政脱火赤自忙忽滩（今黄河河套之内）来降，宗王扎木赤自官山（今内蒙古集宁西北）来降，枢密都连帖木儿、平章魁的斤自东胜来降。明朝在北部边境相应设置了忙忽军民千户所、官山千户所、失宝赤千户所等军事机构予以安置。

可是，明朝暂时没有出击蒙古草原的计划，因为用兵谨慎的朱元璋决定将战略重点从北方转到南方，而一切巩固大后方的军事布置都是为了在未来的日子里对蒙古展开战略攻势做准备。

四川的统治者是夏国的国君明升，这个国家试图与明朝分庭抗礼。朱元璋于1371年（洪武四年，宣光元年）春致书明升，要求借道征讨在云南割据一方的蒙古梁王，可是却被对方断然拒绝，于是他心安理得地找到了讨伐夏国的借口，奉命出征的将领有汤和、傅友德、周德兴、廖永忠、顾时、何文辉等，他们兵分两路，一路以京卫、荆、湘水师为主力从瞿塘关进军四川的重庆，一路以豫、陕驻军为主力从秦陇进军四川的成都。这场仗从正月一直打到七月，参战的明军以极大的毅力克服蜀道之艰难，越过重重天险，终于消灭了夏国，迫使明升投降。至此，在元末大起义中叱咤风云的各路英雄已一一成为历史陈迹，唯一能笑到最后的只有朱元璋。明朝控制四川，进一步稳定了陕甘地区的后方，有利于西线的明军专心致志地对付漠北的残元势力。在此期间，由于明朝对东北的经略也获得了重大进展，使得东线更加固若金汤。朱元璋早在1370年（洪武三年，至正三十年）秋已派使者出关到东北地区招抚辽阳军民，原元朝辽阳行省平章刘益不久即投降，明朝在该地设置了辽东卫指挥使司，以刘益为首，但刘益被军中潜伏的北元奸细所刺杀，朱元璋遂改命吴立为辽东卫指挥佥事，管理金州（今辽宁大连金州区）等处。1371年（洪武四年，宣光元年）六月，明将马云、叶旺率部从山东登莱航海北上，在旅顺登陆，到达金州，其后攻克了辽阳，成立了当地的最高军政机关"定辽都卫指挥使司"（日后又改为"辽东都指挥使司"，简称"辽东都司"）。

明朝在辽东地区的统治与内地不同，没有设置府、州、县，只设置听命于辽东都司的卫、所等军事机构，这种军事化的管理方式对于防范活跃在东北地区的蒙古贵族武装力量具有积极的意义。

经过一年时间的准备，局势对明军越来越有利，朱元璋认为重新讨伐蒙古的时机已到，他向群臣解释动武的原因时说道："天下一家，尚有三事未了：一，少传国玺；一，王保保未擒；一，元太子无音问。"所谓的"传国玺"，就是中国历史上被视为象征天命的传国玉玺，它一向是正统王朝的标志，明军攻克大都没有缴获这东西，朱元璋断定它还在北元小朝廷的掌握之中，因而是不惜动武抢夺，以向天下之人证明"胡运已终"，自己的政权已承正统。至于擒捉王保保与查明元太子爱猷识理达腊的下落，都是防止北元东山再起的必要措施。

1372年（洪武五年，宣光二年）正月，烽烟即将再度燃起。朱元璋在京城的武楼上面与诸将聚首，讨论如何讨伐北元的问题。徐达提到王保保以和林为巢穴，经常出没边境，为祸不浅，应该予以剿灭，但须"得兵十万"才能稳操胜券。朱元璋却认为十万兵力过少，他认为出动十五万人马分进合击胜算更大，并告诫道："卿等宜益加谨慎，不可轻敌。"具体的作战布置是把军队分三路，分别从东、西、中三个方向北征。东路军从东线出发，在李文忠的带领下经居庸关直趋应昌；西路军由西线出发，在冯胜的带领下经金州（今甘肃榆中）、兰州直趋甘肃；此外，在山西

另辟战场，新建由徐达率领的中路军沿着最短的路线从雁门关杀向和林。根据《明实录》的记载，三路军中，每一路出征的军队各有"五万骑"，正好十五万人，但这个数字不包括随军干着一些"转饷私役"等杂活的后勤人员。从以往的战例来看，这次明军在东西两线出兵的规模不算大，比如东线的明军在三年前的上都之战时，动员了步骑九万，而西线的明军在两年前为解兰州之围更出动了号称"四十万"之众。现在朱元璋大幅度削减东路军与西路军的兵力可能与东西两线的残元势力已经日渐式微有关，经过沈儿峪与应昌的一系列战役之后，元军主力已相继退入蒙古草原，并集中于和林。可见在这次军事行动中，东路军与西路军都是配角，而向和林前进的中路军才是真正的主角。可是，为什么中路军也只有区区五万将士呢？原来，这与蒙古的特殊地理环境有关。蒙古高原气候干燥，年降雨量稀少，昼夜气候差异比较大，一些季节里常形成夹带沙尘的风暴，不利于农业生产，因而蒙古民族的经济以逐水草而居的畜牧业为主，以渔猎及少量农业为辅，然而长年累月的战乱，给蒙古的畜牧业造成严重的打击，也令深入蒙古腹地的明军基本上不可能像在塞内农业地区作战那样"因粮于敌"，只能依靠自带的粮食，问题在于，刚刚统一北方的明朝正处于经济恢复期，难以无限量地提供粮食给出塞的军人，从而在一定程度上限制了中路军的规模。

这时，和林地区已经成为蒙古新的政治中枢，继承元顺帝之位的皇太子爱猷识

理达腊自应昌之败后，经庆州（今内蒙古巴林左旗西北）绕道奔往和林，与王保保等各路残兵败将会合在一起。爱猷识理达腊吸取了元朝灭亡的教训，他摒弃前嫌，尽量团结一切可以团结的力量，重用王保保为相，依靠太保哈剌章与太尉蛮子等人，"延揽四方忠义之士，以为恢复之计"，有效缓和了北元的内部矛盾。他整顿朝政，在明朝暂时停止战略进攻的一年时间里励精图治，组建了一个比较完善的机构，使漠北政局耳目一新。在此期间，他于1371年（洪武四年，宣光元年）改元"宣光"，以示中兴元朝的决心。

北元虽然连年丧师失地，但在表面上还拥有相当大面积的统治区域，比如：在辽东，平章高家奴固守辽阳山寨，丞相也先不花活动于开元地区，太尉纳哈出驻于金山（吉林怀德附近），据说重臣哈剌章还曾一度屯于沈阳古城；在云南，蒙古梁王把匝剌瓦尔密"执臣节如故"，每年都派遣使者到塞外朝觐元君；此外，在甘肃的西凉（今甘肃武威）、永昌与亦集乃（今内蒙古额济纳旗附近）等地方尚有部分拥护者。史载这些势力"彼此相依，互为声援"，共同牵制明朝。可是这些分散在各地的蒙古贵族力量有限，难以对和林的北

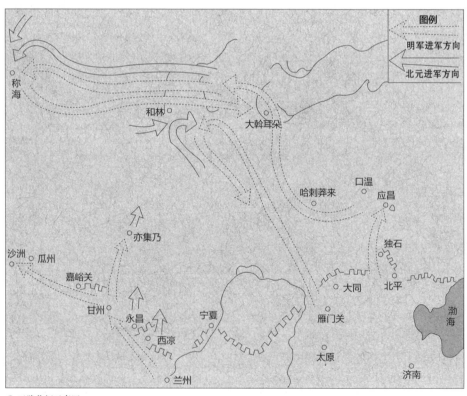

◎ 三路北征示意图

元小朝廷形成有力的支援，因而在军事上，爱猷识理达腊主要依靠王保保那支久经沙场的部队与直属于己的中央禁卫军。

明朝发起声势空前的三路北征时，东路军负有钳制辽东地区的残元势力的任务，西路军负责扫清甘肃地区元军，共同掩护出击蒙古腹地的中路军。至于云南的残元势力，由于地处遥远的西南边陲，这一次没有成为朱元璋重点打击的目标。

徐达率中路军于二月来到山西，经雁门关出塞。朱元璋事先制定的策略是要求军中的将士"扬言趋和林"，"而实迟重，致其来击之，必可破也"。这句话的意思是指明军应该大张旗鼓，摆出一副进攻和林的姿势，但进军速度不宜过快，目的在于吸引和林地区的王保保军队南下拦截，尽量在距离边界不远的地方与之决战，从而避免过度深入到人地生疏、水土不服的蒙古草原，以致增加作战的不确定因素。根据过去的经验，一贯重视进攻的王保保总是毫不畏惧地来到由徐达选择的地点决战——太原之战是这样，沈儿峪之战还是这样。然而，北元军队现在已经"吃一堑长一智"，改变了战争的指导思想，放弃了过去使军队屡受挫折的战略进攻，全面转入战略防御，准备利用内线的优势采取积极防御的方法来挫败明军的进攻。也就是说，他们在战时会首先采取战略退却，用诱敌深入之计把敌军引至预定战场，再以逸待劳，举行反攻，以争取最后的胜利。故此，王保保这次没有像以往那样听从明军指挥棒的摆布而轻率与之决战，他仅是派出小部队与之周旋，而主力一直隐藏在

蒙古腹地没有露面。无可奈何的徐达只能改变"守株待兔"之策，率军离开边界地区，长驱直入。他以都督蓝玉为先锋，不断北进，一直来到"野马川"这个地方时，才与一小股元军相遇。明军轻而易举地获得了胜利，当追击到乱山一带时，又一次击退反扑的元军。一路深入到土剌河（今蒙古国图勒河）的蓝玉终于在三月份碰到了王保保的主力，并再次获胜，马不停蹄地杀向和林。士气大振的明军似乎认定北元小朝廷的灭亡已成定局，谁知形势突然逆转，经过休养生息的元军竟然反败为胜。原来王保保故意派兵且战且退，把明军引到距离山西一千多公里的岭北之地，然后与老部下贺宗哲会师，在五月份集中优势的骑兵反攻，最终在和林东南一举重创了明军。徐达受挫之后临危不惧，尽力收容溃散的官兵，然后带着他们撤回塞内。而跟随徐达出征的汤和于同年七月亦在塞外的断头山（今内蒙古呼和浩特附近）一带被元军击退，部队受到一定的损失。《明史纪事本末》记载此役明军总共"死者万余人"。就这样，经过太原、沈儿峪两次失败之后的王保保终于在岭北的决战中击败了被朱元璋誉为"开国功臣第一"的老对手徐达，第一次打破了明军不可战胜的神话。

耐人寻味的是，各种明人撰写的史料均对王保保击败徐达的详细过程含糊其辞，大概因为这毕竟是一件有损国威的事，而蒙古人流传下来的史料又过于离奇，比如《蒙古黄金史纲》记载爱猷识理达腊依靠巫术召来大雪而歼灭了来犯之敌，类似

的传说显然难以尽信。

反倒是朱元璋于兵败两年之后给李文忠的一封诏书之中透露了一点线索，他说："王保保若见我马军，好歹退一退，佯走一走，等我军离了步军时，他却来战，再说王家这小的只是用'拐子马'熟，更别说还有伏马。"从朱元璋的话中可以看出，他对王保保曾在和林之战中使用过的诱敌战术存在很强的戒心，提醒前线将领要保持警惕，以免重蹈覆辙。更令人关注的是，诏书中还特别提到了王保保的"拐子马"。"拐子马"的典故出自于宋金战争期间金军的一支号称"拐子马"的骑兵，《宋史·岳飞传》给这支与众不同的部队下了一个定义，称其为"劲军"，说其军中人人"皆重铠，贯以韦索，三人为联，号'拐子马'"——也就是说这支骑兵人人皆披重甲，用牛皮带子连接，三人为一组，像一座移动的墙壁那样一齐向前推进，破阵能力很强。自南宋之后，抗金名将岳飞大破"拐子马"的故事早已经家喻户晓，而"拐子马"也渐渐成了重装骑兵的代名词。《宋史》的记载虽然有点夸张，也许存在某些争议之处（当代学者邓广铭先生认为"拐子"一词是北宋时人的习惯用语，包含有"左右翼"与"两翼"等意思，而"拐子马"的解释可能是"左右翼骑兵"），但难以否认的是，由于约定俗成的缘故，朱元璋口中的"拐子马"就是用来比喻王保保的重装骑兵的。

综合朱元璋的言论与相关史实，可以推断王保保在岭北之战中之所以能打胜仗，是因为骑兵起了关键的作用，他预先

埋伏好骑兵，再派出轻装的小部队诱敌，将急起直追的明军骑兵引过土剌河，致使其与步兵脱离，失去了协同作战的可能性。接下来，他指挥重装骑兵反扑，力求将对手各个击破。在这场骑兵大决战中，整体作战能力获得提高的北元军队战胜了依靠少数精英将领打仗的明军骑兵。幸亏经验丰富的徐达及时集中一部分步兵，建成坚固的营垒收容溃卒，才避免进一步的溃败。

明军曾仅仅依靠骑兵就在太原之战中战胜了王保保的骑兵，但没料到过了四五年，王保保的重装骑兵就显得和以往截然不同，不但恢复了察罕帖木儿掌军时期的作战水平，而且在战场上的精彩表现几乎可以比肩全盛时期的蒙古重装骑兵。来之不易的胜利与天时、地利、人和有关：天时，是指王保保的骑兵已经在蒙古腹地生活了一年时间，比起初来乍到的明朝官兵更加适应漠北的气候环境，无形中占了先天优势；地利，就是和林周围有著名的"阿察脱不罕"等优良草场，这些地方历来是元廷直属的牧马之地，有充分的条件让王保保久战疲惫的骑兵养精蓄锐；人和，就是这支在过去屡受挫折的队伍经过严峻的锻炼和考验，淘汰了大批动摇分子，剩余的是大浪淘沙保留下来的精华，因此提高了内部的凝聚力。

王保保的重装骑兵虽然不再惧怕明军骑兵，但对明军步兵有着很强的戒心，特别是装备了长枪、砍马刀与盾牌的步兵，这类步兵正是克制重装骑兵的有利兵种，因而王保保在作战时总是想办法诱使明军的骑兵与步兵脱离，然后再出动重装骑兵

打击冲锋在前的明军骑兵。岭北之战的明军骑兵失败之后，徐达在紧急关头正是依靠训练有素的步兵才得以在敌军铁骑的虎视眈眈之下撤回，史称"故彻侯功臣无死者"，也就是随军的重要将领没有一人战死，可谓不幸中的大幸。

中路军受挫而还，而李文忠的东路军又如何？他本来的任务是由居庸关而趋应昌，掩护中路军的侧翼，但在应昌没有发现元军主力，而活跃于东北的蒙古贵族纳哈出虽然掌握重兵，并且摆出向应昌进军的姿势，可是被镇守辽东的明将叶旺所阻，中途而归，李文忠见在应昌无仗可打，适时改变进军路线，深入蒙古腹地，这样一来，东路军由"配角"一跃而变成了"主角"。李文忠取道口温（今阿巴嘎旗附近）、哈剌莽来（今二连浩特附近），以锐不可当之势奔向克鲁伦河。在明代中后期编撰而成的史书《鸿猷录》中，记载了他进入蒙古草原之后一路疾进，挥师直指蒙古人的"首都"。

按理说，自从明军攻取大都、上都之后，流窜于塞外的残元军队已经没有严格意义上的首都了，蒙古上层统治者也重新过上了四处漂泊的游牧生活，但游牧民族传统的经济、文化都与中原的农耕民族有异，政治制度也有很大的区别，现在，处于游牧状态下的蒙古上层统治者按照传统习惯，设立"斡耳朵"作为政治中心，以履行首都的职责。斡耳朵是"宫帐"的意思，它是游牧部落首领处理政务的地方。这个地方由很多蒙古帐幕组成，君主的行帐富丽堂皇，随从与护卫们居住的穹庐就

造得相对简单一些。这些帐幕在无边无际的草原上鳞次栉比、星罗棋布，颇为壮观。早在元太祖成吉思汗主政时代，就分别在不同的地方设立了多个斡耳朵，他每年在不同的季节轮流入住，处理蒙古政务。在这些斡耳朵中，有四个特别重要，它们分别叫作大斡耳朵、第二斡耳朵、第三斡耳朵、第四斡耳朵，它们虽然总是随着游牧部落的迁移而改变，但即使这样，仍然有迹可循。大斡耳朵，由大皇后孛儿帖管理，其地在怯绿连河（克鲁伦河）上游；第二斡耳朵，由忽兰皇后管理，其地在土剌河；第三斡耳朵，由也速皇后管理，其地在不儿罕山（肯特山）附近；第四斡耳朵，由也速干皇后管理，其地在哈剌和林之西。成吉思汗曾把大斡耳朵当作春季行营，也曾在夏季与秋季入住第二斡耳朵，并在其他的季节里留宿过第三斡耳朵与第四斡耳朵。如果把成吉思汗的四个斡耳朵理解为四个首都，那就跟事实比较接近了。这种游牧民族传统的行政方式与忽必烈时代建立的两都制有异曲同工之妙。在上述的四大斡耳朵中，前三大斡耳朵都集中在东至僧库尔河、西至不儿罕山、南至怯绿连河上游、北至斡难河（今蒙古国鄂嫩河）上游一带，这一带地区的面积大小相当于现在的海南岛，是蒙古政权的祖宗肇基之地，其历史地位无可替代。蒙古民族现存最早的历史文学典籍《元朝秘史》一开头就说蒙古人的始祖孛儿帖·赤那在"斡难河源头的不儿罕山，立下了营盘"，而成吉思汗同样是在斡难河源正式即大汗之位，他百年归老之后的葬地据说也在这一带。成

吉思汗死后，其继承者多次迁都，将政治中心不断南移。尽管如此，多位蒙古大汗及宗王死后，都将葬地选择在这个祖宗肇基之地。而在蒙古史研究中享有盛誉的，由波斯伊儿汗国宰相拉施特主编的《史集》中，亦准确地指出："在成吉思汗的子孙中，拖雷汗、蒙哥汗以及忽必烈汗的子孙和他的氏族的伟大遗骨，也安置于上述地方（四大斡耳朵所在的地方）。"元世祖忽必烈统一天下之后，自然也控制了"四大斡耳朵之地"。在四大斡耳朵之中，最古老、最享有盛名的是成吉思汗的大斡耳朵。一个广为人知的事实是，在成吉思汗的继承人窝阔台建都和林之前，大斡耳朵一直是蒙古政权最重要的政治中心。尽管此后政权的政治中心先后迁移到和林、上都、大都等地，但大斡耳朵始终保持着独有的影响力——窝阔台汗是在这个地方登基的，后来的蒙哥汗及泰定帝也在这个地方登基，因而这个地方的得失对政权的盛衰而言，具有非常大的象征意义。在此期间，这个地方获得了得天独厚的发展机会，逐渐由游牧帐幕变为房屋林立的定居点。一些学者认为爱猷识理达腊继承末代皇帝元顺帝之位后可能到过大斡耳朵，他在应昌之战后败逃漠北时重建了一个新的北元小朝廷，据《明太祖实录》的记载，这个小朝廷主要在西至和林、东至全宁一带来回游牧，"逐水草而居"，这片辽阔的土地自然包括大斡耳朵在内。爱猷识理达腊控制大斡耳朵具有独特的政治意义，我国研究蒙古史的蒙古族学者达力扎布认为："对蒙古大汗来讲，拥有四大斡耳朵就象

征继承了成吉思汗的遗产，也就有了宗主的资格。所以，有元一代大汗都牢牢地控制着岭北地区，特别是大斡耳朵所在的克鲁伦河中上游至三河之源（指克鲁伦河、鄂嫩河、图勒河的发源地肯特山一带）的地区。昭宗（指爱猷识理达腊）北走，也应当据守此地。"

那么，历史悠久的大斡耳朵所在地在元末明初之际能否逃过明军的铁蹄呢？让我们把目光重新投向李文忠杀向蒙古草原那段狼烟四起的日子，寻找答案。在明代中后期编撰而成的史书《鸿猷录》中，记载了李文忠的进军路线，这支军队经居庸关出塞之后一路告捷，连续击败口温、哈刺莽来等地的蒙古游牧骑兵，在蒙古草原"略地至胪朐河、朵颜等处"，所谓"朵颜"之地，就是成吉思汗的葬地。原来，明人笔下的"朵颜"与蒙古古老的兀良哈部落实际上是同族，均起源于斡难河流域，所以在明朝的书籍中经常会出现"朵颜"与"兀良哈"二词互换的情况。而在权威的《史集》里面明确记载成吉思汗的葬地由兀良哈部落守护着，据说成吉思汗死后，兀良哈部落一个叫"兀答赤"的千夫长，"他的子孙们带着自己的一个千户，在称为'不儿罕山－合勒敦'的地方，守卫着成吉思汗伟大遗骸所在的他们的森严禁地"。所谓的"不儿罕山－合勒敦"，也就是《元朝秘史》开头给人留下深刻印象的"斡难河源头的不儿罕山"。显然，李文忠到达的"朵颜"之地，必定是兀良哈部落守护着的成吉思汗葬地。由此推论，李文忠此前经过的"胪朐河"，当然就是成吉思汗

的大斡耳朵所在地克鲁伦河上游。此时此刻，明军没有遇到任何抵抗就顺利地越过了这一带，继续向和林进军，看来蒙古军队已经弃守了他们的祖宗肇基之地。

席卷了大斡耳朵的李文忠接着要面对蒙古历史上的另一个"首都"——和林。

《元史》记载，成吉思汗在1220年（蒙古太祖十五年，南宋嘉定十三年，金兴定四年）就以和林为都了，但《元朝秘史》《圣武亲征录》《史集》等权威的史籍均没有提到过此事。据陈得芝先生的考证，所谓的成吉思汗定都和林，"其实是成吉思汗在和林地区建立了一个新斡耳朵（但不是首府）"，这个斡耳朵就是成吉思汗四大斡耳朵中的第四斡耳朵。成吉思汗的继承者窝阔台在即位之后的第七年，开始在鄂尔浑河畔兴建和林城，作为首都，这项建筑工程一直延续到蒙哥汗时期。和林城主要由蒙古军队从汉地带回的各种能工巧匠所建造，城内有供大汗以及诸王贵族们居住的宫殿，还有各级官僚、护卫的府邸，僧侣生活的寺院以及汉民与回民聚居的市区，居民以手工业者及商人为主。不过，大汗并不是常住和林城内，而是经常住在城周围的四季行宫。春季行宫在城北七十公里处，又叫"扫邻城"；夏季行宫在城西百余里之外的"月儿灭层土"；秋季行宫在城南偏东的"军脑儿"；冬季行宫在城南三十里处，叫"图苏湖城"。四大行宫以和林为中心而存在，它们的规模都不大，一些地方仅建了一座宫殿及围墙而已，以作为大汗临时驻跸之地。蒙哥汗死后，他的两个弟弟忽必烈与阿里不哥争立，忽必烈在开平即了位，而阿里不哥则在和林即了位。双方大打出手，忽必烈凭借中原丰厚的人力物力取得胜利之后随即将蒙古政权的首都从漠北和林南迁至开平（号称"上都"），仅在和林设置了宣慰司都元帅府。后来，漠北持续发生了诸王针对大汗的叛乱。元廷多次派遣亲王、大臣率军镇守该地，进行平乱，并最终设立了和林行省（后来改称岭北行省），以便进一步加强控制。这个行省管辖和林路及称海宣慰司都元帅府等处。

元末明初之际，四处流亡的北元小朝廷是否会选择昔日的首都——和林作为庇护所呢？明军是否到过和林？各种史料互相矛盾，使这些问题变得有点儿复杂，留下了很多谜团。现在需要抽丝剥茧地考证一下，尝试解开这么多个谜。

第一个谜，是北元小朝廷是否选择和林作为主要的庇护所。

话说爱猷识理达腊在应昌之役惨败后，逃到了包括四大斡耳朵在内的岭北地区。关于他的最主要的驻扎地点，学术界至今仍然没有一致的意见，因为汉文史料与蒙古文史料对此有着完全不同的描述。

成书于十五世纪前后的汉文史籍《明太祖实录》认定爱猷识理达腊撤到了和林，将其当作政治中心的所在地。可是，成书于十七世纪的蒙古史籍《蒙古黄金史》与《蒙古黄金史纲》等书则一致记载了元顺帝"由古北口逃出，乃建'巴尔斯和坦'相对峙"。"巴尔斯和坦"这座城位于克鲁伦河畔，有人据此认为它是北元长期的政治中心所在地。

两种迥然不同的说法相比较，前者更可信。

从实际价值来看，蒙文史料比不上《明太祖实录》。一方面，《明太祖实录》基本上是当时人记当时事，而上述蒙古史籍大多数产生于十七世纪，比《明太祖实录》要晚，其可信程度肯定要打折扣。另一方面，蒙古史籍一致记载的元顺帝"由古北口逃出，乃建'巴尔斯和坦'相对峙"的这一段话，有多处错误：首先，跟随元顺帝一起离开大都的刘佶，遗留下的一本《北巡私记》，里面清楚地记载了元顺帝是从居庸关逃出的，并非像蒙古史籍所一致记载的古北口；其次，根据诸多元明两代的汉文史籍（例如《北巡私记》、《明实录》等等），元顺帝离开大都之后，跑到了上都，后来又跑到了应昌，最后病死在那里，根本就没有到过漠北的巴尔斯和坦。不但元顺帝本人没有到过巴尔斯和坦，也没有直接史料证明他的儿子爱猷识理达腊到过那里。更重要的是，在元末明初，巴尔斯和坦很可能是一座子虚乌有的城市（假如这座城市在元朝全盛时期曾一度存在过，到元末也会毁于动乱）。回顾历史，尽管明军曾多次横扫过克鲁伦河那一带，尽管明帝与蒙古大汗多次互派使者，互通书信，可是明代的汉文史籍对巴尔斯和坦这座城没有任何记载，这不能不令人怀疑这座城到底是不是真实存在过。如果不存在，自然不可能是"北元比较长期的政治中心所在"。相反，清代的汉文史籍记载了此城，这表明该城真正发生影响的时间比较晚，直到明末清初才广为人知——它可能是成

吉思汗之弟别里古台后裔的驻地，当时清政府正对其进行招降。还需要指出的是，《蒙古黄金史》与《蒙古黄金史纲》等蒙古史籍大多数产生于十七世纪，这不是偶然的。有人认为这些蒙古史籍其实是蒙古诸部降清的产物——蒙古贵族们向清政府献上载有自己世系的史籍，是为了获取政治上的利益，其内容出于政治目的任意涂改，特别是关于元末明初那一段历史，由于年代距离较远，所以错漏之处非常多，就像二十世纪国际著名的汉学家伯希和所指出的那样："《阿勒坦·托卜赤》（即《蒙古黄金史纲》）与萨囊·彻辰的《蒙古源流》，只能追溯到十七世纪，而这些书的声望属于最低等的那一类书。"现在看来，虽然伯希和的观点有点偏激，但真实反映了这些晚出的蒙古史籍在某些专家心目中的地位。由此可见，使用这类书来研究元末明初的历史确实要慎重，反观《明太祖实录》则有多条线索证明爱猷识理达腊是在和林。上文已经说过，在1372年（洪武五年，宣光二年）的三路北征中，李文忠的东路军打到了"胪朐河、朵颜等处"，也就是今天的克鲁伦河、肯特山以及大斡耳朵那一带。在那里，李文忠决定留下部将韩政看守辎重，自己带着精锐部队继续前进，为了加快行军速度，军中每人只携带了二十日粮食。将士们经土剌河逼近和林，准备与北元军队进行大规模的较量。史载北元军队以蛮子、哈剌章为首，"悉骑渡河结阵以待"。这里最值得注意的是蛮子与哈剌章这两人，因为他们长期与北元小朝廷在一起，特别是哈剌章，他曾在

中央最高军事机构中任职，并跟随元顺帝一起从大都出逃（当时从大都撤离的刘佶，他作为当事人把"知枢密院事哈刺章"写入了《北巡私记》，哈刺章现已官至太保）。无独有偶，在十六年后发生于蒙古东部的捕鱼儿海之战中（下文还要提及），哈刺章与蛮子两人又一次和元帝同呼吸、共命运，他们一起抵抗明军的打击，奋战到最后一刻。由此可以推断，在同样是风云激荡的十六年之前（1372年），蛮子与哈刺章保卫和林时所率领的部队，肯定属于元帝直属的中央禁卫军。这样便能够顺理成章地证明，当时的元帝爱猷识理达腊的确是撤到了和林，而不是远在克鲁伦河的"巴尔斯和坦"。

过去，北元的中央禁卫军一直采取避战的政策，从大都一路退到上都，再从上都退到应昌，最后退到和林，现在和林已经到了最危急的时候，他们终于挺起腰板与明军在土刺河展开了生死搏斗，可是经过几个回合的较量，仍然顶不住明军的强大攻势，不得不稍为退却。

李文忠督兵力战，向前挺进至阿鲁浑河（今蒙古国鄂尔浑河），元军再次蜂拥而来，纠缠不已。他的战马在混乱中被乱箭射中，因而不得不下马手持短兵器进行白刃战，随从刘义奋勇直前，以自己的身躯掩蔽文忠，防止主帅受伤。指挥李荣见事态紧急，主动将所乘之马献给文忠，而自己改乘缴获的敌骑。文忠得马之后，气势益壮，他"据鞍横槊"，督促手下向前。于是，明军士卒鼓起勇气，拼死击退元军，继续向和林进军。

由此到了解开第二个谜的时候，那就是明军是否打到了和林。

在明代官修的编年体史书《明太祖实录》中，没有明确记载明军是否打到了和林。那么，明军到底有没有到过这个地方？这个问题关系到明朝是否有实力威胁北元处于蒙古腹地的政治中枢，在元明战争史中具有非同一般的意义。

我们可以从各种史书遗留下来的蛛丝马迹之中做出判断。

在1372年（洪武五年，宣光二年）这一场围绕着和林的大战中，李文忠所部一往无前，踏过了大斡耳朵所在地之后，相继在土刺河、阿鲁浑河等地获胜，一路深入，追到了一个叫作"聘海"的地方，例如《王享记》记载："文忠自胪朐河疾趋进，击败虏将蛮子、哈刺章，于土刺河追至于阿鲁浑河，又追至于'聘海'。"这里清楚地说明了不但在土刺河与阿鲁浑河，而且在遥远的"聘海"，与李文忠作战的一直都是蛮子与哈刺章，也许在幕后运筹帷幄的就是"神龙见首不见尾"的爱猷识理达腊。

"聘海"是东路军的追击行动终结的地方。《明太祖实录》真实地记下了当时两军在"聘海"对峙的紧张气氛，不过此书将"聘海"称为"称海"："不断后撤的敌兵又重新集结起来。孤军深入的李文忠果断停止前进，据险而守。"历史又在重复，李文忠就像徐达一样为了追击元军而分兵，现在似乎已经中了"诱敌深入"之计，被优势的元军所困。那么，他是否会重蹈中路军被敌人各个击破的覆辙呢？史载，面对优势之敌的李文忠镇定自若，他宰牛慰劳军中将士，又故意放纵所获的马匹于野外，示以闲暇。过了三日，敌人怀疑有埋伏，不敢逼近，最终撤去。《明实录》称北元军队在"称海"因怯战而退走，倒有点"讳败言胜"的嫌疑。李文忠的可贵之处在于他及时清醒地认清了形势，没有继续盲目追击敌人，抓着稍纵即逝之机向东退兵，撤退的时间大约是在六月上中旬。事后看来，这个撤军的决策是正确的。李文忠能够保持不败并不是他的指挥能力比徐达高明，而可能是他的对手蛮子、哈剌章比王保保差劲。言归正传，既然东路军的追击行动终结于"聘海"，显然，搞清楚"聘海"的准确位置，对弄清明军是否到过和林的问题有很大的帮助。"聘海"与"称海"，是同一地方的不同译名，它在元代隶属于和林行省的"称海宣慰司"，故此，"称海"才是权威的名称。这座城在元代与大斡耳朵、和林并称为漠北的三大重镇，其具体的位置是在和林城的西面、阿尔泰山的东面，这个地方距离居庸关有数千里之远。也就是说，李文忠向称海挺进时到达了阿尔泰山的东面，早已经越过了位于鄂尔浑河畔的和林。种种迹象表明，李文忠到过和林的可能性很大。那么，到底有没有史料明确记录明军到过那个地方？答案是有，不过可以找到出处的不是官修的史册，而是私家著述。明人高岱编写的《鸿猷录》宣称洪武五年李文忠"取和林，虏遁去"，就是铁证。这个证据正好补充《明太祖实录》失载的缺陷。

看来，明军的确打到了和林。不过，由此又产生了第三个谜，那就是为什么李

文忠当初越过和林时，竟如过无人之境。

原来和林城本是一个寄生城市，要靠从汉地输入大量物资来维持。《史集》记载在窝阔台时代，"每天有五百辆载着食物和饮料的大车从各方到达该处（指和林）"。蒙哥死后，阿里不哥占据和林与忽必烈争立，忽必烈切断了汉地对和林的供应，阿里不哥就难以继续在和林待下去了。而到1372年（洪武五年，宣光二年）明军三路出塞的时候，蒙古统治者已经被驱逐出了中原，自然也不会有什么物资继续供应和林，这时候的和林城已是"盛名之下，其实难副"，恐怕早已成为渺无人烟的废墟了，由此就不难理解，为什么深入蒙古草原的东路军没有在此地停留了。

行文至此，一些谜团纷纷迎刃而解。可是还有最后一个疑点，就是李文忠在向和林进军时为什么会没有遇见王保保这个名将。

答案很简单，因为当时的王保保正在南下阻击徐达的中路军，所以与李文忠的东路军失之交臂。王保保虽然击退了徐达的中路军，但李文忠的东路军却趁机横扫了和林，一路打到称海。从表面上看，东路军这次千里奔袭简直可以媲美成吉思汗时代蒙古骑兵惯用的大迂回战法，可惜的是，这个军事计策并非明朝预先制定的，而徐达对李文忠的临时决策可能不知详情，致使东路军的远征势必难以得到中路军的策应，因而显得虎头蛇尾，并付了很大的代价，跟随李文忠出征的宣宁侯曹良臣、骁骑左卫指挥周显、振武卫指挥同知常荣、神策卫指挥使张耀俱战死，最

后在称海地区遭到了北元禁卫军的顽强抵抗，李文忠部队不得不撤返。

有趣的是，李文忠在回师时，又一次经过了大斡耳朵的所在地，可谓旧地重游。《明太祖实录》记载这支部队在返回时有点不太顺利："因夜间行军而迷失故道，来到'桑哥儿麻'这个地方，士兵们缺水而非常口渴。文忠向天默祷，其所乘之马忽然间用脚踏地，长鸣不已。恰巧此时有泉水从地上涌出来，人人皆以为得到天助。"值得注意的是，这里所说的"桑哥儿麻"，在《元朝秘史》中叫"桑沽儿河"，相当于今天的僧库尔河，当代学者已经证实，大斡耳朵就在这附近。元史专家陈得芝先生称，"日本学者那珂通世最早指出，曲雕阿兰（大斡耳朵的所在地）应是在克鲁伦河与其上游支流僧库尔河汇流处附近河中之一岛"，而他本人则进一步考证曲雕阿兰应在"克鲁伦河与僧库尔河汇流点之西、两河下游之间的广阔地区，其地应在巴颜乌兰山之南"。据陈得芝先生的著作介绍，一些蒙古学者及东德学者于二十世纪六十年代在此地附近找到了大斡耳朵的遗址，专家们根据《元史》的记载，估算出该地人口"约有十万口上下"，与"和林、称海并为元代漠北三大重镇"。李文忠部行军的路线既然经过了"胪朐河"与"桑哥儿麻"，也就是说他们经过了大斡耳朵的所在地——克鲁伦河与僧库尔河汇流的那一带地区，但是，却没有碰到任何"重镇"，可能当时的大斡耳朵屡经蒙古诸部的内讧，在动乱中成了一片断壁残垣，甚至渺无人烟，故未能引起明军的注意。

总之，来去匆匆的东路军在进军及撤退时都经过了大斡耳朵的所在地区，到了七月，才返回京师，向朝廷献上俘获的"故元官属子孙及军士家属一千八百四十余人"，结束了这次一波三折、惊险百出的征程。

就在中路军与东路军分别与北元最强大的两支主力部队在蒙古草原作战期间，出击甘肃的西路军在河西走廊遇到的尽是一些螳臂当车的三流部队。冯胜到达兰州，令傅友德率骁骑五千为前锋，直趋西凉、永昌。傅友德沿途击败多股元军，缴获大批辎重，与随后赶到的冯胜会合在一起，继续进行追击，迫使北元太尉锁纳儿加、平章管著等投降。在战斗中，傅友德亲手射死敌将卜花，显示了"斗将"的本色。同年六月，驻于甘州（今甘肃张掖）的元将上都驴率所部吏民八百三十余户投降，冯胜留兵镇守，自己带领主力进至亦集乃，守军全城出降。活动在别驾山一带的北元岐王朵儿只班不战而逃，追击的明军"俘获其平章长家奴等二十七人及马驼牛羊十余万"。傅友德再接再厉，引兵至瓜州、沙州（今甘肃敦煌），又败守兵，缴获其金银之印，并掠得两万牲畜，得胜而还。

出塞的三路明军，只有西路军获胜。尽管西路军获胜，却不能挽狂澜于既倒，起到改变整个战局的作用。明军在这场大决战中的伤亡总数各种史籍记载不同，《明史纪事本末》记载中路军"死者万余人"，而《明史》则认为中路军"死者数万人"，后者的数据可能出自朱元璋在洪武二十五年给儿子朱棣写的一封信，其中写道，"噫，吾用兵一世，指挥诸将，未尝败北，致伤军士"，不料当打下中原正欲养精蓄锐以待时机之时，朝中诸将却不肯罢手而纷纷请战，争着要"深入沙漠"，过于轻敌的结果致使军队受挫于和林，最终"伤生数万"。信中所说的"伤生数万"或许是指中、东两路军的伤亡总数，至于没打什么大仗的西路军，伤亡肯定微不足道。最离奇的是，元末明初的大学者叶子奇在《草木子·余录》中称漠北大败的明军"死者先后约四十余万人"，这个数据已经超过了三路出征明军的总人数，明显是过于夸大，因而有专家认为《草木子·余录》中记录的数据是指明军北伐以来的伤亡总数。

明军三路出师，均未能达到全歼以爱猷识理达腊为首的北元小朝廷的既定目标。自从元亡之后，北元小朝廷五年来一直处于风雨飘摇的状态，直到此时才总算稳定下来，并获得了近十年休养生息的时间，勉强维持着半壁江山。

明朝始终没有放弃对王保保这个最强大的对手的招降。早在北伐期间，朱元璋就曾命令在山东益都被俘的老保招谕王保保，但王保保毫不留情地鸩杀了这位养父

的老部下。现在经过三路北征的挫折，朱元璋又想故技重施，他在1374年（洪武七年，宣光四年）派遣李思齐到塞外招抚王保保，王保保留李思齐居住数日，并待之以礼，但拒绝归附，李思齐不得已只好辞别，奉命护送其到边界的骑兵在道别时突然口出惊人之言，说道："总兵有旨，请留一物以作纪念。"思齐道："我为公差远来，无以留赠。"骑兵道："请留下一臂。"李思齐心知此祸难免，遂断一臂与之，还京不久即死。

王保保三番四次拒绝投降的行为反而令朱元璋对其更加欣赏，真是"识英雄重英雄"，王保保拥有一个"奇男子"的外号，这就是朱元璋给起的。《明史》记载朱元璋在一次与诸将聚会时故意问道："当今世上，谁人配得上'奇男子'的称谓？"诸将皆认为是常遇春，因为他所部不过万人，却横行无敌，不料朱元璋笑道："常遇春虽是人杰，但却臣服于我，我始终不能令王保保臣服，后者才真是奇男子啊。"为了招抚王保保，朱元璋甚至不惜与之攀亲戚，让自己的二儿子秦王朱樉迎娶其妹为妃，可是王保保不为所动，仍旧忠于北元。

第八章 大进军

北元政权在击退明军对漠北的讨伐后，开始组织对明朝的反击。王保保的部队动作最快，尾随着败退的明军南下，于1372年（洪武五年，宣光二年）八月打到了山西，在六月至八月之间，陆续攻击了大同宣宁县下水镇与云内（今内蒙古土默特左旗东南）等地方，杀死当地的一些官吏，掠走大量百姓。战祸从山西向其他省份蔓延，在东到辽东、西到兰州的漫长战线上时不时响起喊杀之声，其中影响比较大的是同年十一月，纳哈出派人侵入辽东牛家庄（今辽东海城附近）焚烧仓粮十余万石，歼灭明军五千多人。第二年，辽东的瑞州（今辽绥中附近），河北永平（今河北卢龙）的迁安县（今河北迁安市）、抚宁、蔚州（今河北蔚县）、弘州（今河北阳原）、怀柔，山西的武州（今山西神池附近）、朔州、岢岚、雁门、忻州，陕西的保安（今陕西志丹），甘肃庆阳、会宁、河州、兰州，都在这一轮战争的浪潮中被波及。不过，北元的反攻没有什么统一的部署，大多数零星进行，而且规模不是很大，这是因为各路元军只有在共同受到巨大的军事压力时才会加强团结，一致对外，当压力消除，便故态复萌，各顾各的了。

在此期间，爱猷识理达腊积极派人到云南与高丽联络当地的亲元势力，企图在战略上从南、北两面牵制明朝。

1373年（洪武六年，宣光三年）北元小朝廷的使者脱脱从漠北取道"西番"（泛指甘肃、青海、西藏与四川交界等处的藏族）到云南征粮。此人来到云南后意外得知明朝的使者正在当地进行秘密的招降活动，他立即以强硬的态度胁逼首鼠两端的梁王捕杀明使，以表忠心。此举使明朝不得不暂时放弃招抚云南的政策，也让朱元璋察觉爱猷识理达腊与梁王正在"谋连兵拒我"，从而在有后顾之忧的情况下不敢轻举妄动。

北元的外交也取得了进展。爱猷识理达腊遣使致书高丽恭愍王，声称"今以扩廓帖木儿（王保保）为相，几近中兴"，要求高丽王帮助北元恢复天下。其后，王保保也致书高丽王，劝其"厉兵秣马"，与北元"共成犄角"，促成"中兴之业"。高丽本来在元亡三年之后改奉明朝正朔，与残元势力划清了界线，现在的态度似乎逐渐发生了微妙的变化，直至1377年（洪武十年，宣光七年）停用洪武年号，改用北元宣光年号。

可是，云南梁王与高丽恭愍王的所作所为只是在表面上敷衍北元小朝廷，他们始终不敢真正与北元小朝廷一起联合出兵反明。敢于入塞与明朝叫板的还是朱元璋的老对手王保保与纳哈出等人。

朱元璋在京师总揽全局，他谕告分别在山西与北平前线主持军务的徐达与李文忠，要求他们对元军的反攻采取新的对策，即是"来则御之，去则勿追"，只须固守城池，坚壁清野，使其来无所得，就算是"上策"了，等到敌人疲惫时可以派遣精锐部队主动出击，但不要穷追不舍。这个指示意味着明朝由战略进攻转入了战略防御。为了减少边境地区的损失，明朝采取了内徙边民的措施，将屡受元骑寇掠的山西朔州、弘州、蔚州、天城（今山西天镇）、白登（今山西阳高附近）、东胜、丰州（今内蒙古呼和浩特市附近）、云内与河北的永宁、瑞州等地的居民迁往内地，并增调大批军队北上分驻晋冀地区，骑兵由徐达、李文忠、顾时、赵庸、傅友德、陈德、杨璟、蓝玉、王弼等统领，步兵由冯胜、汤和、俞通源、朱亮祖、黄彬、何文辉、李伯升等统领。镇守边关的将士加紧建设围绕着太行山、燕山地带的防御体系，在关隘要害之处增修了一批城池、城堡，力图扭转边防的不利状态。其中最显著的例子是朝廷于1373年（洪武六年，宣光三年）接受边将华云龙的建议，在东平、蓟州、密云与五灰岭（今河北保定与涞源交界之地）之间东西长约二千二百余里的防线上，增加了一百二十一处隘口的防御兵力，在王平口至官坐岭之间长约五百里的防线上，增加了九处隘口的兵力，此外，还在紫荆关至芦花岭之间的隘口新设了一个军事机构——千户所。上述措施保证了北平地区的安全。当时，明军实行的是卫所制度，一般以五千六百人为一卫，其下依次有千户所（管辖一千一百二十人）、百户所（管辖一百一十二人）、总旗（管辖五十人）及小旗（管辖十人）等单位，它们平时由地方的最高军事领导机构——都指挥使司（简称"都司"）负责管理。明朝刚刚把蒙古贵族驱逐出中原的时候，就设立了北平都司，但在毗邻的辽东与山西地区，一直等到三路军出征漠北受挫之后才陆续设立类似的机构，并对原有的军事组织加以完善。辽东设立了辽东都司（治所在辽阳，管辖二十五个卫与两个州）；同时，太原与大同分别成立了山西都司与山西行都司（总共管辖二十八个卫与十个千户所）；另外，西北地区也新设了管辖陕西、宁夏卫所的陕西都司。在此期间，明朝还在甘肃以西少数民族的聚居点设立了安定（今甘肃阿克塞哈萨克族自治县以南）、阿端（今托格拉萨依河一带）等卫与罕东（今甘肃敦煌）等百户所，主要由归附的少数民族首领负责管理，对巩固西北边防起了一定的积极作用。一般而言，全国各地的都司卫所均隶属于中央机构大都督府（后改为"五军都督府"）。然而，都督府只掌握统兵之权，而调兵之权则归于兵部，这两个部门既互相合作又彼此制约。朝廷进行军事行动时则任命将领为统帅，并抽调各个卫所的士卒由其统领，将领在行动结束之后立即上缴所佩之印，而官军则各回卫所，从而有效防止了武将擅权，也基本杜绝了军阀的出现。

明军虽然全线转入防御，但还时不时集中兵力反击来犯之敌，并从1373年（洪武六年，宣光三年）六月起于朔州、白登、河州、保德、河曲、会宁、丰州等处获得一系列的胜利，在这些战事中，明军消灭敌人最多的为数不过千人，少的仅数十人，然而却逐渐抵御了北元的反击浪潮。南下攻掠山西的王保保在森严壁垒的明军防线之前也难以进一步深入，但他不甘心，继续派遣部队于同年十一月来到大同之北，以求一逞。巡边的徐达正巧驻军于代县，便让左副将军李文忠、右副将军冯胜率部迎战，这支军队来到猫儿庄（今内蒙古丰镇附近）遇上大雪而退营于雁踏堡，骑兵在营地周围巡逻时俘获了一名叫作邓孛罗帖木儿的元将，经过审讯得知怀柔地区有千余敌骑在活动，李文忠、冯胜等立即派出步骑三千前往围剿，可是扑了个空，仅在三角村捉到故元平章康同金，获马八十匹而返。猫儿庄之战的规模在元明战争史上微不足道，但此战之后王保保结束了他的反攻，从此离开了山西，北返蒙古，根据《明太祖实录》的记载，王保保"徙移于金山之北"，与爱猷识理达腊会合。关于"金山"的地理位置，有人认为是在阿尔泰山的科布多一带。如果这种说法是正确的，那么北元小朝廷在前一年为了躲避明军的威胁可能跟随中央禁卫军一起从和林向称海方向撤去（而称海与科布多均在和林以西的阿尔泰山附近，两者相距不太远）。还有人认为金山可能是在辽河北至克鲁伦河中下游一带，如果是这样，北元小朝廷可能在明军撤退之后迁到了和林以

东地区。众说纷纭，哪一种说法最接近于事实，现在还难以断定，要想解开这个谜只能期待未来发掘出新的史料。不过，有一点可以肯定的是，爱猷识理达腊与王保保等人在此后再也没有返回和林。

王保保停止反攻后，其他进军关内的元军也纷纷北撤，例如王保保的弟弟脱因帖木儿在1374年（洪武七年，宣光四年）四月的兴和之战中被蓝玉击败，损失了数十名部属与三百余匹马驼，也加入北返蒙古的行列。

明军乘势对塞外进行了有限的反击，重点打击的目标是那些盘踞大宁（今内蒙古宁城一带）、高州（今内蒙古赤峰东北）、红罗山、全宁等处威胁北平地区的蒙古贵族。其间最著名的一役是李文忠在七月督兵进攻大宁高州火石崖时，打死了元宗王朵朵失里。战事持续了一个多月，明军追击到了丰州，俘获敌酋十二人与百余部众，还有数以万计的马驼牛羊，驻营于毡帽山（今内蒙古赤峰以北乌丹附近）的蒙古弘吉刺部的部长鲁王也在此战中战死，鲁王之妃蒙哥秃成了俘虏。

不过，明军无意深入蒙古草原，朱元璋也暂时放弃了统一漠北的打算，他致书爱猷识理达腊时承认："君主沙漠，朕主中原。"为了缓和双方的紧张关系，明朝于九月遣返了爱猷识理达腊的儿子买的里八刺，并选老成宦者二人携带着厚礼送行。就这样，明朝与北元形成了南北对峙的局面。交战双方尽管在东线的辽东等地还有冲突，但大体上维持着相对的和平与稳定。

当时，明军"可战之马，不足十万"，

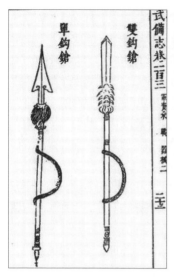

◎ 古画中使用骑枪的骑士

◎ 骑枪（注意枪杆上的绳套，系在骑士的手上或肩上可减轻刺中目标时产生的反作用力）

散布于从辽东到甘肃长达数千里的防线上，而出入塞上的北元骑兵有能力集中数万人马"以聚攻散"，往往形成局部优势，因而为了防止北元骑兵在未来的日子里卷土重来，必须要在明军之中进行大练兵。

虽然此时明军骑兵的编制与北伐之前相比有所扩大，但独立作战能力未臻化境，朱元璋在总结过去的经验教训时多次告诫诸将："出入塞上，非一二千骑不可轻行。"骑兵在很多情况下仍然要依赖步兵的支援，以致朱元璋后来不得不承认："方今马少，全仰步兵。"

步兵成了对付北元铁骑的主力，因而装备了更多的长枪与刀牌，资料显示，在一百多万的明军之中，大多数步兵手里拿的都是这类近战兵器，例如按照1380年（洪武十三年，天元二年）的规定，在基层的军事组织百户之中，平均每一百人里要有四十人使用长枪，二十人使用刀牌，

而剩余的四十人则配备弓箭、火铳等远程兵器。从比例上来看，长枪竟然占了武器装备总数的四成左右，这不是偶然的，因为过往的战争经验证明，步兵队伍在布阵时凭着最前列那一排排向前伸出的长枪，用来戳马的眼睛、咽喉等要害部位，确实可以让来犯的重装骑兵难以越雷池一步，就像俗语所说的，"一寸长，一寸强；一寸短，一寸险"，步兵敢于与骑兵对抗，很多时候就是凭着手中的兵器拥有长度的优势。由此不难理解，为什么在元末天下大乱时各地会兴起各式各样的"长枪军"，从起义群雄中脱颖而出的朱元璋，曾配备着一支超过五米的长枪用于步战，而其部属使用的枪也短不到哪里去。《明太祖实录》记载朝廷在1390年（洪武二十三年）给京城守卫官兵发了一批"点钢长枪"，"每枪长一丈三尺"，相当于四米左右，可见，四米以上的长枪在那时并不罕见，就算比

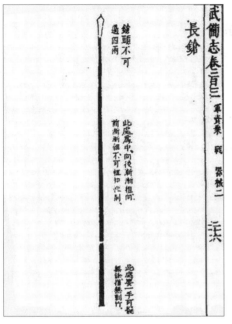

◎ 长枪图

◎ 练习枪法图

◎ 古画中的明军长枪兵

◎ 欧洲战争中的重装骑兵与长枪军

较短的枪矛，也能达到七八尺，超过了两米。相反，残元骑兵装备的近战兵器就短得多，例如他们常用的一种钩枪，柄长不过三尺，连同长约数寸的枪刃，也只不过才一米多。不过，在他们所用的标枪之中，最长的达到了丈余（三米以上），这种兵器两头有刃，既可飞掷，也可以近身搏斗，但与"点钢长枪"比起来，还是相形见绌。"长枪军"顺应时机出尽风头，在某种程度上反映了当时战争形态的发展演变规律。放眼世界，西方同样经历过"长枪军"与重装骑兵对峙的历史，从十五世纪起，瑞士与西班牙的长枪军多次把西欧封建主的重装骑兵打得满地找牙，竟然使得长枪成了欧洲步兵复兴的标志性冷兵器之一。话又说回来，绝不能把瑞士与西班牙的军人完全等同于明军的长枪军，而欧洲封建主的重装骑兵也与元军的铁骑有异，这些

不同地域的军队倒可以为东西方的军事史研究提供一个很好的参考。

步兵不管装备多少长枪也不能保证在与重装骑兵的较量中永远不败。明军为了加强防御能力，在华北地区制造了一批独辕战车，以便在野战中排列成车营，阻挡骑兵的冲击。可是，战车的缺点是机动能力过弱，因而与骑兵作战时难免常常处于被动状态。所以，明朝如果想重新夺回战争的主动权，应当大力建设骑兵。

朱元璋不想各地的骑兵总是依靠个别精英将领打仗，因而对军队的训练方式进行了改革，希望提高军队的整体作战能力。此前，各路明军由统率他们的元勋宿将各自练兵，并未制定统一的训练标准，直到和林之败的次年，朝廷才制定《教练军士律》向全军颁布，作为训练原则，其中规定"凡各卫所将士"，务必时常"练习武

艺"，定期进行比试，并下令每年从全国各地卫所的驻军中选出十分之一表现优秀的将士赴京校阅，以比武的优劣成绩来定赏罚。《教练军士律》专门规定"骑卒必善驰马、射弓及枪刀"。骑兵平时隶属于各地的卫所，战时从中抽调人马根据实际情况组成人数不等的队、营作战。随着训练方式的统一，军队的武器也更加标准与规范了，就以将士们所配备的"二意角弓"为例，这种弓轻便灵活，适合于马上挽射，而箭则"以钢为镞，利能穿甲"，齐射时可对北元铁骑构成一定的威胁。值得注意的是，朱元璋特别强调对军队中武官子弟的训练，声称："武官子弟要练习骑射，经过比试之后，那些精通与熟悉武艺的人方许继承职位，射不中目标的人要受罚。"他可能吸取了元朝正规军因滥用世袭制度而导致部队被纨绔子弟把持的教训，从而重视对后备人员的培养。

尽量扩充骑兵的明朝竭尽所能地在国内四处搜集马匹，范围甚至远及西域、西番、朝鲜、琉球，比如西番以产马而著名，朱元璋就派人运输内地所产的罗绮、绫绢与茶叶等特产到西北边境的河州与之交换马匹。此外，明朝还自行选择适宜的地方养马，北平附近的永平、固安与山东益都等地都有优良的草场，可供养大批战马。不过，还是有不少马匹由各地的驻军自行牧养。

明朝凭着雄厚的经济实力，投入了大量的物力、财力来建设骑兵队伍，经过几年的励精图治，终于慢慢恢复了骑兵的战斗力，使之既能够充分发挥步骑协同作战的长处，又能出色地独立完成作战任务。

兵强马壮的明军慢慢改变了防御的战略，在岭北受挫的四五年后重新开始对边陲地区采取积极开拓的政策，动员步兵与骑兵主动发起咄咄逼人的攻势。这次朱元璋决定"柿子先拣软的捏"，逐个清除元朝在西北、辽东与西南的残余势力，等待时机成熟之后再直捣黄龙，将活动于蒙古草原的北元小朝廷一窝端。他首先把出击方向选择在距离北元小朝廷很遥远的大西北，命令邓愈为征西将军、沐英为副将军，率部征伐在川藏地区与北元势力藕断丝连的吐蕃部落。分兵三路的明军于1377年（洪武十年，宣光七年）四月颠覆了敌人的巢穴，穷追到昆仑山，将士们不管连日的大雨与泥泞不堪的道路，"斩首无算，俘男女一万，获马五千，牛、羊十三万"。其后，明朝从京师、河南、陕西、山西等地抽调的士兵开进大西北，陆续平定了甘朵（今甘肃临夏以西）、洮州等处的叛乱，辟地数千里。战事平息之后，朱元璋认为"洮州西控番戎，东蔽湟、陇"，乃是"汉、唐以来备边要地"，绝对不可轻弃，下令在洮州东陇山这个咽喉要地增设洮州卫，筑城戍守。此后，明朝河西守将濮英继续经略西北，他于1380年（洪武十三年，天元二年）四月二十四日练兵西凉时，奇袭并俘虏了"故元柳城王等二十三人"及其一千三百余名部属，五月十二日，再出兵白城（今金塔县附近），俘获"故元平章忽都帖木儿"，当进至蒙古赤斤站（今玉门市西北）时，又擒得"故元豳王亦怜真及其部属一千四百人"，缴获金印一枚，然后来到苦峪（今玉门镇一带），捉到了

"故元省哥失里王、阿者失里王之母、妻及其家属"，斩其部下阿哈撒答等八十余人，才凯旋返回肃州。经过一系列的讨伐，明朝在西北建立了不少新的军事机构，扫清了嘉峪关外的障碍，打通了通往西域要津哈密之路。

战火以不可遏止之势在 1380 年（洪武十三年，天元二年）前后从西北蔓延到了蒙古草原中部，爱猷识理达腊早已死于两年之前，继任君主是脱古思帖木儿（一说为爱猷识理达腊的儿子，一说为其弟），而北元亦改年号为"天元"。然而新君孱弱无能，不但不能恢复失地，而且连保存残余的地盘也成了问题。北元小朝廷自从和林保卫战结束之后便逐渐迁移到了蒙古东部，来回活动于克鲁伦河、哈拉哈河及大兴安岭等地，已经彻底倒退回到游牧状态。由于北元君主长期过着漂泊不定的游牧生活，难以和各地的部属保持紧密联系，正好可供朱元璋各个击破。北元国公脱火赤、知院爱足等屯于蒙古和林地区，即将成为边疆之患，沐英率领陕西军队于 1380 年（洪武十三年，天元二年）三月出塞，从亦集乃西路渡过黄河，取道宁夏、贺兰山，跨越沙漠，经过七昼夜的急行军，出其不意地来到距离敌人驻军之地五十里时，将军队分为四路进攻，一路迂回敌后奇袭敌营之背，另两路从左右方向出击，剩下的一路骁骑兵由他本人亲自带领攻敌中坚。四路大军趁夜分进合击，一举击败了还在睡梦中的敌人。脱火赤等惊骇不已，皆俯首就擒。正是："驾长车、踏破贺兰山缺。壮志饥餐胡虏肉，笑谈渴饮匈奴

血！"这一战，与两百多年前南宋的抗金民族英雄岳飞在《满江红》一词中写下了的名句，何其相似。

明朝的作战地点从西北一路向东转移，在时机成熟时对东北地区展开了试探性攻击，首当其冲的是与北元小朝廷近在咫尺的"东蒙古五诸侯"。"东蒙古五诸侯"是指弘吉剌、亦乞列思、兀鲁兀、忙兀、札剌亦儿等五个曾为元朝南征北伐，立下汗马功劳的部落，他们始终过着传统的游牧生活，其牧地主要在兴安岭以东的西拉木伦河上游至开原与长春一带（即元朝的全宁路附近）。这些游牧战士历来被蒙古贵族统治阶级视为嫡系，倚为柱石，常常被征调到其他地方执行军事任务。可是到了元明易代之时，昔日的虎狼之师如今却变得不堪一击。这些部落由于成了明朝出击东蒙古的绊脚石，已经是泥菩萨过江，自身难保了。明军曾多次出塞与东蒙古五诸侯交手，其中比较有代表性的一战是李文忠在 1374 年（洪武七年，宣光四年）七月征讨老哈河上游的大宁时击毙了弘吉剌部的部长鲁王，但他取胜后主动撤离，没有占据其领地。此后，双方在大宁一带处于拉锯状态。现在，明军要想北上歼灭北元小朝廷，必须首先歼灭挡路的"东蒙古五诸侯"。1381 年（洪武十四年，天元三年）正月，徐达、汤和、傅友德、沐英等会合在一起大举征讨兴安岭以东地区，史载他们势如破竹，取得重大胜利，"获全宁四部以归"。所谓"全宁四部"，就是指全宁路一带的弘吉剌、亦乞列思、兀鲁兀、忙兀四诸侯所部，但不包括人多势众的札

剌亦儿部，札剌亦儿部因此前转移到金山而避免了灭顶之灾。"东蒙古五诸侯"受到重创对东北地区各类残余的北元武装力量起到了敲山震虎的作用。最值得注意的是，从古北口出师的沐英独当一面，经高州、嵩州（应是位于赤峰之南的松州一带）等地一路纵横漠北地区，一直打到了克鲁伦河流域，歼灭了元军知院李宣所部，几乎直接威胁到活动于东蒙古的北元小朝廷。北元小朝廷的君臣们在面对这场新的军事灾难时，没有及时做出有力的策应。

然而，朱元璋却始终牢记着1372年（洪武五年，宣光二年）北征漠北失败的教训，在没有绝对把握之前不再贸然对北元小朝廷发起全面进攻，经过深思熟虑，他决定暂时搁置出兵深入东蒙古的计划，转而调兵南下，先平定云南梁王，然后再伺机挥师东北，"肃清沙漠"。也就是说，先剪除北元君主脱古思帖木儿的左膀右臂，再与之进行最后的决战。

这一场向云南的大进军预示着轰轰烈烈的明朝开国战争就快接近尾声了。1381年（洪武十四年，天元三年）九月，朝廷以傅友德为征南将军，蓝玉、沐英为副将军，让他们共同率领步骑兵三十万南下，以图彻底解决西南地区的残元势力。云南是蒙古贵族梁王把匝剌瓦尔密的地盘，此人自以为山高皇帝远，多次拒绝明朝的招降，终于搞到兵戎相见的地步。

南征之师于九月初出发时，朱元璋亲自饯行于龙江，目送"旌旗蔽江而上"。根据他在战前的指示，明军攻取云南主要分为三个步骤：第一步是傅友德派遣部分兵力自四川永宁（今叙永）向乌撒（今贵州威宁）进军，而主力则取道湖广辰（今湖南沅陵）、沅（今湖南芷江）以入普定（今贵州安顺），占据沿途冲要之处；第二步是进军被视为"云南之嗌喉"的曲靖（朱元璋凭着丰富的经验断言敌人必然集中力量守御此地，特别要求明军在战时必须"审察形势，出奇制胜"）；第三步是打下曲靖后再分兵一部分向乌撒前进，以策应永宁之师，而主力则直捣梁王的老巢昆明。分兵出击能让各地的元军摸不准明军的主攻方向，陷入"彼此牵制""疲于奔命"的处境，有利于明军进攻昆明。当昆明攻克之后，其余地方必呈瓦解之势，则西南边陲的部落可传檄而定。为了确保战争的胜利，明朝在此期间还派遣了多位使者到播州（今贵州遵义）、金竺（今贵州长顺附近）、乌蒙（今云南昭通）、乌撒等处晓谕把持当地政权的部落酋长，争取这些人配合明军的军事行动。

傅友德于二十六日来到湖广，他果然按照朱元璋事前的指示分遣郭英、胡海洋、陈桓等率兵五万，由永宁直趋乌撒，而主力则由辰、沅南下，于十二月十一日顺利拿下普定，附近的罗鬼、苗蛮等少数民族纷纷归附。明军乘胜经普安（今贵州盘县附近）向曲靖挺进，沿路敌人一触即溃，闻风而降。

曲靖危急的消息传到云南昆明，梁王把匝剌瓦尔密急派将领达里麻以十余万精兵增援前线，抵抗明军。

为了尽快夺取胜利，沐英对傅友德说："敌人认为我军疲于深入，进军速度可能不会快。如果我军用比平时加倍的进军速度，突然杀到敌人面前，可以起到'出奇取胜'的效果。"傅友德深表赞同，遂督师疾进。他们于十六日来到曲靖数里之外时，忽然大雾弥漫，便在大雾的掩护下悄悄来到白石江（今南盘江）边，与元军隔江相对。不久，雾终于散了，元将达里麻望见对岸旌旗满布，不禁大惊失色，显得不知所措。傅友德正想指挥全军强渡白石江，沐英又提醒说："我军远道而来，速战速决最为有利，然而现在急急忙忙地渡江，恐怕会被扼险死守的敌人所阻。"他建议以主力在正面佯攻吸引敌军的注意力，另派数十人从下游潜渡，绕出敌后，伺机而动。傅友德依计行事，故意在正面发起佯攻，与元军对峙，暗中派出奇兵从下游过江，果然旗开得胜。当时，渡过江来的数十名明军在元军侧翼四处树起旗帜，并急擂金鼓，元将达里麻一时之间不知来了多少敌人，方寸大乱，紧急下令撤军。亲自来到第一线指挥的沐英见元军阵容不整，乃马上拔剑督师渡江，以善于游泳者为先锋，进行抢渡。冲在最前面的明军士卒全部一手拿着盾牌，一手举着长刀，却出人意料地没有配备军中常见的长枪，这是因为云南的地理特色之一是山多林密，在丛林中使用长枪有时难免会与树木的枝节发生磕磕碰碰，有所不便，而长刀可以用来披荆斩棘、清除阻挡于前路上的枝枝节节，正是因地制宜的利器。历史上没有哪两场战斗是完全相同的，聪明的指挥官绝不会被过去的经验束缚了手脚，他们常常根据新的情况给部队更新武器，用

来对付新的对手。挥舞着长刀的明军强行渡过河来，主力随后跟上，迫使元军倒退数里布阵。第一个回合刚刚结束，第二个回合立即开始了。傅友德登岸后不顾敌军射来的箭雨，督师猛攻，呼杀之声震动天地。沐英一马当先以铁骑直捣敌人中坚，打得元军望风披靡，横尸十余里。达里麻等二万人成为俘虏。

明军取得曲靖这个兵家必争之地，可谓一招棋胜，满盘皆活。傅友德依照原定的计划做出分兵的决定，派遣蓝玉、沐英率领部分兵力直取云南昆明，而自己则带着数万人马转向乌撒，支援郭英等人。

当曲靖兵败的消息传回昆明，元梁王把匝剌瓦尔密万念俱灰，弃城而逃，于十二月二十二日与妻子一起投身滇池自杀而死。

蓝玉、沐英等人一路风驰电掣，经云南之板桥、金马山于二十四日进入昆明城中。明军自九月出师，开始这场一路凯歌的大进军，直到打下昆明，仅百余日而已。其后，诸将分兵进取未附之地，蓝玉派曹震、王弼、金朝兴等率兵二万进取临安（今云南通海附近）等处，而沐英率领部分兵力转向乌撒，与傅友德会师。

傅友德、沐英配合从永宁杀过来的郭英诸将顺利攻克了乌撒，并相继夺取东川（今云南会泽附近）、乌蒙、芒部（今云南镇雄附近）等地，这些地方的少数民族部落慑于军威，皆望风降附，云南即将平定。

在南征的最后阶段中，明军并非一帆风顺，打了不少激战，其中打得最为激烈的是1382年（洪武十五年，天元四年）闰正月发生的大理之战，这座城市一边倚

靠着点苍山，一边濒临洱海，由土著段世聚众扼守。蓝玉与沐英挺进至大理城外，集中力量攻打其险要之地——下关。王弼率兵由洱水以东直趋上关，为掎角之势。总攻开始时，沐英又一次身先士卒，史载他在"水没马腹"的情况下抢先策马渡河，带着将士们"斩关而入"，配合攀登上点苍山的友军夹击城中之敌，致使守军在腹背受敌的情况下全线崩溃，段世就擒。大理一失，鹤庆、丽江、石门关（今云南漾濞附近）、金齿、车里（今云南景洪）、和泥（今云南绿春以北）、平缅（今云南陇川）等处相继来降，明朝在大局已定的情况下于同年正、二月分别设立了贵州都司与云南都司等军事机构，并辅之以布政司等行政机构，以图长治久安。但云南境

内战火仍然迟迟没有平息，明军在往后的日子里陆续讨平了一些降而复叛的土著，在此期间，傅友德与蓝玉班师回朝，朱元璋只留下沐英镇守云南。

沐英与李文忠一样，都做过朱元璋的养子，所以年纪轻轻便被委以重任，此人特别善于使用骑兵作战，其中具有代表性的例子不止一个：1382年（洪武十五年，天元四年），诸蛮不服明朝统治，举行叛乱，纠集了二十余万人围攻昆明，沐英以少击多，出动万余骑兵从乌撒赶来解围，一战即胜；六年后，云南再次不稳，被明朝封为"麓川平缅军民宣慰使司（位于今云南瑞丽一带）宣慰使"的土著酋长带领部属造反，号称"三十万"之众，沐英出动三万骑兵从昆明出发，经过十五天的强行军到达前线，雷厉风行地在最短的时间内平息了叛乱。明朝敢于放开手脚大规模单独使用骑兵，这是自山西太原之战后所罕见的，沐英在西南地区一再这样做，显然与对手实力不强有关，一切就像朱元璋事后所总结的那样，"蛮子们只怕马"。除此之外，随着各种新式武器在战争中的广泛运用，明军骑兵也不断加强相应的训练，并且成功地创造出了新的战术，因而

◎火铳图

◎沐英之像

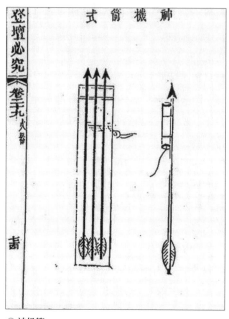

◎ 神机箭

必然能够提高独立作战的能力，对步兵的依赖性也越来越低。

沐英在平定麓川之乱时，给骑兵装备了大批火器，主要是火铳与神机箭。

自从一千多年前炼丹家们发明了火药，并逐渐将之应用于军事，便产生了林林总总的火器。火铳又叫"手铳"，属于将火药放入管子里发射的管形火器。这种火器由能够射出弹丸的前膛、填充火药的药室，以及可以插入长木柄的尾銎这三部分组成，有多种型号。战时，士卒一只手举起木柄，一只手点燃药室外面的引信，便能射出弹丸。神机箭属于燃烧性火器，可以一次发射多支火箭。它在一个大竹筒内装入两至三支箭，而箭杆上面有火药筒，当点燃共用的引信之后，依靠产生的反作用力推动着火箭射向目标，射程可达百步之外。

骑兵队伍拥有了先进的火器，便顺理成章地制定出了与之相适应的新式战术。《明太祖实录》记载云南麓川叛军以大象攻击明军时，沐英在战场上"下令军中置火铳、神机箭为三行，列阵中。俟象进，则前行，铳箭俱发；若不退，则次行继之；又不退，则三行继之"，意思是说，明军射击火铳、神机箭的部队分为三行，当第一行射击完毕，则由第二行继续射击，接着是第三行，以此达到连续射击的目的。等到明军击退了敌人的大象，再举行全线反攻，以获全胜。

由于史书没有说清楚明军究竟是在马上还是在马下发射火器，所以需要对这两种战法略加分析。骑兵下马列队发射火器并非罕见的事，例如明朝中后期名将戚继光的骑兵营就经常这样干，而在战马之上发射火器的难度则比较大，前行射击完毕应该立即策马转到阵后，以免妨碍第二、三列连续射击。每个骑兵队列都要一丝不苟地互相配合，显然，将士们需要经过长期训练才能驾驭那些马匹完成这个规定动作，就像全盛时期的蒙古骑兵在冲击敌阵时那样，"前队横过，次队再冲，次队不能入，则让位于后队"，而到了元朝末年，疏于训练的蒙古嫡系骑兵已经不能完美地做好这个队列动作了。平定麓川之乱的明军骑兵可能两种战法都使用过，他们一般是先下马射击，当奠定胜局之后再上马清除残敌。

从上述战例可以看出，现在明军的骑兵已经不像过去那样依靠个别精英将领用"斗将"的方式来打仗，而是更加重视整体作战能力。其战法也变得丰富起来，不再是单调地采取重装骑兵突阵的方式，而是注意排列叠阵轮番射击，进一步提升远距离打击敌人的能力。

然而，铁骑仍然在讨伐北元的北方战争中发挥着不可或缺的作用，"斗将"战法并未过时。就在沐英平定麓川之乱的前两年，朱元璋决定对盘踞于东北的残元势力动手了，他在派兵经略云南的同时，始终没有忽略辽东，这个持之以恒的战略终于结出了丰硕的果实，明朝成功招抚了一些东北的女真部落，并于1384年（洪武十七年，天元六年）切断了高丽与北元的交通线，迫使高丽归附。1386年（洪武十九年，天元八年）十二月，朱元璋调兵遣将进驻大宁诸关隘，为进军东北预做准备。同时，他征调北平、山东、山西、河南等地方州县的二十多万民夫，运米一百二十三万余石，送到松亭关（今河北喜峰口之外）、大宁、会州（今河北平泉以南）、富峪（今河北平泉以北）这四个关隘，作为军饷，为此，户部不惜花费内库钞一百八十多万锭（明朝的边防部队本来可以在驻地旁边屯田，但边关的土地普遍贫瘠，其产量通常不足以供应一场规模大、时间长的出征，故需从后方运粮）。1387年（洪武二十年，天元九年）正月，摊牌的时刻到了，朱元璋一下子动员了二十万人北征，这时徐达、李文忠已病逝，统兵的是大将军冯胜、左副将军傅友德、右副将军蓝玉、左参将赵庸与王弼、右参将胡海与郭英，如此众多的名将联手出战，预示了这又将是一次排山倒海、势不可当

的大进军。

朱元璋像往常那样发出战略指示，他认为明军这次行动的主要对手是纳哈出，然而此人诡诈，不易得知其虚实，故此，他建议冯胜等人北上之后暂且驻师通州，派遣侦察人员留意对手的动静，如果纳哈出活动于庆州（今内蒙古巴林右旗附近），则以轻骑发动突袭，占据庆州之后，再出其不意地直捣对方的老巢金山，如此一来，纳哈出"必可擒矣"。

纳哈出是蒙古政权开国元勋木华黎的裔孙。木华黎是札剌亦儿部人，他作为成吉思汗的左右手，管辖着大兴安岭一带的蒙古诸部，曾率领弘吉剌、亦乞列思、兀鲁兀、忙兀、札剌亦儿等部（还有部分探马赤军与汉军）征伐金国，被封为"太师国王"。后来，木华黎的继承者又将其部落的宿营地从中原迁回了辽东故地，成了"东蒙古五诸侯"的首领。"东蒙古五诸侯"中的弘吉剌、亦乞列思、兀鲁兀、忙兀于1381年（洪武十四年，天元三年）败亡，仅剩纳哈出统率硕果仅存的札剌亦儿部在支撑着危局。

明廷做好了两手准备，在筹划军事斗争的同时也不放弃对敌人的招降，为此遣返了于1375年（洪武八年，宣光五年）俘虏的一位叫作乃剌吾的蒙古将领，让他携带书信招抚旧上司纳哈出。朱元璋对招降纳哈出特别有信心，因为他在过去与此人打过交道。那是在元末天下大乱之际，还在南方奋斗的朱元璋于1355年（至正十五年）四月攻克太平（今江苏当涂），活捉了出任太平路万户的纳哈出。当朱元

璋知道作为元朝世臣子孙的纳哈出虽然身在南方却心系北方故土时，便做了个顺水人情，于十二月将其释放北归。故意释放一些有影响的俘虏是朱元璋对敌人采取怀柔政策的一部分。纳哈出回到北方不但没有被元朝追究兵败的责任，反而因为出身高贵的原因而调到辽阳出任要职。他参加过多次对农民起义军的镇压，先后官至辽阳行省平章政事、署丞相、太尉，封开元王。明军攻克大都之后，撤到塞外的北元小朝廷先后在上都与应昌等地活动，与纳哈出所盘踞的金山遥相呼应，但纳哈出眼睁睁地看着上都与应昌被明军先后攻克，而一直龟缩着按兵不动。当明朝于1372年（洪武五年，宣光二年）出兵三路讨伐蒙古时，纳哈出只是象征性地调兵向西摆出一副声援和林的样子，可是一旦遭到辽东明军叶旺所部的阻击，便马上撤了回去。纳哈出对北元小朝廷阳奉阴违的行为始终没有受到任何处罚，这表明元君对东北蒙古贵族阶级的影响力已经越来越弱，难怪后来朱元璋得意洋洋地说："朕一贯知道纳哈出的为人，其不过假借着故元世臣的名号，以威其众……若其一旦觉悟，念起昔日释放之恩，幡然来归，则胜于用兵！"

1387年（洪武二十年，天元九年）二月，冯胜等将领拥兵到达通州，派遣骑兵取道松亭关出塞侦察，果然获得敌人屯于庆州的情报，冯胜马上让蓝玉带手下轻装出关前往袭击，杀死北元平章果来，擒其子不兰奚而还。三月二十一日，明军大举开出松亭关，对大宁（指位于老哈河上游的新城，而非元代旧城）、宽河（今河北宽城）、

会州、富峪四城进行修缮建造，主力则驻于大宁等待时机。一直等到六月天气变热，冯胜才认为出击的时机到了，他留兵五万守御大宁，自己亲率主力直捣金山，没有遇到任何抵抗就前进到了辽河以东地区，俘获纳哈出派驻于当地屯田的三百名士卒与四百余匹马，遂顺利进驻金山之西。

纳哈出没有全力阻击明军，但似乎又不打算后撤，他葫芦里卖的是什么药呢？

纳哈出的意图竟然被远在京城的朱元璋识破，朱元璋及时传来指示，要求密切注意在金山附近徘徊的纳哈出，认定此人恋栈不去，"势必来降"，因为一个既不能战，又不想逃的敌人，除了选择投降之外不能玩出什么花样来。他提醒前线诸将在纳哈出投降之后，应乘势北征东蒙古，解决北元小朝廷的问题，因为这个时候"元主（指脱古思帖木儿）谓我得志，无意穷追，必寻觅水草丰美之地，往来于黑山（兴安岭之别名）、鱼海（又称捕鱼儿海，即今贝尔湖）之间"，明军正好"掩其无备"，进行突袭，尽获其众。

事实证明纳哈出的确舍不得离开金山这个长期经营的老根据地，不愿意随便放弃这个"辎重富厚，畜牧蕃息"的地方。尽管北元君主脱古思帖木儿多次要求他北上东蒙古和小朝廷会合，以躲避明军的打击，但他置若罔闻。当明军步步追近时，他的部队却没有组织有力的抵抗，而是分散驻扎于榆林深处、养鹅庄、龙安（今吉林农安）与一秃河（伊通河）一带，处于进退维谷的状态。恰巧在这个时候，被明朝放归的乃剌吾回到松花河（今松花江）

与纳哈出碰了面，并说明了明廷招抚之意，纳哈出听后犹豫不决，不敢立即背叛北元，便把乃剌吾送至漠北试探脱古思帖木儿的态度。优柔寡断的脱古思帖木儿本来想杀死这个叛徒，不料朝中某些目光短浅之臣却谏止："乃剌吾久被敌人囚禁，如今生还，奈何杀之？"结果是乃剌吾不但奇迹般地保住了性命，而且还平安返回到纳哈出的处所，他不改初衷，在纳哈出的营地里时常对部众宣传明朝的抚恤之恩，成功打动了很多人的心。不久，明军越过金山，到达松花江流域女真族出没之地，把北元驻军逼到了穷途末路的境地。纳哈出的部队人心惶惶，全国公观童宣告投降。冯胜抓紧时机派人前来招抚纳哈出。纳哈出知道大势已去，终于同意投降，他率数百骑来到蓝玉驻于一秃河的军营，以表诚意。蓝玉大喜，设宴相待。不料，两人在酒酣耳热之际起了争执，心生疑虑的纳哈出改变了主意，突然将酒洒于地上，企图带部属逃离明军军营，可是在混乱中被在座的常茂（常遇春的儿子）拔刀砍伤手臂，不仅脱不了身，反而被明军挟持到大本营与冯胜见面。以大局为重的冯胜对纳哈出好言相劝，以礼相待，企图缓和彼此的紧张关系。可是，纳哈出受伤的消息已经传回了松花河以北，致使十余万北元军队因惶恐不安而溃散。冯胜连忙让降将观童前去招抚溃散的北元军队，陆续招得降众四万余，"并得其各爱马（蒙古语，相当于汉语'部落'的意思）所部二十余万人，羊马驼辎重亘百余里"。

明军班师之际，在金山亦迷河（今

吉林饮马河）又取得重大收获，得到了四万四千九百六十三辆车与数千匹马，还有"伤残番军二万四千二百二十九人"。《明实录》称这些车辆、马匹与伤残士卒是被北逃的"达达军人"抛弃的。所谓的"达达军人"，可能泛指原属纳哈出的蒙古嫡系部队，他们在金山待不下去了，就向北逃返蒙古老家。

纳哈出降明标志着残元势力在辽东的统治进一步土崩瓦解，此举使流亡于东蒙古的北元小朝廷更加孤立。

明军最可怕的对手王保保已经于1375年（洪武八年，宣光五年）在蒙古草原撒手人寰，而王保保手下的名将贺宗哲也在风云变幻的日子里下落不明，由于这一段时间里王保保部队没有参与过较大规模的战争，因而贺宗哲很有可能是病死才在各种史籍中销声匿迹的。

王保保死后，军中最具声望的是他的弟弟脱因帖木儿。脱因帖木儿统率着那支由察罕帖木儿一手缔造的军队，继续保卫着北元小朝廷。不过，北元军引以为豪的铁骑不再具备往日的风采，原因是后勤补给能力一日不如一日。蒙古本地的冶铁业规模有限，非常依赖从外地输入的铁器，然而明朝严禁铁制品输出塞外，这导致北元只能和西域等边陲地区的商人进行贸易，由于路途遥远，仅能起到杯水车薪的作用。北元军战损与自然消耗的铁制军械得不到及时的补充，不但铁甲越来越少，连不少铁箭的箭头也改用动物的骨骼制造，战斗力大减。铁制品缺乏的程度日益严重，到后来，在蒙古的牧民之中，甚至煮饭的铁镬也成为稀罕物。

双方的实力此消彼长，明军的优势日益明显。然而"烂船还有三斤钉"，脱因帖木儿与他的哥哥一样，即使身处逆境也琢磨着如何反击，当纳哈出投降时，他正好来到大兴安岭附近，因而果断出手，伏击了明军班师时的殿后部队。此战规模不大，但比较激烈，右参将郭英在打斗时负了伤，被敌人用枪刺中左胁，右胁也中了箭。这员久经沙场的老将为了稳定军心，在部属之前假装伤势不重，佯道：敌人只不过击损了我的铠甲，身体没什么事。最后，明军"连战数十合"，终于击退了对手。

另一股明军就没有这么好的运气了，

◎ 捕鱼儿海之战示意图

都督佥事濮英率三千骑兵殿后时，被一大批不愿跟随纳哈出投降的元军伏击，"寡不敌众"的濮英"马蹶被执"，成了俘虏，他绝食不言，趁守卒不备夺刀"剖腹而死"。

明朝在西北、西南与东北的一系列军事行动孤立了北元在塞外日削月割的地盘，也为夺取元明战争的全面胜利铺平了道路。1387年（洪武二十年，天元九年）九月，再接再厉的朱元璋任命蓝玉为大将军，唐胜宗、郭英为左、右副将军，率领十五万大军出塞，作战目的是彻底歼灭北元小朝廷。第二年年初，明军前线统帅部获得了重要的情报，知道北元小朝廷游牧到喀尔喀河、贝尔湖、克鲁伦河一带。机不可失，蓝玉在同年三月亲率大军由大宁（今内蒙古宁城一带）进至庆州（今内蒙古巴林左旗西北），一路搜索前进，终于把目标锁定在一个名叫"捕鱼儿海"的地方。所谓的"捕鱼儿海"，即是贝尔湖的古名。当初元太祖成吉思汗按照蒙古游牧贵族的传统分封亲族时，将兀鲁灰河等地（相当于现在的乌珠穆沁旗一带）封给了同母弟合赤温的后裔，而邻近的捕鱼儿海亦应该是合赤温后裔的势力范围。北元小朝廷以"捕鱼儿海"为栖身之地，这表明合赤温的后裔仍然忠于大汗脱古思帖木儿。

将士们"人不卸甲，马不离鞍"，从间道兼程而进，于四月九日，来到游魂南道，却在此地找不到水源，一时饥渴难耐。关键时刻，引路的人能起到特殊的作用，归顺的蒙古军官观童凭着多年来在塞外的生活经验，于营地附近发现了一处泉水，为全军排忧解难，解了燃眉之急。克服重重障碍的蓝玉于十一日到达距离捕鱼儿海尚有四十余里的百眼泉，却突然间侦察不到敌军的影踪，失去了所有线索。他一度判断错误，以为敌人嗅到了什么蛛丝马迹而躲藏得无影无踪，想从这个环境恶劣的地方退兵。但他很快在勇将王弼的劝阻之下改变了主意，决定留在原地再坚持一下，看看有什么新发现。

为了不打草惊蛇，蓝玉下令官兵在地上挖洞煮饭，以免大量浓烟直上云霄而被敌哨兵望见。

次日黎明，明军搜索到了捕鱼儿海的南岸，但此地空无一人，部队停了下来，"少憩饮马"。好消息突然传来，蓝玉从巡逻骑兵那里得到情报，确定北元小朝廷在捕鱼儿海东北方向八十余里之处，便马上下令求战心切的王弼为先锋，"衔枚卷甲"，直扑其营。脱古思帖木儿与身边的臣子们自以为明军不熟悉地形，难以找到水源的位置，绝不会这么快杀来，因而防备疏松。宿营之地里面的士卒正在牵马备鞍，整理辎重，把一大批车辆的车头都转向北方，准备转移。偏偏在这个时候扬起了大风，沙尘满地，白昼如晦，对明军起到了很好的掩护作用。王弼提着双刀带兵神不知鬼不觉地悄悄接近，发起突然袭击。猝不及防的北元军队来不及列阵，在混乱中死了数千人，另外有七万七千多人与四万七千匹战马被俘。此外，成为明军战利品的还有四千八百四十头骆驼、十一万二千四百五十二头牛羊、三千余辆各式车辆以及其他一大批后勤辎重。

北元小朝廷直属的中央禁卫军中的两员悍将，曾参加过和林保卫战的太尉蛮子与太保哈刺章，他们竭尽全力抵抗，其中蛮子被郭英当场挥刀杀死，而哈刺章的大营亦在十多天后被蓝玉击破，所部"一万五千八百三户"与"马驴四万八千一百五十余匹"被俘，哈刺章本人下落不明。这两个元朝老臣子昔日在和林并肩作战，死中求生，现在却在捕鱼儿海难逃劫数。

中央禁卫军作为北元正规军的主力，终于在这次决战中基本上被明军全歼。而北元地方部队的主力脱因帖木儿所部也是螳臂当车，逃脱不了全军覆灭的命运。脱因帖木儿逃跑时坠于马下，不得不潜伏在草丛之间，但最终未能躲过明军将士的搜捕。此后，各种史料再也没有王保保旧部的任何记载，由此可知，这支依靠镇压红巾军起家的部队已经在捕鱼儿海与北元小朝廷一起完蛋了。

皮之不存，毛将焉附！北元主力既已遭到了毁灭性的打击，北元小朝廷自然也未能幸免于难。大批皇室成员身陷囹圄，这些人员包括已故君主爱猷识理达腊的妻子，现任君主脱古思帖木儿的后妃及次子地保奴、公主等，成为阶下囚的各类达官贵人总共有二千九百九十九人。值得一提的是，明军还在捕鱼儿海俘虏了北元吴王朵儿只。朵儿只是成吉思汗同母弟合赤温的后裔，他在世袭的封地上被俘，意味着成吉思汗亲自分封的合赤温汗国遭到了毁灭性的打击。只有脱古思帖木儿、太子天保奴以及少数随从坐着数十匹战马趁乱逃出了包围圈。明军出动精骑追击千余里，一直打到了克鲁伦河，因追之不及，方才撤了回来。战斗结束后，蓝玉为了以防万一，下令那些披挂着铠甲的俘虏兵一律把铠甲从身上除下来。这样一来，各类铁甲、皮甲在地上堆成了一座座小山，明军一一放火焚毁，蒙古铁骑的威名伴随着各种盔甲在熊熊的火焰之中烟消云散，化为乌有。但这绝不等于历史悠久的蒙古骑兵从此销声匿迹，这支被打散了的游牧军队能否东山再起，则有待后人。

明军放了这把冲天大火之后，遂班师。

回顾发展至今的元明战争史，元明两军主力经过1368年（洪武元年，至正二十八年）的太原之战、1370年（洪武三年，至正三十年）的沈儿峪之战、1372年（洪武五年，宣光二年）的漠北之战与1388年（洪武二十一年，天元十年）的捕鱼儿海之战这四次大决战后，最终分出了胜负。在这四次决战中，步兵真正发挥决定性作用的只有沈儿峪之战，其余的都是重装骑兵起了举足轻重的作用。两军重装骑兵在没有步兵有力策应的情况下主要进行了三次大厮杀，第一次是在太原城外，第二次是在和林东南，双方的战果各自是一胜一负，第三次是在捕鱼儿海附近，这是朱元璋在世时元明骑兵最后一次大规模的决战。虽然明军出发时共有步骑十五万，但在这场史诗般的大进军中首先到达战场参战的五千人全部是骑兵，正是他们为决战的胜利奠定了坚固的基础。这个以少胜多的事实使得朱元璋在诏书中夸奖道："朕闻率骑五千，直抵穹庐，胡王弃玺而潜奔，诸王驸马、六宫后妃、罄塞胡民皆尽款附。

虽汉之卫青、唐之李靖，无出其右。"他把立功的诸将与卫青、李靖这两个曾击败过匈奴、突厥等游牧民族的汉唐名将相提并论，志足意满之情溢于言表。史载北元各路兵马在捕鱼儿海之战中损失了十万人左右，而明军的损失却小得惊人，据说是"不费寸兵，以收其效"。这个空前绝后的辉煌战绩意味着朱元璋亲手缔造的骑兵已经走向成熟，并在农耕民族出塞扫荡蒙古草原的历史中创造了令人刮目相看的奇迹。

脱古思帖木儿父子在捕鱼儿海侥幸逃脱之后，企图返回和林，但到土剌河时遭到旁系宗王也速迭儿的突然袭击，所部溃散。脱古思帖木儿在混乱中带着捏怯来等十六骑逃亡，途中碰见丞相咬住、太尉马儿哈咱等三千人，他们决定投靠另一个封建主阔阔帖木儿。不巧天降大雪，这批人在原地逗留了两日，因而倒了大霉，竟被也速迭儿派来的追兵一网打尽，脱古思帖木儿父子均被叛军所弑杀。自从元顺帝于1368年（洪武元年，至正二十八年）带领百官部属从元大都出逃之后，这个以元帝为首的小朝廷经上都、应昌、和林、捕鱼儿海等一系列激战，至此基本上已经瓦解。

脱古思帖木儿死后，从此蒙古草原在长达五十年的时间里陷入四分五裂的局面。

在改变历史进程的捕鱼儿海之战中，明军俘虏了北元一大批后妃、王子与公主等皇室贵族以及宫廷政要，其中地保奴及后妃、公主等人被押送至南方，一路风尘仆仆，总共历时三个月左右才到达京城应天。这些被俘的蒙古贵族男女、官僚政要们在朝见朱元璋时奉献上金印、金牌等，表示臣服，朱元璋再回赐钞币及住宅，令他们在京居住。经过一系列烦琐的礼节之后，朝觐仪式才算结束。

朱元璋有意以名爵之号册封元帝后裔地保奴，"以尽待亡国之礼"。然而好事多磨——世上没有不透风的墙，有知情者向朝廷揭发蓝玉在捕鱼儿海之战结束后，与脱古思帖木儿的妃子有染，双方关系不干不净。本来蒙古妇女的贞节观比起汉族妇女要薄弱得多，即使奸情败露也不是非死不可，但是，朱元璋竟然亲自过问此事，结果导致丑闻越闹越大，脱古思帖木儿的妃子最终惶恐自杀，她的儿子地保奴因为口出怨语而惨遭横祸，被流放到海外的琉球岛，封爵之事自然泡了汤。

朱元璋原本对蓝玉这些在战场上出生入死的功臣是优待的，例如刘辰的《国初事迹》记载朱元璋规定"凡没收入官的妇人、女子，只许配于功臣为奴，不曾配与文官"，可是这次蓝玉擅自淫人妻女，明显触犯了国法。对蒙古诸部实施怀柔政策的朱元璋过去曾公开高调扬言——如果不尊重俘获的蒙古后妃，那就是欺负孤儿寡母的行为。此刻，他对蓝玉的逾矩行为感到非常恼怒，称："无礼若此，岂大将军所为哉！"

朱元璋站在道德的制高点指责蓝玉，但是他似乎忘了自己也曾干过这一套，例如他曾承认在占领武昌之时，夺取了对手陈友谅的爱妾而归。另外，蒙文史籍《蒙古源流》《黄金史纲》也都宣称元顺帝有一个已经怀孕的妃子落入朱元璋之手，生了朱棣（后来成为明成祖），《黄金史纲》

更说明被俘的妃子是出于盛产美女、世代与蒙古王室联姻的弘吉剌部落，此事汉文史籍也有佐证，清初《广阳杂记》称："明成祖并非马后之子，其母瓮氏，蒙古人，以其为元顺帝之妃，故隐其事。"这些宫闱秘事越传越离奇，其确切性难以细加考究，就好像是演义变成了秘闻，秘闻变成了历史。

自古以来，一些弱质女流，为了保住自己或亲人的性命，不得不委身于男性的淫威之下，这是战争中存在于男女之间的潜规则。所谓潜规则，就是人们约定俗成的、潜在的行为规则。对于胜利者而言，如果放过敌人的妻女，那他的胜利成果反而会被别人质疑。元朝开国期间，元太祖、元世祖等蒙古大汗就有在战争中掳掠别人妻女的习惯，由此及彼，他们的后裔在被俘虏时也应该有逆来顺受的心理准备了。所以，蓝玉与脱古思帖木儿的妃子之间闹出的那点动静，在改朝易代的混乱时期是司空见惯的事。问题在于，草莽英雄出身的朱元璋可能认为脱古思帖木儿妃子的命运应该由自己来决定，而蓝玉竟敢先下手，显然犯了目无尊长之罪。

飞扬跋扈的蓝玉自酿苦果，很多年后，他终于因一系列的不法行为被朝廷秋后算账，以谋反罪名处死。

明朝在捕鱼儿海之战后乘胜对东北、西北与大漠南北的蒙古残余势力进行招降。

在漠南蒙古，知院捏怯来、丞相失烈门与国公老撒等人在元君脱古思帖木儿死后不想屈服于也速迭儿的淫威之下，找了个机会于1388年（洪武二十一年，天元十年）十月投降明朝，朱元璋在大宁附近设立了全宁卫，以安置归附之众。但不久这些人发生内乱，失烈门杀死捏怯来而叛走，全宁卫溃散。

活动在辽东的故元辽王阿扎失里本来是成吉思汗弟弟斡赤斤的后裔，其家族的传统封地位于今呼伦湖东南的哈拉哈河一带，后来势力向东发展到兴安岭以东。此人于1388年（洪武二十一年，天元十年）十一月与部属会宁王塔宾帖木儿一起降明。次年五月，明朝在洮儿河流域设置了泰宁卫，以阿扎失里为卫指挥使，塔宾帖木儿为指挥同知；在绰尔河与嫩江交汇处设置了朵颜卫，以脱鲁忽察儿为指挥同知；在瑚裕儿河、绰尔河之间设置了福余卫，以海撒男答奚为指挥同知。这三卫就是后来著名的"朵颜三卫"（又称"兀良哈三卫"）。然而不久之后三卫复叛，明将傅友德、郭英等出师讨伐，在1391年（洪武二十四年）三月至七月间扫荡了洮儿河流域，深入野人女真部落聚居的黑松林之地熊皮山一带，俘虏大批人口牲畜而归。

明朝始终没有放弃经略通往西域的要津之地哈密，1389年（洪武二十二年），朱元璋遣使招抚哈密王兀纳失里，次年五月，哈密归附。可是，双方的关系并非一帆风顺。1391年（洪武二十四年），明朝与哈密在有关陕甘边境马市的问题上发生了矛盾，同年八月，明将刘真、宋晟奉朱元璋之命讨伐哈密，兀纳失里逃遁。次年，兀纳失里遣使到明朝谢罪，表示再次臣服之意。

在此前后，明朝加紧在辽东、河北、山西、陕甘、漠南等地区进行边防建设，

先后在大宁、开平等地设置了都司、卫所等一批军事机构，朱元璋还陆续将多位皇子分封在大宁、北平、宣府、大同等边境重镇，以节制诸将。其中表现出色的是镇守北平的燕王朱棣，他在镇守边关时显示了英勇善战的本色，比如1390年（洪武二十三年）三月，他统率大将军傅友德等从古北口出塞，经侦察得知故元太尉乃儿不花以及在捕鱼儿海之战中逃脱的丞相咬住等人正游牧在漠北迤都（今内蒙古巴彦图嘎以北），便不惜冒着大雪指挥部队快速赶到敌营附近，全军隐蔽在一个大沙丘背后，静候时机。朱棣为了不战而屈人之兵，首先派遣与乃儿不花有交情的蒙古族将领观童前往敌营劝降，然后全军蜂拥而出，列阵备战，给敌人增加心理压力。乃儿不花等在明军的军威震慑之下，自知插翅难飞，最终选择了投降。

朱元璋对弑杀脱古思帖木儿的也速迭儿一直放心不下，为了防患于未然，他于1392年（洪武二十五年）十二月，任命北平都指挥周兴以总兵官的身份率部深入斡难河、兀古儿扎河（今蒙古国乌吉勒河）、彻彻儿山（今内蒙古呼伦湖西南）等大漠腹地，但始终捕捉不到也速迭儿，仅擒获五百余人以及部分牲畜而还。1396年（洪武二十九年）三月，宁王朱权在边塞巡逻时发现有一些脱落的车轮遗弃于道旁，便上报朝廷。警惕性很高的朱元璋担心元军死灰复燃，马上令朱棣率精骑经大宁前往彻彻儿山搜索敌人踪迹，结果扑了个空，仅捉获数十人而回。

周兴与朱棣等人的远征表明，在战乱

中幸存的蒙古部落大多数已离开漠南，转移到远离明朝边镇的漠北游牧。此后，蒙古诸部长期内战，陷入了四分五裂的局面，难以撼动中原的汉人政权。但朱元璋始终心系国防，认为"朔漠虽平定，而残胡分散于塞北，聚必为患"，要求军队要经常出塞"搜捕残胡，以绝诱边患"，这类大大小小的军事行动到他临死时仍未停止。

朱元璋与他的战友们经过近四十年的努力，逐一歼灭了南北各个主要的割据势力集团，史无前例地完成了"驱逐鞑虏，恢复中华"的伟业，使全国基本上实现了统一，建立起汉族统治的最后一个王朝。明军虽然多次深入大漠南北，但切实控制的界线是沿着大兴安岭山脉向西到西拉木伦河，经过开平一带再转向阴山山脉、贺兰山脉至河西走廊以北的哈密。蒙古残余势力一溃千里退入草原腹地，这为明朝的发展壮大提供了有利的外部环境，在元末大动乱时遭到严重破坏的经济开始恢复，社会逐渐安定，而政治上尽管还潜伏着一些危机，但在总体上还是步入了由乱入治的进程。

元朝统治中国未满百年就灭亡了，那些在世界各地名义上隶属于元朝的附庸国也相继产生了连锁反应，高丽、安南、缅甸等国先后宣告取消与蒙古统治者的隶属关系，转而效忠明朝。

蒙古人在世界其他地方建立的国家也陷入战乱之中，无力对元朝的覆灭伸出援手。

位于中亚钦察草原到欧洲伏尔加河下游的金帐汗国处于危机之中，被统治的俄罗斯人开始反击"鞑靼（泛指蒙古人）的桎梏"，1380年发生了俄罗斯历史上有名的反对蒙古统治的"库里科沃之战"，时间相当于明朝的洪武十三年。当时，全俄罗斯许多公国组成联军，与由金帐汗国首脑马买率领的军队于同年九月七日在涅普里亚得瓦河、顿河汇流处的库里科沃之野相遇。根据俄罗斯历史学家Ａ·Ｈ·季霍米罗夫对古代编年史的研究得出的结论，双方参战的兵力大致相等，各自出动了十万至十五万士兵。经过艰苦卓绝的战斗，俄罗斯军队取得了辉煌胜利。这个战役受到俄罗斯与苏联历史学家的高度评价。例如苏联历史学家密尔彼尔德、帕舒托、契列普宁等人认为这一胜利在意义上可以与明朝灭亡元朝相提并论，他们在共同撰写的《成吉思汗及其遗产》一文中称："（明军攻克大都之后）伟大的中国人民历史上的这些具有决定意义的事件与1380年伟大的俄罗斯人民在库里科沃之野击溃马买大军，为东欧人民奠定了摆脱鞑靼——蒙古压迫获得解放的基础的历史性胜利仅相隔十二年（从明军攻克大都计起），这不是偶然的。在残暴的政权东西两端，俄国和中国领导了各族人民反对成吉思汗遗产的必胜的解放战争……表现出俄罗斯人民真正英雄主义的库里科沃战役，具有重大的历史意义。库里科沃战役后，汗国从此一蹶不振。它的行将到来的毁灭成为不可避免的了。库里科沃原野之战是所有斯拉夫人民、波罗的海沿岸和摩尔达维亚各族人民反对土耳其、德国及其他侵略者的解放战争的范例。库里科沃战役获得了广泛的国际响应。在描述这一事件的文艺作品《在顿河左岸》中写道库里科沃战役的光荣传到了巴尔干半岛斯拉夫族国家、君士坦丁堡、罗马和迦法："光荣地飞向铁门、罗马、迦法沿海，飞向托尔纳夫，又从那里飞向察留格拉德，赞颂伟大的俄罗斯在库里科沃的原野上战胜了马买。'"然而，在明朝开国战争期间，向明朝投降以及被明军俘虏的元军人数达到七八十万之多（根据当代学者王雄的考证），这个数据还不包括战死与受伤的元军。相对而言，俄罗斯的战绩则逊色得多，即使是最出名的"库里科沃之战"，也未能对金帐汗国的主力造成重大打击，甚至连"库里科沃之战"是否真实存在也是有争议的，例如日本的历史学者宫脇淳子认为："'库里科沃之战'仅在俄罗斯东正教大主教所写的编年史中有记载，而在同时代各国间交往的外交文书中一点都没有言及。"更加扑朔迷离的是，"库里科沃之战"的两年之后，金帐汗国军队在新大汗脱脱迷失的带领下卷土重来进攻带头反抗的莫斯科公国，并占领了莫斯科。这表明，俄罗斯人要想彻底摆脱"鞑靼的桎梏"还有待将来，一直要等到十五世纪中后期，俄罗斯各公国才逐步摆脱衰弱的金帐汗国的控制，这比明朝收复中原晚了一百多年。

西域也不平静。锡尔河流域的察合台汗国早已分裂，一位名叫帖木儿的突厥化的蒙古人自称为成吉思汗的后代，他在元亡明兴前后迅速崛起，控制了察合台汗国的一部分领土与河中地区，席卷了中东阿母河和叙利亚等地的伊儿汗国，入侵金帐汗国，在基本统一中亚与西亚地区的基础上不断向外扩张，致使周围几乎所有的国家都难以撄其锋。中亚与西亚很多地区的原住民才出狼窝、又入虎口，仍旧被打着成吉思汗旗帜的军事强人统治。根据《明太祖实录》记载，明军在1388年（洪武二十一年）三月取得捕鱼儿海大捷时，俘获了来自中亚的撒马儿罕（位于原察合台汗国的西部河中地区，这时已被帖木儿所占）的数百名商人，这表明帖木儿政权与北元小朝廷存在经济上的联系。就在北元小朝廷灭亡的这一年九月，帖木儿政权便改辕易辙，转向明朝称臣朝贡了。此后，这个遥远的国家又在1389年（洪武二十二年）九月、1392年（洪武二十五年）三月、1394年（洪武二十七年）九月、1396年（洪武二十九年）九月分别派人前来中土朝贡，这可能是帖木儿崛起之初力量还不够强大，因而对外采取"远交近攻"之策，故此尽量与明朝保持友好的关系，但后来随着势力的扩充，野心便日益膨胀，他晚年甚至企图进攻明朝，但因死于出征途中，才使这个野心勃勃的计划戛然而止。

由此可知，在明朝灭亡元朝的日子里，汉人不但比俄罗斯人以及欧亚很多地区的原住民更早摆脱"鞑靼的桎梏"，他们甚至率先打进了蒙古贵族的老家，真是"威震中外"。不过，刚刚建立的明朝仍受到包括蒙古贵族残余武装力量在内的各种外部势力的潜在威胁，这个新生政权要想得到巩固，这个新兴国家要想长治久安，依旧任重道远。

第九章 新的对手

北元政权在具有决定性意义的捕鱼儿海之战后发生了巨变，北元君主脱古思帖木儿在逃亡中被旁系诸王也速迭儿所弑。不久，也速迭儿自立为君，再次证明"有枪就是草头王"这一个道理，但由于他并非元世祖忽必烈的后裔，不具有号令四方的正统性，所以不能算元帝，最多只是一个蒙古地区的大汗（大汗，又译"可汗"，古代北亚游牧民族对最高统治者的尊称），他依靠篡位上台，故不能令所有的蒙古封建主心服口服，因而很多部落处于独立状态。那时，蒙古地区的经济几乎倒退了二百年，不但人口锐减，畜牧业也空前地衰落了。蒙古诸部难以在漠南地区进行正常的游牧活动，导致抢掠之风盛行。很多"口无充腹之飧，体无御寒之服"的游牧战士不但企图从明朝境内掠夺物资，而且还把掠夺的对象转移到了自己人的身上，因而在乱世中，自相残杀的事特别多。正是"老者不得终其年，少者不得安其居"。

明军铁骑虽然在捕鱼儿海之战中赢了个满堂红，但并不意味着明朝已经彻底征服了蒙古草原。朱元璋对这个问题的认识比较清醒，他在洪武末年评论对手时说道"胡马虽多，彼无步军"，并估计出没于草原的各路蒙古骑兵仍有十万之众，而且

来去自由，时东时西，难以捉摸，而"明朝虽然亦有战马十万"，但从东到西排列于各个据点里，各守信地，在长达六千里的战线上，即使是重点进驻的地方也不过一二万骑，完全处于分散防御的状态，一有急事，难以迅速集合。其中，京师、河南、山东三地的战马虽有不少，但距离前线比较远，在边防部队与敌人发生战事时不可能立即赶到增援，就拿北平附近长城隘口的驻军来说，其战马总数不过两万，用以应付突发事件，假如碰到十万蒙古骑兵一齐来攻，"虽自古名将，亦难以野战"。为了防患于未然，朱元璋在1397年（洪武三十年）发出指示，要求前线各驻点的明军不管有多少马匹，都要经常聚会，而且要加强与步兵的协同作战能力，这是因为"我马虽少，步军甚多"，骑兵在步兵的支援下可以和优势的敌人作战。不过，他又承认"虽有步军，但可夹马待战。若欲追北擒寇，不能矣"，意思是步兵的机动能力弱，没有办法追击飘忽不定的蒙古骑兵。那么，应该如何对付敌人呢？朱元璋制定的作战原则是禁止缺少战马的边防部队轻率地与来犯之敌进行野战，要求他们尽量待在城池堡垒等据点之内，如果真要出战的话，也应先把骑兵队伍拉到深山

幽谷等偏僻险要之处与步兵一起设伏，在隐蔽行踪的同时耐心等待，等到敌军四处骚扰乡村，或者以万人为一队，或者以千人为一群分散掳掠时，才是反击的最佳时机。反击时，明军步骑兵应当拦截敌人往来之要道，以此可达到擒贼之目的。而骑兵在万不得已的情况下需要单独行动时，只可离城二三十里，不能跑得太远，因为"防胡之法，全仰步军"，必须常在城垒附近活动。倘若突然爆发战事，便退入预设的工事之中固守，"保全军士，以待援至"，才能确保无虞。

从朱元璋的一系列谈话中可以看出他居安思危的忧患意识，虽然现在四分五裂的蒙古诸部在洪武末年没有一次动员十万人马入寇的记录，但是谁也不能保证这样的事在未来不会发生，历史证明，到了明代中后期敌对双方的力量发生变化之时，蒙古贵族一次出动十万骑兵入侵塞内的事就频频出现在史书上，而那时候的明军基本上也是按照朱元璋制定的作战原则与敌人周旋的。可见，伟大的政治家总是具有一些预见未来的能力。朱元璋对蒙古地区的残余势力始终放心不下，他晚年采取种种措施，常常调集精兵主动出击，力图阻止蒙古地区的统一，使各种残元武装力量永远不能团结一致与明朝为敌。

蒙古草原上的各种残元势力屡受打击，在大多数的武装集团中，步兵一日比一日少，到最后逐渐演变为纯粹的游牧骑兵队伍，就像朱元璋所指出的那样，"胡马虽多，彼无步军"。当初，元朝统治阶级被迫撤离中原时，跟随他们到塞外的还

有为数不少的汉族步骑将士，但由于战局日趋不利，再加上水土不服的缘故，有越来越多的汉族军人选择了投降，而那些留下来的人也在漫长的岁月里逐渐被草原上的游牧民同化，成了游牧战士。

各种残元武装力量既已逐渐演化为清一色的游牧骑兵，自然产生了新的战略与战术。他们为形势所迫，不再奢求恢复中原、重建元朝，故此入关作战时极少集中力量进攻城池与争夺土地，而是专门分散抢劫财物，有时还会掳掠人口。因为塞外单一的游牧经济缺乏茶、粮与铁器、布帛等农产品及附属工艺品，所以对关内的农耕经济有很强的依赖性，当彼此不能用和平的方式进行经济交流时，便采用战争手段了，就像一句名言所说的："掠夺是游牧民族的一种生产方式。"

游牧骑兵的行动特别强调时间与速度，他们力争在最短的时间内快速完成任务，这种闪电般的打法肯定会给以步兵为主的明军造成困扰，为此，最大限度地提升骑兵的战斗力仍旧是明朝军方继续努力的方向，毕竟，骑兵是对付骑兵的最好兵种。毋庸讳言，开国时期的明军骑兵尽管多次赢得辉煌的胜利，但军中的大多数人来自农村，他们与那些自幼生长于鞍马间，"人自习战，自春徂冬，旦旦逐猎，乃其生涯"的游牧骑兵相比仍然有某些先天上的不足。为了对此进行弥补，明军收编蒙古骑手是顺理成章的事，大量滞留于明朝控制区之内的蒙古人成了首要目标，《蒙古源流》声称，"方大乱时，各处转战的蒙古人有四十万，逃脱的唯有六万，

其三十四万俱陷于敌",这个不一定准确的数据对当时的情况可起到管中窥豹的作用。朱元璋一贯的政策是,"如蒙古、色目,虽非华夏族类,然同生天地之间,有能知礼义、愿为臣民者,与中夏之人抚养无异",并从中选择一些人授予官职,还把在历年战争中招降与俘虏的大批普通的蒙古人编入明军队伍之中,可是朱元璋对这些降人不太放心,他曾对镇守边疆的晋王说过,"队伍内朝人,用心提防",应采取必要的措施防止其"生事挠扰"。为了稳妥起见,朝廷有时将归顺的蒙古头目与其部属分开,削去事权,例如盘踞辽东的纳哈出所部二十万人归附时,明朝便将纳哈出这个首领安置于京师,而纳哈出手下的将领则被分散安置于云南、两广、福建各都司,至于那些普通士卒及其家属,就"各照原地方居住,顺水草以便放牧,择膏腴之地以便屯种"。可见,明朝除了直接收编蒙古人到军队里面,还会将一些投降的蒙古武装力量安排在原先居住的地方,甚至为此成立了专门的"羁縻卫所"。羁縻卫所是明朝为了笼络控制边疆的少数民族而设置的一种军政合一的地方行政机构,这类卫所里面的蒙古军人对明朝应尽的军事义务有很多,简单而言,一是作为明朝藩篱,在一定程度上保障明朝边境的和平与稳定,再者就是战争爆发时还有从征的义务,比如朱元璋晚年设置的全宁卫与朵颜、泰宁、福余三卫,就属于羁縻卫所,这些归附之人仍旧在长城之外过着"没有城郭,不住屋居,行则以车为室,停顿下来时以毡为庐"的传统游牧生活。但是,

这些羁縻卫所处于"山高皇帝远"的状态,它们常常叛变。

明军收编蒙古人对大漠南北的经略无疑是有帮助的,1388年(洪武二十一年,天元十年),蓝玉在荒漠中就是依靠蒙古军官观童找到水源才成功到达捕鱼儿海,赢得不世之功。蒙古羁縻卫所亦对明朝的军事局势产生过重要的影响,例如朵颜三卫在朱元璋死后介入了明朝爆发的"靖难"内战,并名扬天下。

七十一岁的朱元璋死于1398年(洪武三十一年),由二十三岁的嫡孙朱允炆继承大位,史称"建文帝"。建文帝登基不久就在兵部尚书齐泰、翰林学士黄子澄与侍讲学士方孝孺等文人的支持下决定"削藩",目的是要把朱元璋分封在全国各军事要地藩王的兵权削去,以防产生尾大不掉的后果。朝廷行动非常迅速,一年之内先后将周王朱橚、齐王朱榑、代王朱桂、岷王朱楩废为庶人。湘王朱柏畏罪自杀。坐镇北平守御边防的燕王朱棣不想束手待毙,他在一批职业军人的支持下捕杀了忠于朝廷的官吏,于1399年(建文元年)八月正式控制了北平,并告谕天下,宣布"清君侧",要铲除朝中奸臣齐泰、黄子澄。他将这次起兵命名为"靖难"。历时三年多的"靖难"战争就这样爆发了。

非常重视骑兵的朱棣利用一切条件在塞内外招兵买马,并多方招抚那些剽悍的蒙古骑兵为自己出力,而军队之中比较有代表性的人物是蒙古人火里火真,此人在洪武年间归附,曾任职燕山中护卫千户,他在战争爆发之初就效忠于朱棣,后来成

了军队中的骨干。根据《明史》的记载，火里火真擅长指挥重装骑兵突阵，他"每战辄有斩获，呼噪归营时，众人皆服其勇"，例如在1399年（建文元年）八月的真定之战中，他与宿将耿炳文率领的朝廷军队作战时，首先飞驰突入敌阵，给了对手一个下马威，为最终的胜利铺平了道路。朱棣格外器重敢于冲锋陷阵的火里火真，有一次大军宿于野外，当时天气很冷，火里火真与数名手下不拘礼节地跑到朱棣面前的火堆取暖，朱棣马上吩咐身边的侍卫："这些全是壮士，不要阻止。"鉴于蒙古人在战争中的出色表现，朱棣决定扩大蒙古降军的编制，这个目的在随后发生的大宁之战中达到了。大宁处于华夷交界之处，人口成分复杂，当地的驻军拥有相当多降明的蒙古士卒，《建文朝野汇编》记载"大宁管辖朵颜等三卫，其中多数是犷悍、不安分守己的胡人"，而坐镇这里的是朱元璋的第十七子宁王朱权。朱棣于同年十月亲自率领主力杀出关外，对尚忠于朝廷的朱权发起奇袭，他走小路绕过敌人重兵防守的松亭关，出其不意地夺取了兵力空虚的大宁，俘虏了朱权，然后迫使松亭关的驻军不战而降。史称朱棣"既得朵颜诸卫，兵益盛"，在后世的一些史书里流传着朵颜三卫在"靖难"战争中的很多传言，其中著名的一种说法是三卫军人"从战有功"，朱棣赢得战争之后论功行赏时"以大宁故地赐三卫"，为此不惜把大宁都司从塞外徙到塞内的保定。这个说法真假参半，朱棣迁移大宁都司是真实的，原因之一是他为了削弱宁王朱权的势力而不得不

这样做（后来，他又将晋王朱济熺辖下的东胜诸卫从漠南内徙，理由也差不多）。至于把大宁故地赏给三卫的说法自然是以讹传讹的结果，因为在"靖难"战争结束后相当长的一段时间里，三卫的根据地仍然远在辽东潢水（今西拉木伦河）以北至黑龙江以南，最有力的证据是朱棣上台后曾讨伐过那个地方，因为那时候双方已经闹翻了脸。

由于开国宿将大多数已经死去，故朱棣起兵之后进展顺利，取得了几次大战的胜利，于1402年（建文四年）出奇兵南下，长途奔袭南京，一举克城。正史宣称战败的建文帝在宫中自焚而死。不管真相究竟怎样，有一点可以肯定的是，这位昙花一

◎ 朱棣之像

现的君主从此人间蒸发，失去了一切踪迹。赢得了内战的朱棣取而代之做了皇帝，并改年号为"永乐"。他上台后表面上维护分封诸王的旧制度，实际上不断削弱诸王的军事实力，逐渐改变藩王拥兵夹辅帝室的体制。

明朝结束内战之后，不久又在南方征伐安南，一时无暇顾及蒙古地区。在此之前，大量撤入蒙古的残元势力与那些在漠南游牧的蒙古人为了躲避明军的打击而不断向北迁徙，从而压挤了漠北牧民的生存空间，分享了有限的资源。漠北牧民的不满情绪越来越大，蒙古内部酝酿着同室操戈的潜在因素，经过长期压抑之后必然大爆发，并最终形成两大互相对立的势力——"鞑靼"与"瓦剌"。"鞑靼"这个词早在南北朝时就已出现，此后便常常被古人用来泛称北方的一些游牧民族，根据《明史·鞑靼传》等汉文史籍的传统说法，因为北元灭亡过后，当时的蒙古统治者不愿再使用元朝国号，故改称"鞑靼"。可是，人们在流传至今的原始文献资料之中，从未发现蒙古统治阶层在官方文书中自称"鞑靼"，而是继续标榜"蒙古"称号，这是怎么回事呢？真相可能是中原文化对蒙古贵族的影响已经越来越微弱，因而他们在外交文书中极少提到"大元"的国号，甚至不再使用汉字，而是改用蒙古文字，故此，明人在翻译时有意识地将"蒙古"译为"鞑靼"，以此暗示继承蒙古政权的元朝已亡，这样一来，昔日那些元朝的遗民在明朝君臣的眼中就成了处于化外之地的鞑靼人。据说鞑靼人口有六万户以

上，长期活动在斡难河（鄂嫩河）、胪朐河（克鲁伦河）一带，每年的春夏之交，这里水草茂盛，是游牧的好地方，它代表着蒙古正统势力。"瓦剌"由成吉思汗时代的"斡亦剌"这个古老的部落汇合一些森林民众发展而成，这个部落在十三世纪以前原本生活在叶尼塞河上游一带的广大森林地区，如今人口据说有四万户以上。元朝灭亡前后，瓦剌贵族率部南下发展，也与部分北迁的元朝残兵败将会师，从此走到了蒙古权力斗争的前沿。

"鞑靼"与"瓦剌"的军力都比较强大，然而，在这两个武装集团之中掌握实权的却是一些权臣，并非他们各自拥立的大汗，因为大汗的威信在战乱中降到了极点，自捕鱼儿海之战结束后的二十余年间，蒙古大汗的宝座上如走马灯般换人，上台的既有元裔，也有非元裔。《明史·鞑靼传》记载："自从脱古思帖木儿死后，蒙古诸部陷入混乱之中，先后有五位皇帝被权臣弑杀，其中有的人甚至连帝号也没有流传下来。"大汗们逐渐成为受到权臣控制的傀儡，有的权臣甚至篡位而自立。实际上，明朝君臣在这一段时间里连一些大汗的具体姓名都搞不清楚，当他们对一些情况有所了解的时候，正是鞑靼大汗鬼力赤在位期间。可是，鬼力赤在位不久即被废黜，鞑靼诸部改立了一位名叫本雅失里的新大汗。这位新任的大汗在上台之前，曾远游中亚的帖木儿汗国，后来取道东察合台汗国（别失八里）回归蒙古，因他是元世祖忽必烈的后裔，故得到阿鲁台等权臣的支

持而登基，但鞑靼的实权掌握在阿鲁台的手中。据《蒙古源流》的记载，阿鲁台为"阿速人"。阿速原来是西域色目人之一种，现在已经被蒙古人所同化。元朝未亡时，由阿速人组成的阿速卫是元廷的侍卫亲军之一，其战斗力在正规军中名列前茅，元亡之后，阿速卫跟从北元小朝廷撤到了塞外，阿鲁台也是其中的一分子。阿鲁台的顶头上司是大名鼎鼎的哈剌章，他跟随哈剌章参加过捕鱼儿海之战，在战败时突围而逃，不过，他的两个同胞兄妹却在捕鱼儿海附近成了明军的俘虏。他后来收集散兵溃勇，在哈剌章旧部的基础上发展起来了一支新部队，活动在东蒙古地区，前后操纵蒙古政局长达三十年。

据此可知，以阿鲁台为首的鞑靼军队，其核心力量是故元中央禁卫部队残部，而其中的阿速卫军更是重中之重。

有能力与鞑靼一争雄长的是瓦剌，这个武装集团从札布汗河、科布多河、额尔齐斯河、叶尼塞河上游的地盘不断东进，占领了肯特山之西以和林为中心的那一带地区，当中包括成吉思汗的第三、第四斡耳朵在内。瓦剌兴起不久，便向明朝称臣，明朝分别封其三位首脑马哈木、太平、把秃孛罗为顺宁王、贤义王、安乐王。

另外，一些表面臣属于明朝的蒙古羁縻卫所叛服无常，在明朝、鞑靼与瓦剌之间摇摆不定。最明显的例子是活动在东北地区的朵颜三卫。

朱棣登基后的所作所为与他的父亲朱元璋一样，都是想方设法地阻止蒙古地区的统一，让各个部落互相牵制，因而积极

介入到鞑靼与瓦剌的斗争中，经常是扶此抑彼，使塞外的形势益加复杂。

明朝在此期间进入了全盛时期，疆界从东面的库页岛到西面的西藏，长约一万一千七百五十里；从北面的蒙古草原到南面的安南，长约一万零九百四十里，其中居住着汉、蒙、藏、女真、朝鲜、畏兀儿、哈萨克、苗、黎等多个民族。东面的边疆地区与西面的西藏在大部分时间里均处于和平状态，南面的安南已一度屈服于明军的武力之下，重归版图，只有北面的蒙古地区大部分仍属化外之地。

朱棣始终没有消除过对蒙古的戒心，他刻意在辽东与西域进行长期的经营，分别设置了奴儿干都司与哈密卫等军事机构，从东西两翼对蒙古地区形成了钳制之势。

永乐年间，明朝积极在黑龙江下游设立地方政权机关，这一地方原属元朝东征元帅府管辖，生活着蒙古、女真、苦兀、朝鲜、吉里迷等少数民族，其中一些民族从明初开始相率来归，表示愿意臣属明朝。到了朱棣在位时，他继续秉承其父的政策，从1403年（永乐元年）起，积极派人到黑龙江招抚各个部落，一两年之后，招抚工作卓有成效，该地区很多部落的首领陆续入京朝贡。明朝按照各个部落的活动范围分设一些卫、所，以其酋长管治，其中比较著名的卫所有：在建州地方设立的建州卫，管辖建州女真的一些部落；在海西地区设立的兀者卫，管辖海西女真部分部落；在黑龙江特林地区（今俄罗斯蒂尔地区）设立的奴儿干卫，管辖着野人女真一些部落；在斡难河（今鄂嫩河）设立的斡难河

卫以及在海剌儿河（今海拉尔河）设立的海剌儿千户所，管辖着生活在那里的鞑靼部落。到1408年（永乐六年），明朝经过五六年的努力，已经在松花江、黑龙江、乌苏里江流域等少数民族生活的广阔地区设置了一百三十多个卫所。这些卫所基本上都是任命原少数民族部落的酋长担任明朝官职，来统治其旧部，他们的职责与内地土官差不多，具体有为明朝守卫边疆、定期朝贡、战时服从征调等等。在这些卫所的基础上设置更高一级的统治机构的时机已经成熟。1409年（永乐七年），明政府在来朝的奴儿干地方酋长忽剌冬奴等人的建议之下，决定在奴儿干这个元朝征东元帅府的旧地（今俄罗斯尼古拉耶夫斯克特林）设立奴儿干都指挥使司（简称"奴儿干都司"），这个新机构直属中央政府的兵部职方清吏司，管辖范围从东面濒临大海的库页岛到西面的斡难河，从北面的外兴安岭到南面的图们江，并与辽东都司接壤。后随着明朝国力的日益强盛，它管辖的卫所数目最多时竟超过了四百多个。

奴儿干都司的设置有效地限制了鞑靼人在东北地区的发展。

在大西北，明朝也积极经略西域。狭义上的西域大致相当于今天的新疆，当时那里居住着蒙古族、回族、哈萨克族等，存在着很多个大小不一、互不隶属的封建政权，大多数封建主都是成吉思汗儿子察合台的后裔。明朝从洪武年间开始就陆续与哈密（又名哈梅里）、别里八失、吐鲁番、柳城（今新疆鲁克沁）等政权确立宗藩关系，特别是位于嘉峪关以东一千六百里的哈密，

因为处于西域要道，所以朱元璋历来重视对此地的经营。而朱棣在位时与哈密的关系更为密切，他于1404年（永乐二年）封其首领安克帖木儿为忠顺王，并于两年后设立哈密卫，委派汉人庶僚周安为忠顺王的"长史"，刘行为"纪善"，以"辅导"忠顺王政务。哈密以南居住着蒙古、畏兀儿与藏人，明朝在这些地方设立了赤斤蒙古卫、罕东卫、罕东左卫，以及安定、曲先、阿瑞等卫，分别由其部落首领管治。

明朝从东北与西北两个方向对蒙古地区进行战略包围，接下来，朱棣要做的事就是要考虑如何控制蒙古草原，完成朱元璋未竟的事业了。

就在奴儿干都司设置的前一年，明朝得到了鞑靼迎立本雅失里为汗的消息。为了对鞑靼进行招抚，朱棣在1409年（永乐七年）派遣使者金卜歹与郭骥往见本雅失里。可是，本雅失里无意通好，杀死了明朝使臣。这种行为让明朝找到了重新启动战争的借口。

朱棣迅速做出反应，于同年七月派出"十万骑"讨伐本雅失里。这十万骑兵有相当一部分出自镇守边防的部队，朱元璋死前曾透露过明朝在边塞长达六千里的战线上"有马十万"，这支庞大的队伍虽然在三年多的"靖难"之战中损耗很大，但内战结束后，北方的边塞地区获得了六七年休养生息的时间，因而骑兵的实力完全能够恢复到洪武末年时的水平，甚至有过之而无不及。现在，朱棣自恃有足够的力量发起进攻，意图集中兵力进行犁庭扫穴式的打击来摧毁鞑靼根据地。

明军的作战序列如下：

淇国公丘福为征虏大将军，充总兵官

武城侯王聪为左副将，同安侯火里火真为右副将

靖安侯王忠为左参将，安平侯李远为右参将

丘福是跟随朱棣一起"靖难"的老将，他为人的特点是"朴戆鸷勇""敢战深入"——"靖难"之师初起时，他参与了夺取北平九门的行动；攻打真定时，他身先士卒"突入子城"；白沟河之战时，他"以劲卒捣敌中坚"；而在夹河、沧州、灵璧诸战中，他皆为军队前锋。由此可知，这员久经沙场的老将最擅于率领重装骑兵打头阵。

事实上，重装骑兵这一兵种不但在明朝开国战争中发挥了重要的作用，在"靖难"战争中同样光芒四射，朱棣与手下最得力的将领张玉、朱能、丘福等人都善于指挥重装骑兵。史称丘福勇猛有余、谋略不足，其"谋画智计不如玉（张玉）"，只不过张玉死得早，而朱能也在稍后病逝，到了征伐鞑靼时，只好由丘福挑起大任了。

鞑靼的领导者自然是大汗本雅失里与权臣阿鲁台了，根据蒙古史专家曹永年先生的考证，他们能够动员应战的军民大约为二、三十万。虽然鞑靼人的数量不少，但与全盛时期的蒙古军队相比，仍旧大为逊色。就以重装骑兵为例，在十三世纪的蒙古军队中，重装骑兵占了骑兵总数的十分之三左右，可是时间过了两百年，现在已经非常衰弱的鞑靼重装骑兵在骑兵总数中的比例远远不及十分之三，原因是他们

本地有限的冶铁业越来越难以满足一支规模宏大的重装骑兵队伍所需要的铁甲以及其他的铁制兵器，而这时候对外贸易的通道已被明朝与瓦剌切断。明朝严禁铁制品输入蒙古地区，并组织了一条封锁线，这条封锁线从东北的奴儿干都司一直到西域的哈密，袤延万里。瓦剌亦已控制了肯特山以西地区，基本切断了鞑靼与东察合台汗国、帖木儿汗国等西域大国之间的联系。

自从捕鱼儿海之战后，明朝的重装骑兵已经奠定了在东亚地区的霸主地位，现在更是如日中天。相反，穷困潦倒的鞑靼人正处于历史上最黑暗的时期。从表面上看，敌对双方的差距进一步拉大了，力量对比更加悬殊，胜利的天平似乎不容置疑地倒向明军这一边。而实际上，世界上永远不可能会有常胜的军队，鞑靼人只要能找到一条适合自身特点的建军路子，完全有机会以弱胜强。

鞑靼虽然没办法维持一支昂贵的重装骑兵，但却另辟蹊径，大力发展廉价的轻装骑兵。尽管轻装骑兵配备了钩枪、刀等兵器，但其最常使用的还是自造的弓箭，弓箭的制作材料大多数源自草原，所以能够自给自足。其弓为复合弓，以多种材料叠合而成，常见的制作方法是先以桑、榆等树木为干，再配以黄羊、野牛之角，然后以鹿皮为胶，加以黏合；弓弦以皮条制成；其箭用柳木做杆，以铁为镞，因而比较粗大、耐用。史载元朝的阿速卫军号称"精悍，善于骑射"，擅长轻装骑兵的打法，而鞑靼军队的核心力量是由出身于阿速卫的阿鲁台在故元中央禁卫部队残部的基础

上发展壮大起来的，他重视轻装骑兵既是继承了传统，也是现实的需要。因为这支军队中的游牧战士普遍缺乏攻坚能力，所以很少进行旷日持久的攻城，他们特别倚重机动灵活的战略战术，经常在野外四处游荡进行掠夺，以便打破敌人的经济封锁，而轻装骑兵无疑比重装骑兵更能适应这样的打法。

综上所述，在鞑靼军队中，重装骑兵已经处于次要地位，其作战风格也和昔日的北元军队有了很大的不同。如果准备出征蒙古的明军面对这个全新的对手却仍然因循守旧没有及时调整自己的打法，那么前途就会变得凶吉难卜起来。

朱棣对时隔多年之后再次北征的军事行动放心不下，他虽然重用丘福，又担心其轻敌，故在出师之前对其秘密授以方略，告诫道："兵事须慎重。你到达开平以北，即使不见敌寇的影踪，也应该像时时面对敌人一样，相机进止，不可固执己见。如果一战未捷，就等下一仗。"大军出发后，朱棣又派人连赐数敕，提醒丘福等人，如果"军中有人扬言敌人容易战胜，请不要相信"。

朱棣虽然反复叮嘱，可是改变不了丘福一军失败的命运。

丘福出塞之后，在开平附近看不到敌迹，他轻率地离开主力，自己带着千余骑深入到胪朐河以南进行搜索。这种打法明军过去在捕鱼儿海使用过，当时最先到达战场参战的五千人全部是骑兵，为那一次决战的胜利奠定了坚实的基础。可是，丘福似乎忘记了这次面对的对手不是无能的

脱古思帖木儿，而是久经沙场的阿鲁台。阿鲁台沿用了蒙古军队传统的诱敌战术，打算出动轻装骑兵先将对手引到预设的战场，再一举歼灭。过去，王保保在和林保卫战就这样做过，并成功将来犯之敌引进设下的"口袋"里。此时此刻，丘福不知道自己正在走上一条不归路，当他在胪朐河以南如愿以偿地碰到了鞑靼的部分游骑并轻松获胜后，更加信心十足了。接着，将士们在乘胜渡河时捉获一员官衔为尚书的俘虏，经审问得知鞑靼君臣在明军出塞之后一路北撤，正巧距离此地约三十里。丘福大喜，当场命令手下疾驰前往以免放走敌人，留下后患，诸将纷纷反对，请求等候主力到达，侦察敌人虚实之后再前进，但丘福不听，他一意孤行地决定以俘虏为向导，直捣敌营。然而，明军在随后的进军途中连续战斗了两日，始终消灭不了敌人的有生力量。在每一次战斗里，鞑靼军队都是稍一接触就"佯败"退去，丘福误认为对手不堪一击，"锐意乘之"，继续跟踪追击，与主力的距离也渐渐地越来越远了。右参将李远眼见危机四伏，谏阻道："将军轻信俘虏的话，孤军深入，敌人不断示弱诱我，再前进必然陷于不利的境地，可是现在退兵已经迟了，恐怕会让敌人有隙可乘。上策是停在原地结营自固，白昼则扬旗伐鼓，出奇兵与之挑战，夜晚则燃炬鸣炮，虚张声势，使敌人难测我军之虚实。等到主力到来，再全力进攻，必可取胜。即便不能取胜，亦可以全师而还。"最后，李远提醒丘福："当初皇上是怎么说的，难道将军全忘记了吗？"左副将王聪也支

◎ 丘福北征示意图

持李远的意见，竭力反对再向前挺进，但头脑发热的丘福全听不进，他以主将的身份厉声说道："违命者斩！"言毕一马当先向前奔驰，诸将不得已，只能被迫随行。一些人心知此去难返，上马后情不自禁地哭泣不止。顷刻间敌军果然汹涌而至，将明军重重包围。李远、王聪率五百重装骑兵突阵，但因力量过于悬殊而未能为全军杀出一条生路。不久，王聪战死，丘福、火里火真、王忠与李远皆被捉而遇害，"一军皆没"。最后，鞑靼军队攻击了群龙无首的明军主力，大获全胜。

血淋淋的事实证明，明军的重装骑兵很难对付鞑靼的轻装骑兵，他们的马匹驮载着沉重的装备，普遍跑得比对方慢，因此，他们的长矛与刀剑总是劈空。他们肢体上披挂着的大块铠甲也对射箭的速度造

成限制，在对射时很容易成为对方的箭靶。众所周知，鞑靼轻装骑兵常用的一种战术是大踏步进退，不论在任何情况之下都与敌人保持一段距离，尽量使用弓箭在有效的射程之内杀伤对手，他们是击败明军的主力。

在胪朐河以北取得了空前大捷的鞑靼随即南下扩张势力，收服了朵颜三卫。如果本雅失里与阿鲁台等人再取得两三次这样的胜利，将会严重威胁到明朝在北方的统治。

朱棣密切注视着形势的发展，他收到从前线传回的败讯后震怒不已，"以诸将无足任者"，决计亲征，但在此之前，为了防止鞑靼的反攻，他下令山西、开平、辽东等地戒严。一场更大规模的决战正在酝酿中。第二年二月初十，朱棣亲率军队从北京（朱棣登基后以北平为北京）出发，亲征蒙古。尽管明军的骑兵刚刚受到严重的挫折，但朱棣还是想方设法重新召集起一支兵强马壮的队伍，并准备在步兵的配合下一雪前耻。这一仗，不遗余力的明军再也输不起了，这支对外号称"五十万"的军队，作战序列如下：

中军主将是清远侯王友，副手是安远伯柳升

左哨主将是宁远侯何福

右哨主将是武安侯郑亨

左掖主将是宁阳侯陈懋，副手有都督曹得、都指挥胡原

右掖主将是广恩伯刘才，副手有都督马荣、都指挥朱荣

朱棣吸取了丘福失败的教训，在出征

之前对军队的各个兵种以及相关武器装备进行了整编，以便能更好地抗衡鞑靼的轻装骑兵。众所周知，轻装骑兵是对付轻装骑兵的最好兵种。尽管明军骑兵有不少人擅长使用弓箭等兵器远距离打击敌人，可是在这个骨节眼上，一支主要由农夫组成的军队绝不可能在短时间之内培养出数量众多的善于骑射的将士，也建不成一支比鞑靼人更加强大的轻装骑兵，由此可知，明军仅仅依靠原有的骑兵队伍必将很难克敌制胜，还必须有步兵的大力协助，毕竟，对步兵进行适应新敌情的临战练兵比较简单，也容易取得立竿见影的效果。因而明军步兵又一次被推上了风口浪尖，将不得不身处第一线肩负起挑战鞑靼轻装骑兵的历史使命。在此之前，明朝虽然刚刚经历过"靖难"战争那样惨烈的战事，但步兵的武器装备与过去相比却没有多大变化，因为在"靖难"战争中敌对的双方在进攻时都非常依赖重装骑兵冲锋陷阵，所以在防御时必须主要依靠步兵的长枪与刀牌排列成行，形成坚固阵线，这种情况一直持续到战争结束。后来的事实证明，尽管步兵的长枪与刀牌在与重装骑兵近战时能够取得一定的优势，但与出没无常、捉摸不定的轻装骑兵对阵时却同样避免不了成为箭靶的命运。相反，如果给步兵队伍配备更多的弓箭等远程武器，则会产生截然不同的效果，因为他们不用像骑兵那样分心驾驭马匹，能够站在地上竭尽全力地拉扯强弓劲弩，射出的箭必定比马上挽弓的轻装骑兵射得更远，速度也更快。明军步兵的弓弩到底能射多远？根据《明史·兵

志》记载，明军普通士兵在训练时，用弓射出的箭要达到一百二十步（一步相当于五尺）以上，才算达标，他们使用的各式弩又有所不同，比如蹶张弩射出的箭要达到八十步以上，而划车弩射出的箭要达到一百五十步以上。至于鞑靼骑兵常用弓箭的射程，明代中期的《北虏风俗》与《练兵实纪》等书给出的答案都是：五十步。据此可以推断，当大型的步兵阵营射出铺天盖地的箭雨时，破阵能力稍逊的鞑靼轻装骑兵将很难占到便宜。此外，当明军骑兵万一打不过对手时，为了避免溃散，可以躲藏于步兵的阵营之中，甚至在必要时还可以下马布阵，充当步兵的角色与对手抗衡。通过分析元明战争史的大量战例，可以清楚地知道在步兵与骑兵之间，一些不同的兵种能够互相克制，并由此至少总结得出四个作战规律：第一个规律是，手拿弓弩等远程武器的步兵有能力克制轻装骑兵；第二个规律是，轻装骑兵有能力克制重装骑兵；第三个规律是，重装骑兵可以凭着坚固铠甲的掩护，驾驭着战马一面闪避着利箭一边迅速地左右穿插，专门寻找对手防御力量薄弱的地方强行突阵，具有克制步兵弓弩手的能力；最后一个规律是，重装骑兵的天敌不仅仅限于轻装骑兵，那些一齐竖起盾牌，让手中的刀枪像猬毛般向前伸出的步兵躲在木栅、壕沟与拒马等障碍物的后面排成紧密相连的阵线，也可以使之无隙可乘、不能越雷池一步。综上所述，真是一物克一物！尽管凡事必有例外，有时在战争中难免会出现重装骑兵战胜轻装骑兵之类的事例，但上述四个作

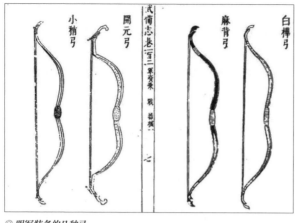

◎ 明军装备的几种弓

◎ 明军使用的几种箭

◎ 步射图

◎ 蹶张弩

战规律仍然具有一定的代表性。由此可知，战斗的胜负与统帅能否正确使用各类兵种与各样兵器有关，上一次战斗的胜利者由于故步自封就可能会成为下一次战斗的失败者。作为那一个时代最杰出的统帅，朱棣即使总结不出战争的规律，也不可能对各兵种之间互相克制的事实一无所知，否则很难解释他为什么会因时导势地组建拥有大量新式远程兵器的新兵种——神机营。

神机营配备的远程兵器并非弓弩，而主要是神机铳炮等管形火器，因为管形火器与弓弩相比，至少拥有下面两个优势：第一，士兵们只要经过简单的培训即可顺利操纵火器，所需的时间比练习射箭短得多；第二，操纵火器时不用花费多少力气就可以长时间连续射击，而挽弓射弩则需要很强的体力（比如臂力、腰力与足力），时间一长难免气喘如牛。故此，管形火器

◎ 开弩图   ◎ 轮流射弩图

特别适合普通人使用，也可使部队在补充入大批良莠不分的人员之后仍能维持一定的战斗力。

明军使用管形火器的历史源远流长，朱元璋在起兵之初就已经对此非常重视，他在南方与张士诚争霸时最早于1359年（至正十九年）二月的绍兴之战中使用过火统，而在具有历史意义的鄱阳湖大决战以及后来的平定四川与云南时，各种各样的管形火器均有令人难忘的表现。元末明初，著名的铳炮类火器有铜制碗口铳、盏口铳、铁炮等等。不过，明军在北伐中原时很少动用铳炮等火器，主要原因是当时的火器制造技术还比较落后，比如管形火器在点燃火药发射弹丸时会泄气，从而对射程造成不利的影响，其射程暂时比不上

弓弩，威力也有限。按照明朝于1380年（洪武十三年）的规定，每一个一百多人的"百户"，要有十人使用火铳、三十人使用弓箭，由此可知那时的管形火器仅仅占了"百户"武器装备总数的十分之一，这个比例随着时间的推移与技术的进步而日益增大。等到朱棣在位时，一些管形火器开始在实战中使用"木马"。木马由硬木制成，它的大小与管形火器的口径差不多，可以塞入管形火器之内，放置在火药与弹丸之间，起到压实火药的作用，故能有效防止泄气，增加射程。在使用木马的火器之中，最出名的是神枪，此物据说从安南引入，它的枪管用铁制成，既可以发射弹丸，又可以发射箭，战士们在木马前面放入弹丸（或箭），再点燃火药，射程达到三百步之遥，

123

超过了军中装备的二意角弓、蹶张弩与划车弩等弓弩。也就是说，到了永乐年间，明朝的很多火器已经得到进一步的改良，并渐渐取代了弓弩的位置。

不过，管形火器虽然在射程上超过了弓弩，但射速与之相比则逊色不少，这是因为管形火器的发射程序有点烦琐，士兵打出一发弹丸之后，重新装配弹药要消耗太多的时间，仅凭一己之力很难迅速连续射击。幸运的是，这个难题早在洪武年间就已经得到了初步的解决。镇守云南的沐英在 1388 年（洪武二十一年）与当地叛乱的土著作战时，首次将火器部队分为三行，第一行射击完毕退到阵后重新装填弹药，同时，第二行前进到第一行的位置继续射击，其后，轮到第三行。以此类推便可成功达到连续射击的目的。永乐年间的明军又发明了一种连续射击的新战术，这种战术同样把军队分为三个行列，战斗时，第一行的士兵射击完毕，立即将火器向后传递给第二行，第二行的士兵需要前后兼顾，一方面负责把用过的火器传递给第三行，由第三行的士兵装上弹药，另一方面又负责从第三行士兵的手中接过装好弹药的火器，向前传递给第一行的士兵，让他们继续射击。因为新战术不需要士兵走马灯般地互相变换位置，所以开火的速度更加快，指挥官还可以挑选一些神射手专门站在第一行，从而打得更准。

由此看来，明军使用管形火器的新兵种已开始逐渐成熟起来了，如果在实战中能够按部就班地发挥正常的水平，击败鞑靼的轻装骑兵并非难事。

创建于 1410 年（永乐八年）之前的神机营，其配备的各类管形火器有手铳、盏口铳炮、碗口铳炮、独眼神铳、神枪与神机炮等等，除此之外，还装备了神机箭等燃烧性火器。这支部队由中军、左掖、右掖、左哨、右哨等军事单位组成，以步兵为主。神机营这五个军事单位全部参加了朱棣首次亲征，最值得注意的是，在"五十万"北征大军的军事序列之中，也分为中军、左右掖、左右哨等五个军营，它们的名字与神机营的五个军事单位相同，这意味着神机营步兵将与很多来自不同单位的步骑兵合并在一起作战，统一由王友、何福、郑亨、陈懋、刘才等五个军营的将领指挥。此外，神机营还有一支骑兵队伍，它拥有五千匹战马，组建成一个名叫"五千下"的属营，由骁将谭广领导，专门"掌操演火器"与"随驾护卫"，负起保卫皇帝的

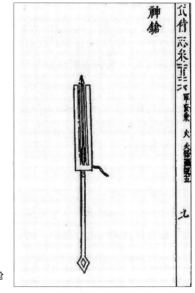

◎ 神枪

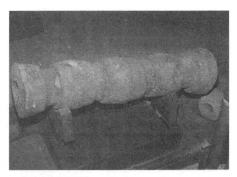
◎ 神机炮（摘自《中国火器史》）

责任，属于宿卫部队。

史载神机营的总人数在全盛时达到了七万五千多人，而队伍里面清一色的火器使它当之无愧地成了世界最早的火器兵种，这比欧洲十六世纪初由西班牙创建的火枪兵还要早一百年左右。顺便提一下，神机营后来常常与五军营、三千营一起并称为"京师三大营"，是明初正规军之中公认的精锐部队。其中，五军营分为中军、左右掖、左右哨五个军事单位，主要由京卫与从各省抽调的步骑兵组成，而三千营的成员则有点与众不同，包括《明史》在内的一些史料记载，三千营由归附明朝的"三千小达子（达子可泛指蒙古人）"组成，从字面上的意思来看，这似乎是一支由蒙古人组成的精锐骑兵，但实际上明军在战时更乐于采取蒙汉混编的方式执行任务。三大营全部参加了朱棣的首次北征，但那时还算是临时编组部队，后来才成为常设的军事单位。

拥有世界上最先进武器的北征大军于1410年（永乐八年）二月由北京启程，浩浩荡荡向塞外进军。三月九日，全军在鸣

銮成举行了大阅兵，排列的阵势东西绵亘数十里，"旗帜鲜明，戈戟森列，铁骑腾踔，钲鼓震动"，士气非常旺盛。将士们一路经居庸关、宣府，于二十五日到达兴和（今河北张北），休整十余天后继续前进。朱棣绝不打无准备之仗，他知道在蒙古腹地有时难以及时找到饮用水，因而下令明军每隔十日路程就建筑一个备有水源的城寨，当部队在进军途中缺水时，可以立即派人返回后面的城寨取水。这些城寨的名字很有特色，叫作"杀胡城""灭胡城"等等，里面除了水，还储存有粮食，并留下部分人马守卫。步步为营、稳扎稳打的明军终于在五月一日到达了鞑靼人长期活动的根据地克鲁伦河。先头部队在数日后捕获两名间谍，朱棣审问后对敌情的变化有了解。原来鞑靼上层领导者们都想避免与明军正面决战，可是在撤退方向的问题上，大汗本雅失里与权臣阿鲁台之间发生了分歧，本雅失里主张向西，而阿鲁台主张向东，由于军权控制在阿鲁台的手中，最后本雅失里只能率领属于自己的一部分人马向西奔逃，他一直跑到克鲁伦河以北的兀古儿扎河，正准备向斡难河方向逃去。斡难河的源头地区是元太祖成吉思汗正式即位的地方，在蒙古史上具有特殊的意义，《明史》在介绍此地时专门提到，"斡难河者，元太祖始兴地也"，现在这个神圣的地方面临着一场腥风血雨。朱棣深知"机不可失""时不我待"，他做出了非常迅速的反应，果断兵分两路，将主力留在克鲁伦河边新筑的城寨里监视东奔的阿鲁台所部，自己率领部分精锐骑兵携带着二十

◎ 朱棣首次亲征示意图

体名字，却记载了她的俘虏生涯持续了十五年。最后，她与母亲一起终于找到机会潜逃，然而始终无法在风雨飘摇的草原中立足，只好漂泊到风俗与蒙古迥异的中原，归附了明朝。当时在位的是朱棣的孙子明宣宗，他不念旧恶，宽大为怀，决定善待她们，"每月各给米五石"，这相当于戍边士兵四斗月粮的十多倍，可见明帝对蒙古大汗遗孀的关爱——虽然他们不是同一个民族，但都是贵族，同属统治阶级，这叫"惺惺相惜"。本雅失里的妻子及其母亲虽然不免寄人篱下，但是她们作为弱质女流，能够在有生之年结束流浪，找到一个能够安身立命的归宿，在乱世之中也算是识时务者，正所谓"此心安处是吾乡"。以上这些都是后话，暂且打住。

再回过头来说朱棣的首次北征，这位雄才大略的君主在斡难河源战胜本雅失里之后，返回与主力会合。他从谍报中得知一些溃散的鞑靼士卒流窜在开平以北，便令清远侯王友、广恩伯刘才带着部分兵力南返，以防后路有失，自己率领大队人马继续沿着克鲁伦河、阔滦河（今呼伦湖）东进，准备打更大的仗。步步深入的明军尽量隐蔽行踪，每天只在黎明及日暮之前才生火做饭，费尽心机地搜索阿鲁台所部。六月初八，将士们到达飞云壑，终于在兀儿古纳河（今额尔古纳河）一带找到了集结在前方山谷里的鞑靼主力。朱棣在数十名骑兵的簇拥下登上一座山冈，他指挥部队根据地形布置军阵，先形成左右相距数十里的宽阔正面，然后一齐向前推进，企图大范围捕捉敌人，打一个漂亮的歼灭战。

天粮草即刻动身追击本雅失里。因为本雅失里的力量有限，所以朱棣只需出动骑兵就可以了，暂时不用步兵介入。明军快马加鞭经兀古儿扎河一直赶到斡难河，最终在十三日追上了这股敌人。

自元明战争开始以来，两军的最高领袖将要首次面对面地决一雌雄。然而，人多势众的明军追兵没有全部投入作战，朱棣仅仅出动前锋部队就在最短的时间内击败了"率众拒战"的本雅失里，俘虏了一批人畜与辎重。这场早早结束的战斗只不过是序幕，好戏还在后头。

不堪一击的本雅失里以七骑突围而出，不久在流亡途中被瓦剌杀害。

本雅失里作为傀儡大汗，他半生浪迹天涯，直到死时才结束奔波劳碌，然而他的妻子及岳母却被瓦剌掳走，继续在尘世间浮沉。历史没有留下本雅失里妻子的具假如明军的装备仍是以长枪、砍马刀与盾牌为主，那么鞑靼轻装骑兵就会按照传统的打法利用自身机动能力强的特点时进时退，刻意与进犯的明军保持一段安全的距离，这段距离将在长枪与砍马刀的攻击范围之外，但是一定要在弓箭的射程之内，因为这样一来，鞑靼轻装骑兵才可以在避免受到打击的情况下不断用手中的弓箭逐一而有效地射杀对手。然而，善于吸取经验教训的朱棣已经提前给部队配备了大批射程远于弓箭的神机铳炮，并组建了神机营，故此，鞑靼轻装骑兵不敢轻率接近明军，只能暂且向山谷的方向退却，以尽量避免后路被包抄，力图使对方打歼灭战的计划落空。

《孙子兵法》说过"穷寇勿迫"，以免敌人狗急跳墙反咬一口，造成自己的损失。然而，明军管不了这么多，只是死死盯着对手不放。阿鲁台派出使者前来明军大营诈降，但被朱棣识破。这时候鞑靼军队退到一个名叫九龙口的地方，终于与尾随而至的明军爆发了冲突。一部分鞑靼骑兵忽然杀了个回马枪，冲破数百名明军前锋骑兵的阻击，扑向明军阵线的右哨。以轻骑兵为主的鞑靼军队破阵能力不强，很难像重装骑兵那样可以排成数行对敌阵进行反复的冲击，因而只能在一定程度上骚扰对手。隶属于右哨的神机营步兵有机会一展身手了，他们不等鞑靼人的利箭射到面前，便充分发挥了各类神机铳炮射程比较远的优势，噼里啪啦地开火，打了个痛快淋漓。阿鲁台碰了一鼻子灰还不死心，他亲自带领数千骑兵向朱棣所在的御营发

起新一轮的冲击，朱棣毫不示弱地亲自率领千余骑兵迎战。这一战的新颖之处在于，双方骑兵都主要使用远程兵器较量。《明实录》称明军将士在战斗中"人百其勇、矢下如注"，打得鞑靼军队人仰马翻。根据《殊域周咨录》与《明史·谭广传》等文献资料的记载，负责宿卫的神机营骑兵在谭广将军的带领下也参与了反击，神机营将士使用的神机铳可以在铳管里面放置火药与木马，然后发射利箭，正巧符合官修史书中"矢下如注"的描述。

阿鲁台这一次的反击与本雅失里早几天在斡难河的反击都拥有一个共同的特点，就是持续的时间很短，这一点应该归咎于轻装骑兵的先天不足。鞑靼轻装骑兵破不了阵是常事，但反常的是他们不能像以往那样全身而退，这是因为人数较少的明军骑兵敢于以牙还牙，并奇迹般打了胜仗，这个来之不易的胜利显然与朱棣有一支强大的步兵为后盾有关。望风而逃的阿鲁台一度因惊慌失措而坠马，他慌忙从地上爬起来换马，一溜烟不见了人影。

明军主力踏着敌人纵横交错的尸体一口气追击了百余里，当时天气较热，而且水源难找，饥渴的将士们遂停止追击，收兵回营。

第二天，朱棣开始打扫战场，顺便搜捕敌军溃散的那些散兵游勇。经过两日的搜索，明军骑兵在长秀川这个地方找到鞑靼人遗弃的大量辎重，史称"牛羊杂畜满山谷，及河之两旁，连绵百余里"。殿后的步兵将领金玉奉命将"牛羊杂畜"尽数驱赶回来，烧毁了那些带不走的所有辎重。

阿鲁台的老巢被朱棣连窝端起，对其实力无疑是一个严重的削弱。值得一提的是，明军的搜索部队在回曲津这个地方又一次使用了新式的远程火器，中军副将安远伯柳升命令部属使用神机铳打击流窜之敌，其中有一些射出的利箭在同时贯穿两名敌人的身躯之后，还有能力射死旁边的马匹。鞑靼人在铳声大作中狼奔豕突，据说有"名王以下一百数十人"当场阵亡。

明军一直追击到广漠镇，才于六月十四日班师。由于缴获了大量辎重，引起了个别蒙古溃兵的窥伺，一些依附阿鲁台的兀良哈人（来自朵颜三卫）壮着胆从潜伏的山谷里走出来，尾随在明军之后，企图趁机劫掠。朱棣对敌人的企图了如指掌，他先让主力过河，再让数百骑兵埋伏于河曲的柳林里，待机而动。明军为了诱敌，故意在驮载的行囊里面装入大量草料以冒充辎重，然后仅仅派出十余名手持火铳的步卒跟在后面摆出一副押送的样子。兀良哈人误认为抢夺辎重的机会来了，他们一窝蜂地闯入埋伏圈中，想不到还没来得及动手就被埋伏于柳林里的明军用神机铳打了个焦头烂额。早有准备的朱棣也亲率千余精兵及时杀了回来，斩瓜切菜一般地屠戮那些来不及逃跑的兀良哈人，使得残余的敌军在回撤时乱成一团，不少人马陷入河里的泥淖中束手待毙，其中只有数十人成为俘虏，其余全部死于非命。

经此一役，再也没有任何蒙古骑兵敢于冒险火中取栗，反而有很多散兵游勇接踵而降。明军主力绕道开平，于七月十七日凯旋，返回北京，历时三月的北征顺利结束。

朱棣的首次亲征显示明军的重装骑兵与步兵的实力仍旧雄厚，保持着难以撼动的霸主地位，不过，在击败鞑靼轻装骑兵的过程中立下最大功劳的却是明军的神机营。然而，尽管明军的神机营马队装备了世界上最先进的远程兵器，并多次赢取胜利，但明朝始终未建成一支比游牧民族更加强大的轻装骑兵。也许就是这个原因，致使无论是朱元璋还是朱棣，都不能彻底歼灭与他们作对的蒙古军队，一系列的决战表明，蒙古统治者们即使打了败仗，也总是想方设法四散转移，轻装上马，凭着灵活机动的优势跑得无影无踪。

第十章 王者之师

朱棣通过首次北征削弱了鞑靼的实力，但没能给塞内外带来长期的和平与安定。不久风云再起，坐收渔人之利的瓦剌不但趁明军北征的机会杀死了逃亡中的本雅失里，而且还侵占了克鲁伦河上游一带，其骑兵甚至还南下到了兴和地区，对明朝在长城沿线的驻军构成了威胁。也就是说，浑水摸鱼的瓦剌贵族们占领了成吉思汗的第一、第二斡耳朵之地，控制了和林地区。至此，瓦剌全部吞并了成吉思汗的四大斡耳朵之地。

阿鲁台为摆脱同时与瓦剌及明朝两线作战的不利形势，便遣使向明朝称臣朝贡。与鞑靼关系比较密切的朵颜三卫亦纳马三千赎罪，明朝宣布对其既往不咎。

阿鲁台的归附意味着明朝同时成了鞑靼与瓦剌两大势力的宗主国。这一点政治意义很大，表明蒙古草原的大、小封建主基本上已经和明朝建立了隶属关系。朱棣做了朱元璋未能做到的事，这是后人胜于前人之处。从朱元璋到朱棣，对逃往塞外的蒙古贵族统治阶段的政策，有一个逐步完善的过程。在此之前的很长一段时间里，朱元璋是承认蒙古地区北元政权的存在的，例如1378年（洪武十一年），他给去世的北元昭宗爱猷识理达腊撰写祭文时，曾说过"君（指爱猷识理达腊）主沙漠，朕主中国"，态度可见一斑。朱棣即位之初也承认蒙古政权的存在，他于1409年（永乐七年）在给鞑靼大汗本雅失里的信中也说过"朕主中国，可汗王朔漠，彼此可相安无事"。可是到了本雅失里死亡、阿鲁台归附之后，朱棣再也不承认蒙古草原上还存在着与自己对等的蒙古大汗，他认为自己不但是中原的帝王，也是蒙古的帝王，宣称："华夷本一家，朕奉天命为天子，天之所覆，地之所载，皆朕赤子，岂有彼此。"他多次在不同的场合向海内外宣扬这一观点，朝鲜《李朝实录》记载他北征蒙古的诏书也自称："朕只奉天命，抚驭华夷。"朱棣态度的改变意味着明朝对待蒙古的政策出现了转折，自此不再承认双方地位平等，而是将蒙古诸部视为附庸。

明朝对归附的蒙古大小封建主按不同的级别分别授予王、都督、指挥、正副千户、百户等官爵，其中爵位最高的是王，过去，接受王号的除了瓦剌三王之外，还有镇守撒里畏兀儿的安定王（明朝曾于其地分设安定、阿瑞二卫）、哈密卫的忠顺王等。按照惯例，蒙古大小封建主要时不时派遣使团到明朝贡献本地的产物，称之为"朝贡"（这些朝贡使团的人数最初从数人到数百人不等，到后来规模有所扩大，甚至突破千人大关，而入贡特产主要是马匹）。明朝一方面为了怀柔蒙古人，另一方面也想显示泱泱大国的风度，总是以"薄来厚往"为原则给予蒙古使臣朝贡物品超出原价值的丰厚赏赐。除了朝贡之外，明朝还在一些边塞城镇设立"马市"，即是以茶、粮、布帛等物同归附的蒙古部落换马，这种贸易往来的方式又可称之为"互市"。故此，有资格朝贡及参加马市的蒙古部落就能够通过和平的方式获得本地缺乏的一些农产品及附属工艺品，而不需要冒险发动战争。明朝皇帝按照蒙古大小封建主官爵的高低给他们颁发印信及敕书，这些印信及敕书相当于现代的"委任状"。蒙古大小封建主派使团到塞内朝贡、互市时，首先要交验印信敕书，然后才能如愿以偿。必须说明的是，这些经济交流并非不受任何约束，一般情况下，明朝是不允许铜、铁、兵器等违禁品出售给蒙古人的。总之，明朝君臣处处防范着蒙古人，而一些蒙古部落只是表面归附，暗中在边塞进行走私、抢劫等损害明朝利益的活动，因而彼此之间难免出现摩擦，以致兵戎相见。

现在，朱棣依照惯例于1413年（永乐十一年）给归附的阿鲁台封王，出乎意料的是，他竟然封阿鲁台为和宁王。熟悉元朝典故的人都知道，"和宁王"中的"和宁"两字源于元代的和宁路，而和宁路管辖着和林地区，朱棣封阿鲁台为和宁王无异于公开向世人表示明朝仍然承认和林地区是阿鲁台的游牧之地，反对瓦剌的吞并行为。这与明朝一向对蒙古诸部奉行的锄强扶弱

的政策是一致的。

瓦剌贵族对此当然不满，首领马哈木随着实力的壮大对明朝的态度早已不像过往那样恭顺，现在更是采取了过激的行为，他扣留了明朝使者，断绝了朝贡。朱棣大为光火，对马哈木的行为予以谴责，双方矛盾公开化了。在此期间，朱棣已经从阿鲁台传递的情报之中得知瓦剌秘密擅立一位名叫"答里巴"的傀儡为大汗，图谋不轨，因而预先有所准备，到了这年的十一月初，瓦剌果然展开了军事行动，从和林东进克鲁伦河，扬言攻击阿鲁台，实际企图南下骚扰明边，朱棣当即调兵遣将，准备膺惩瓦剌。

1414年（永乐十二年）二月初六，明朝宣布北征。三月十七日，朱棣筹划妥当之后率领大军离开了北京。

这次北征的明军仍然号称"五十万"，作战序列如下：

大营主将是安远侯柳升，副手有都督马旺、都督陈翼、都督程宽、都督全玉

中军主将是武安侯郑亨，副手有兴安伯徐亨、都督马瑛、都督章安

左哨主将是宁阳侯陈懋，副手有襄城伯李隆、都督朱崇

右哨主将是丰城侯李彬，副手有遂安伯陈瑛、都督费瓛、都督胡原

左掖主将是成山侯王通，副手有保定侯孟瑛、都督曹得

右掖主将是都督谭青，副手有新宁伯谭忠、都督马聚

前锋主将是都督刘江，副手有都督朱荣

瓦剌战时的统帅部由傀儡大汗答里巴以及权臣马哈木、太平、把秃孛罗等人组成。他们共有三万余人参战，其中"每人带从马三四匹"，仅仅战马的数量就超过十万，可见这是一支纯粹的骑兵部队。

瓦剌始终保持着一支比鞑靼人强得多的重装骑兵，由于明朝在西域仅仅控制了哈密，未能切断瓦剌对外贸易的通道，故此，马哈木等人仍然能够与东察合台汗国、帖木儿汗国等西域大国做生意，并通过各种手段取得铁制品，尽量为重装骑兵提供铁甲以及其他的铁制兵器。就此而言，瓦剌军队破阵能力在鞑靼之上，因而有资本向明军重装骑兵发出堂堂正正的挑战。

天底下最强大的两支重装骑兵即将分出高下，这种情况不禁让人回想起徐达与王保保在过去的生死较量。

朱棣从不害怕挑战，他率北征大军出塞之后顺利越过克鲁伦河，于六月初三在撒里怯儿之地开始与瓦剌的前锋发生接触。瓦剌军队稍战即退，一路将明军引向草原深处。四天之后，朱棣带领部分精锐部队率先来到"忽兰忽失温"这个杀戮之地，各军随后而至。

答里巴、马哈木、太平、把秃孛罗等率领的瓦剌主力早就在此地等候多时。

"忽兰忽失温"，蒙古语的意思是"红山嘴"，其位置在撒里怯儿与土剌河之间。所谓"撒里怯儿"（今蒙古乌兰巴托的东南），即是《元史·太祖本纪》中的"萨里川"，也是成吉思汗第二斡耳朵的所在地，相传他的葬地就在这附近。明人对这里并不陌生，当时跟随朱棣一起北征的金

幼孜在《后北征录》中清楚地记载了此地的典故："……撒里怯儿是元太祖发迹的处所。元君过去曾在此建筑宫殿及郊坛，每年在此度夏。"这一刻，此地变得杀气腾腾。

双方将在忽兰忽失温进行决战。瓦剌贵族们抢先屯兵于山巅之上。朱棣"躬擐甲胄"，以一身重装骑兵的打扮准备亲自操刀上阵。他将自己的临时指挥所安置在一个小山坡上，在观察敌情时遥遥望见对面之敌兵分三路，有开始进攻的迹象，马上命令数名铁骑前往挑战。不一会儿，瓦剌骑兵从山上汹涌而下，迎面冲了过来，正好撞在明军神机铳炮的枪口上。大营主将柳升一声令下，当场毙敌数百人，致使瓦剌骑兵的队列开始混乱起来。朱棣及时捕捉战机，亲自带领大批铁甲雄师跃马反击，打得瓦剌骑兵纷纷掉转马头，撒腿就跑，一些人甚至慌不择路地"弃马而走"，情急之下放弃受伤的坐骑，徒步撤回出发点。

不过，瓦剌的重装骑兵与一触即溃的鞑靼轻装骑兵不同，他们并不惧怕与对手进行反复的肉搏，那些退回山巅的骑兵与留守部队会师，继续列阵负隅顽抗。明军中军主将郑亨在追击时不慎被冷箭射中，可见激烈的战斗仍没有停止的迹象。

朱棣不想给对手喘息之机，下令发起全线进攻，让部队从东西两个方向"鼓噪而进"。左哨主将陈懋与左掖主将王通共同率兵冲上山巅，强攻瓦剌战阵的右翼，陈懋的手下朱崇与吕兴等指挥将士在第一线发射神机铳炮，击毙不少敌人，但一时未能突入阵中。右哨主将李彬与右掖将领

谭青、马聚等人在强攻瓦剌战阵的左翼时，也遇到了激烈的反抗，其中马聚负伤，明军的蒙古族将领满都力战而死。朱棣在远处看见战局陷入胶着状态，马上率领麾下铁骑如风驰电掣一般及时赶到，好似锐不可当的尖刀深深地插入敌阵，霎时间血花四溅。瓦剌最终受不住这支生力军的打击而全线崩溃，马哈木等人大败而逃。追击的明军翻过一座又一座的高山，粉碎了一些残兵败将的阻击，一直西进到土剌河才罢休。

战斗从中午开始，而收兵回营时已是夜深"二鼓"时分了。明军的战绩是杀死瓦剌王子在内的十余名首领，并斩首数千级。而明军的伤亡，史无明载，大概与瓦剌差不多。

朱棣在忽兰忽失温获胜后休整数天，

◎ 朱棣二次亲征示意图

从原路班师。大军回到三峡口（今蒙古国巴嘎诺尔附近）时，发觉峡口的山上啸集着一些瓦剌士兵，另外还有数百人在附近的双海子出没。明军用火器击退双海子之敌，山上的敌人随之撤离。此后，一路顺风的朱棣于八月初一日回到北京，结束了第二次亲征。

在朱棣的两次亲征中，神机营在战场上的表现可谓光芒四射，但其真实的作用却被一些人过高估计了，例如明人严从简在《殊域周咨录》夸大其词地评论道："是役也，我军每以火器取胜，由此中国益重神器云。"事实上，神机铳炮在对付喜欢打游击的鞑靼轻装骑兵时的确非常有效，可是在与破阵能力极强的瓦剌重装骑兵较量时，时间一长必定会暴露出装弹速度慢的弱点。这个弱点不能仅靠排列可以连续射击的叠阵来获得彻底的解决，还需要火器技术的不断创新与进步。一直到十七世纪出现了可以携带刺刀的遂发枪，才使火器真正有资格与骑兵分庭抗礼，而到了十九世纪机关枪的发明，火器才最终奠定了绝对的优势。

也就是说，在朱棣的第二次亲征中，真正战胜瓦剌人的是明军的重装骑兵，神机营只不过起了辅助作用。人们对神机铳炮这些新式武器的过分推崇为未来的惨败埋下了伏笔。

战后，瓦剌退出了成吉思汗的第一、第二斡耳朵之地，被迫返回肯特山以西。

瓦剌在朱棣的第二次北征中损失惨重，傀儡大汗答里巴从此下落不明，马哈木、太平、把秃孛罗向明朝遣使谢罪。朱棣出于平衡各方势力的考虑，重新接受了瓦剌的归附。鞑靼乘势多次向西攻击瓦剌，收复了很多失地。阿鲁台经过数年的休养生息，人口有所增加，畜牧业得到很大的发展，实力一日比一日强，逐渐变得桀骜不驯起来，并敢公开怠慢明朝使者，甚至一言不合即拘留之。他派来明朝朝贡的使者，也多次在途中作奸犯科，进行劫掠，部下亦时常南下侵扰明境。朱棣对鞑靼的种种不法行为予以警告，无奈阿鲁台置若罔闻，到后来干脆断绝与明朝的往来，并秘密拥立一位名叫阿台的成吉思汗后裔为君主，由于保密功夫做到家，使明朝君臣长期对这位鞑靼新傀儡大汗的存在毫无所知。1421 年（永乐十九年）十月，鞑靼又一次使用武力挑起事端，大举入塞围攻兴和，明军都指挥王祥战死。至此，朱棣忍无可忍，决定再次北征阿鲁台。

此前，为了加强边防，朱棣果断将首都从南京迁往北京，不断抽调辽东、山东、河南、山西、陕西等地卫所的明军至京候命，并在各地征集壮丁、制造车辆以运载粮食，充分做好临战准备。北征大军于1422 年（永乐二十年）三月二十日开始离开北京，此前，朝廷大举召集天下兵马，除了有归附的蒙古族将士参战之外，某些女真卫所的卫指挥也率军从征。明军指挥序列如下：

大营（含中军）：安远侯柳升

左哨：武安侯郑亨

右哨：阳武侯薛禄

左掖：英国公张辅

右掖：成山侯王通

前锋：左都督朱荣

御前精骑：宁阳侯陈懋

鞑靼马队：永顺伯薛斌、恭顺伯吴克忠

史籍没有明确记载明军的确切兵数，但却比较详细地记载了运送辎重的民丁人数，总共出动了二十三万五千一百四十六人，另外还有三十四万头驴子，十一万七千五百七十三辆车，运送粮食达到三十七万石，并出塞分贮于开平等地。

离开北京的明军来到鸡鸣山时，得知围攻兴和、屯兵塞上的阿鲁台已连夜北撤。诸将纷纷请求追击，朱棣却说道：阿鲁台没有别的伎俩，此人像狼一样贪婪，一旦欲望得到满足就急忙撤走，追之徒劳无益，等到不久草青马肥之时，我军取道开平，越过应昌，"出其不意，直抵窟穴，破之未晚"。

◎ 朱棣三次亲征示意图

133

明军于四月初到达龙门（今河北赤城西南），缴获阿鲁台撤退时在洗马岭遗下的两千匹马。紧张的气氛有所缓和，在接下来的进军途中，朱棣先后举行了阅兵、打猎，以此达到训练部队的目的，他于五月份在独石观赏将士射箭比赛时，重赏了一名"三发皆中"的士卒，并召令军中将领张辅、柳升、陈懋、张信、孙亨等人在营中表演箭术，在这些人之中唯有张辅、柳升、陈懋连中目标，其余的多数只是勉强过关。孙亨因箭术不佳屡射不中，被罢去领兵之职；张信托病不至，也被降职使用。从这些貌似琐碎的事情中可以看出朱棣治军之严，他指挥的部队常打胜仗绝非偶然。这支常胜之师一路浩浩荡荡经隰宁（今河北沽源以南）、西凉到达闵安（今内蒙古太仆寺旗附近）。随着时间的推移，瞬息万变的战争风云使久经沙场的朱棣不敢有丝毫松懈，他下令明军在野外行军时，将士不得擅自离开队伍十丈之内，违令者处斩，扎营时，左哨、右哨、左掖、右掖等军事单位分别驻于大营的四周，保持良好的秩序，以便随时能够应付突如其来的战斗。《明太宗实录》记载朱棣格外倚重神机营，他规定左右哨、左右掖与大营在驻扎时一定要做到"步兵居内，骑卒居外，神机营在骑卒之外"（这里所说的神机营不是指那个可以与左右哨、左右掖、大营并立的"军事单位"，而是指能够与步兵、骑兵并列的"兵种"，由于古人对于"神机营"等军事术语的概念一直没有做出清晰的定义，所以常常混淆运用，分别指代不同的具体事物，给后世的历史研究者带

来了不少困扰）。由此可知，装备着神机铳炮的将士已经被分散到每一个军营中，他们时时刻刻戒备在第一线，肩负着掩护骑兵与步卒的任务。因为神机营是鞑靼轻装骑兵的克星，所以这种针对性很强的布阵完全正确。

不久，鞑靼突然出动了。当明军经威虏镇、行州来到威远川时，接到开平传来的战报，称阿鲁台派军南下进攻万全，骚扰明军后路。诸将皆请分兵还击，但朱棣不为所动，他一针见血道：此乃诈谋也！敌人害怕我军直捣其巢穴，故为此牵制之术，不足为虑。他坚定地继续按照原定计划前进。后来，假装进攻万全的鞑靼兵只得自动撤走了。就这样，明军取道开平到达应昌，再进一步深入蒙古腹地，即将穿过昔日东蒙古的四大汗国的旧疆域，尽管那些地方已是徒有虚名。

长期以来，人们只知道蒙古政权的"四大汗国"是指西域阿尔泰山附近的窝阔台汗国、锡尔河流域的察合台汗国、从中亚钦察草原到欧洲伏尔加河下游的金帐汗国，以及位于中东阿母河与叙利亚等地的伊儿汗国。这些汗国全部都在蒙古草原的西边，其主人全部都是成吉思汗的子孙。实际上，蒙古政权还有另外四个非常有名的汗国，它们全部位于蒙古草原的东边，其最初的主人全部都是成吉思汗的兄弟。这就是"东蒙古四大汗国"。

东蒙古四大汗国的首领，又称"东道诸王"，开始是指成吉思汗四个弟弟——合撒儿、合赤温、斡赤斤、别里古台，后来泛指他们的后裔。

合撒儿的汗国位于今呼伦湖之北的海拉尔河、额尔古纳河一带；合赤温的汗国位于今呼伦湖之南的东、西乌珠穆沁旗一带；斡赤斤的汗国位于今呼伦湖之东南的哈拉哈河一带，后来势力向东发展到兴安岭以东；别里古台的汗国位于今呼伦湖之西的克鲁伦河、斡难河一带。可以看出，东蒙古四大汗国基本上就是以呼伦湖为中心，分布在其四周的。

元亡之后，先后有多位北元君主长期在东蒙古活动，这绝不是偶然的，因为他们都力争得到东蒙古四大汗国后裔的支持。

明初，蓝玉在著名的捕鱼儿海之战中摧毁了北元汗廷，而捕鱼儿海就在合赤温的封地之内，此战，合赤温汗国遭到了明军毁灭性的打击，合赤温的后裔吴王朵儿只被明军俘虏。其后，斡赤斤的后裔辽王阿扎失里降明，所部被编为朵颜三卫。至于合撒儿与别里古台的后裔，史无明载，他们有可能参加过北元君主的军队与明军作战，也有可能在战乱中作鸟兽散。

到了朱棣北征蒙古之时，还有很多"东道诸王"的后裔出没于东蒙古。

明代蒙古部落有一种叫作"万户"的社会组织，很多时候等同于"汗国"（也即是蒙语所谓的"兀鲁思"）。根据蒙古族学者宝音德力根的研究，合赤温的后裔组成的察罕万户，游牧地接近朵颜三卫，很可能仍旧在昔日合赤温汗国的疆土上游牧，该万户首领于1405年（永乐三年）归附明朝，但其在朱棣多次征蒙时究竟站在哪一方，虽然缺少这方面的史料，目前尚不清楚，可是也并非无迹可寻——第一，

朱棣在第三次北征中来回都经过合赤温汗国的旧疆土及朵颜三卫的地盘，却并没有碰到任何察罕万户的人，或许该万户的人为了躲避明军，当时已经跟随阿鲁台向北逃跑了；第二，蒙文史籍《黄金史纲》记载阿鲁台擅自拥立的阿台汗，曾带领察罕万户的人出征瓦剌。所以根据以上两点可以判断察罕万户在那时可能归附了鞑靼。

斡赤斤的后裔朵颜三卫，《黄金史纲》称之为"山阳万户"，虽然归附了明朝，可是叛服无常。朱棣在首次北征中，就发现鞑靼军中混有三卫人马，后来，三卫为此贡马谢罪，然而到了1421年（永乐十九年）前后，三卫又倒向阿鲁台，因而重新成了明军打击的目标。

据说，别里古台的后裔组成了也可万户，而合撒儿的后裔则组成了好儿趁万户。但是，这两个万户在蒙古草原活跃之时，已经是朱棣死后的事了，在此之前，这两个万户的踪迹成了一个谜，他们很可能待在鞑靼军队中，毕竟当时的鞑靼已经控制了东蒙古。

鞑靼与瓦剌的权臣们都曾在不同的历史时期里拥立过不同的傀儡大汗，根据国际上享有盛名的苏联蒙古史专家符拉基米尔佐夫的说法——按照封建社会的一般发展规律，异姓封建主与臣仆们总是经常企图取代他们的宗主，成为封建领主——既然如此，那么，为什么那些有实力的权臣迟迟不取代傀儡大汗的位置？答案众说纷纭，原因多种多样。其中之一显然与蒙古的传统观念有关，因为在蒙古传统社会中，有一种根深蒂固的迷信观念，认为蒙古大

汗必须要由成吉思汗父系氏族出身的后裔来担任，就像《黄金史纲》所说的那样，"成吉思汗是受天命而生的"，尽管作为"天之骄子"的成吉思汗后裔们的影响力每况愈下，但却仍然具有不可忽视的威望。另外一个重要的原因是，东蒙古四大汗国的后裔支持成吉思汗的子孙为帝，因为他们有共同的血缘关系，最明显的例子是鞑靼的阿台汗就是在东蒙古地区被拥立的。有关阿台汗的身世众说纷纭，一些蒙文史籍说他是成吉思汗的后裔，另一些书说他是"东道诸王"的后裔（一种说法是斡赤斤的后裔，还有一种说法是合撒儿的后裔）。阿台汗的身世虽然成了谜，但可以肯定，他身边的一些将领就是"东道诸王"的子孙。上述种种资料从一个侧面反映了历史上那些蒙古大汗受东蒙古四大汗国后人拥护的事实。由此可以推断，老谋深算的阿鲁台之所以拥立阿台为汗，目的之一也许就是为了拉拢东蒙古四大汗国的残余势力，以进一步扩充自己的地盘。因此不难理解，朵颜三卫为何三番四次跟着阿鲁台与明朝作对了。

如果明军能够打击东蒙古四大汗国后裔的势力，可能有助于削弱成吉思汗子孙的威信，这对瓦解东蒙古诸部的团结与破坏鞑靼的扩张势头无疑会起到一定的作用。应昌以北，就是昔日合赤温汗国的疆土，这时大多数牧民为了避战已经逃遁一空。朱棣面对愈来愈平旷的土地，命令参加北征的数十万军民结成一个庞大的方阵向前推进，他这样做是考虑到拥有大量步兵的明军通常不能以疏散的"行军队形"

进行野战，而需要花费时间转换成紧密相连的"战斗队形"，但隐患是可能尚未等到布阵完毕，即被神出鬼没的鞑靼骑兵乘虚而入。为了防患于未然，让明军在行军时始终保持着"战斗队形"是一个明智的决定，而理想的"战斗队形"正是方阵。方阵的特点是四个方向的防御能力都很强：如果每个方向排在最前列的士兵装备的是长枪与刀牌等近战兵器，那么用来对付敌人的重装骑兵就很有效；如果装备的是弓弩与铳炮等远程兵器，那么可以用来克制轻装骑兵。应昌以北的蒙古草原四面望不到边，正好为明军这个有史以来最大的方阵提供了良好的地形。这个方阵的最前列是神机营，阵内的步骑兵序列整齐，绝不容许参差错乱，以便随时投入战斗。可是，预料中的战斗没有发生，明军一路上没有碰见任何鞑靼士兵，很快便经玉沙泉、答兰纳木儿河，以不可阻挡之势于七月初四进入原属于昔日合撒儿汗国疆土的杀胡原（今呼伦湖以北）。必须提及的是，连接呼伦湖向西延伸的克鲁伦河，曾是别里古台汗国的疆土，后来成了阿鲁台的根据地，朱棣首次北征时，曾与阿鲁台沿着克鲁伦河到呼伦湖一带反复追逐杀戮。鉴于上述原因，驻于杀胡原的明军派出去四处侦察的精骑肯定不会放过这一带。

然而，鞑靼诸部为了躲避明军，早已消失得无影无踪。阿台作为挂名的大汗跟着阿鲁台四处逃窜，肯定受够了颠沛流离之苦。如入无人之境的明军经过搜索，夺取了鞑靼人撤退时遗弃的部分马驼牛羊，烧毁带不走的一些辎重之后，班师回朝。

朱棣在回师途中根据确切的情报，决定打击在兴安岭的东、西坡游牧的斡赤斤汗国后裔朵颜三卫，以惩罚其依附阿鲁台的叛逆行为。他对曾介入过"靖难"战争的朵颜三卫并不陌生，因而从容决定兵分两路，包围敌人，首先派出两万步骑正面攻击三卫的老巢所在地洮儿河一带，然后自己亲自率领数万骑兵向西兜过来，断敌退路。另外，郑亨、薛禄等将领率领大部队在后策应。现在的明军不必像对付鞑靼那样再结成方阵推进了，因为三卫的人口数量与鞑靼相比要少得多，总体实力也相对弱一些。

那么，朵颜三卫应战的军民到底有多少呢？蒙文史籍称永乐时期的三卫兵丁为"六千"，可能是蒙古民间流传的一个习惯数字，不是具体数字，从中也可以大致判断三卫的人口总数为二、三万左右。三卫长期凭着与明朝特殊的关系获得了不少经济利益，根据地里有不少的坛坛罐罐，一旦开战，它们可能会成为负担，对他们的机动能力造成限制。

正面出击的明军首先把洮儿河流域的三卫部众痛打一阵，歼灭其数千之众，迫使一大批幸存者驱赶着牛马、车辆撤离该地。当这批人逃到兴安岭之东的屈裂儿河（归勒里河）一带时，正巧在七月十五日这一天与朱棣率领的数万精骑迎头相碰，在前无退路、后有追兵的情况下慌不择路地陷入了沼泽地中，成了瓮中之鳖。至此，两路明军按照预定计划出色地完成了攻击与包抄的行动，他们互相配合，恰到好处，几乎可以媲美蒙古骑兵全盛时期惯用的大迂回战法。紧接着，朱棣唯一要做的事就是下达总攻的命令，他出动左右翼骑兵一齐夹击，并亲自率领前锋冲入敌阵大开杀戒，斩首数百级，使得对手在混乱中互相践踏，死者交错堆积。不久，一些溃散的三卫残余武装重新聚集起来，企图抵抗到底。明军依山布阵，与之对峙，并派遣一支奇兵渡河截断了敌人的后路，同时，另外两支部队分别绕到敌人的左右方埋伏起来。没用多久，一个新的包围圈又形成了。包围圈中的三卫人马左冲右突，但被抢先占据有利地形的明军用神机弩等远程兵器打得头破血流、狼狈不堪。这时，各路明军开始收网，如猛虎扑羊一般争先恐后地冲了过来，几乎将其剿杀殆尽。特别是朱棣的御前骑兵，对一股突围之敌连续追击了三十里，一路俘杀数十人，直至捉获其头目才罢手。明军分兵四出，不停地在战场上搜索那些漏网之鱼，当朱棣从俘虏口中得知还有千余残敌躲藏在屈裂儿河北面的深谷里时，马上派陈懋率领五千御前骑兵前往围剿，俘获其千余男女及数万牲畜，并夺回一批被其所掠的明朝边卒与百姓，共百余人。

屈裂儿河之战是一场典型的野战，双方都主要以骑兵厮杀。兵力占优势的明军斩获无算，总共夺得敌人的牛羊驼马十余万，并焚烧了很多带不走的战利品。

出乎意料的是，尚有少量残余敌人尾随在凯旋的明军之后，企图乘隙抢回一些牛羊辎重。明军将计就计，重新为敌人准备了一个包围圈。陈懋预先率领千余骑兵埋伏在险要之处，郑亨再用一些辎重诱敌。

三卫残余部众果然中计，前来抢夺。陈懋与郑亨前后夹击，打得包围圈中的敌军损失过半，剩下的逃得不见影踪。

大获全胜的明军在八月十七日班师，分别经开平、独石（今河北赤城以北）、云中入塞，于九月初八返京，仅留下部分人马驻守开平。而先前奉命从正面出击兀良哈巢穴的两万明军，也已经由东路回师，从大宁、喜峰口入关。至此，第三次北征胜利结束。

公元十五世纪，朱棣在一系列北征中横扫了成吉思汗昔日分封的东蒙古四大汗国。他如入无入之境，使沃野千里的塞外几乎成了他个人表演的舞台。纵观世界历史，同时代的人能够与之比肩的只有西域帖木儿汗国的帖木儿汗，这两位君主都身经百战，也有一个共同点，就是横扫了成吉思汗分封的诸汗国（帖木儿汗曾横扫成吉思汗分封给儿子术赤、察合台的两大汗国，即金帐汗国与察合台汗国，也横扫了成吉思汗死后才由其孙子旭烈兀建立的伊儿汗国）。

有趣的是，朱棣与帖木儿曾差点打了起来。那是在1404年（永乐二年），帖木儿调集二十万步兵，还有大量骑兵，远征刚刚停止"靖难"内战的明朝。朱棣下令甘肃总兵宋晟严加戒备，大战一触即发。就在此时，帖木儿却在途中病死。他刚死，子孙后裔立即开始争夺王位，而政权亦逐渐瓦解，不再对明朝构成威胁。朱棣与帖木儿究竟谁更强一些？这已经成了一个无法解开的谜，也让无数军事爱好者为此而扼腕叹息。

朱棣在第三次北征中虽然获胜，但未能彻底摧毁鞑靼，塞内外的局势仍然动荡不安。1423年（永乐二十一年）七月，降明的鞑靼人供称阿鲁台企图侵犯明朝边境，使战火重燃。朱棣有鉴于鞑靼人四处游荡、难以捕获的特点，这一次不打算率兵深入漠北，而是召集重兵于边境宣府一带，以逸待劳，等待阿鲁台自投罗网。

明军这次北征，由大学士杨荣主掌军中机务，共动用了三十万大军，其中包括归附的蒙古及女真卫所军队，还征调了两万匹朝鲜军马。明军指挥序列如下：

中军：安远侯柳升、遂安伯陈瑛
左哨：武安侯郑亨、保定侯孟瑛
右哨：阳武侯薛禄、新宁伯谭忠
左掖：英国公张辅、安平伯李安
右掖：成山侯王通、兴安伯徐亨
前锋：宁阳侯陈懋

这年八月，朱棣命皇太子监国，亲率大军从北京出发，经宣府、沙岭（今河北沙城），向宁夏、万全进军。此前，陈懋带领骑兵已经先行出塞侦察。

这时候，鞑靼军队正秘密集结在漠北克鲁伦河一带，企图南下侵犯大同、宁夏。某些过去被鞑靼人俘虏的明军士兵伺机潜逃回关内，向朝廷透露了鞑靼的行踪。朱棣得到这个重要的情报之后，马上下令宁夏庆王以及当地的军民要严加防备，大同也要提高警惕，这两座城市周围散布的军民要及早迁入屯堡之中。在此期间，朱棣敕令宣府、隆庆、怀来、万全、怀安等卫所在边缘险要的地方增修一些屯堡，加强防御，一旦受到突然袭击，驻于边塞的地方部队凭着这些屯堡抵抗鞑靼，等待援兵。为了确保万无一失，朱棣还让随军北征的诸将督查沿边隘口的防备。

明军加紧进行临战练兵。将士们布阵时，神机营的位置照例在最前列，骑兵则在后面。朱棣认为前面的队形疏散开来有利于神机铳炮的点火射击，而后面的队形密集一点可使阵营更加坚固。他强调当鞑靼人进犯时，明军应该"首以铳摧其锋，继以骑冲其坚"，也就是说，先用火器挫敌锋芒，再用骑兵发起毁灭性的打击。

此时此刻，战争似乎马上就要爆发了，形势却突然峰回路转，前方传来了鞑靼阵营瓦解的消息。驻扎于沙城、西阳河（今

河北万全以西）一带的明军在九月初迎来了一批不速之客，原来是鞑靼知院阿失帖木儿、古纳台及其部属因山穷水尽、无路可走而前来投降。他们供称，阿鲁台在这一年的夏季曾与瓦剌发生激战，但惨遭失败，损失了很多人员与马、驼、牛、羊等牲畜，因而再没有能力与明朝打大仗，原来计划只想在边境抢些东西度过困境，想不到惹火烧身，引来了明军大规模的讨伐。据说当阿鲁台风闻明军集结在边塞时，马上取消了南下劫掠的计划，转而向北潜逃入穷乡僻壤，躲藏起来。《明实录》记载这位鞑靼权臣随后的行踪，他"挟妻孥远窜山谷，及冬，雨雪连绵，积深寻丈，羊

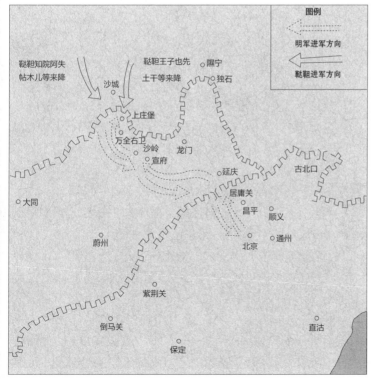

◎ 朱棣四次亲征示意图

驼马亡毙殆尽，部落叛散，互相劫夺"。也就是说，游牧部落为了避免与明军正面交锋，从秋季便开始逃亡，一直在野外的穷乡僻壤中藏匿到冬季，在途中不幸遇上坏天气，羊驼马等牲畜全死光了，为此引发内乱，互相劫杀，损失惨重。形势的发展表明，阿鲁台在仓促北撤的途中已经对一些部属失去了控制，有越来越多被鞑靼人俘虏的明朝军民逃了回来。朱棣面对敌情的新变化，仍然不敢大意，他下令郑亨、李安、徐亨、谭忠、杨英等将领加强巡逻沿边各个关隘，同时下令吴克忠、薛青、吴成、苏火耳灰、柴永正、李谦等将领率三千骑兵深入大漠侦察。出塞侦察的部队在北至克鲁伦河、西至贺兰山一带一千二百公里的范围内纵横驰骋，全然不见阿鲁台及其党羽的踪影，只有前锋陈懋在宿嵬山口（今内蒙古包头附近）遇见了有"鞑靼王子"称号的蒙古贵族也先土干。也先土干随即率领部属及数万牛羊驼马投降，时间是十月七日。十五天之后，陈懋带领也先土干所部回来，朱棣大喜，厚待降人，封也先土干为"忠勇王"，赐名"金忠"，对其部属也各有赏赐。至此，这次北征正式结束，班师的明军经万全、沙岭、怀来、居庸关回到北京。

长期的战争使鞑靼的经济遭到了巨大的破坏，迫使牧民们为了生活下去有时不得不铤而走险。尽管阿鲁台屡战屡败，但是仍然不打算停止骚扰明境，他在朱棣结束第四次北征的第二年正月，又率领部属在边境上大肆掳掠。归附明朝的金忠多次在朝廷之上斥责阿鲁台的为人，奏请发兵讨伐，并表示愿意身为前锋自效。金忠的意见得到朝廷多位公侯大臣的支持，朱棣也难以容忍鞑靼人的屡次挑衅，遂决意亲征，这是明朝从1422年（永乐二十年）起，连续第三年用兵塞北。他首先敕令镇守北部边疆的将士要严加戒备，同时令山西、山东、河南、陕西、辽东等都司调遣兵马，准备出塞。归附的一些蒙古、女真卫所像往年一样，派兵从征。这次北征，明军的指挥序列如下：

中军：安远侯柳升、遂安伯陈瑛

左掖：英国公张辅、成国公朱勇

右掖：成山侯王通、兴安伯徐亨

左哨：武安侯郑亨、保定侯孟瑛

右哨：阳武侯薛禄、新宁伯谭忠

前锋：宁阳侯陈懋、忠勇王金忠

1424年（永乐二十二年）四月四日，新的一次北征又开始了，从北京出发的明军经唐家岭、龙虎台、居庸关、怀来、土木、长安岭、赤城、云州、云门、独石到达隰宁。担任前锋的忠勇王金忠派其部属把里秃等人侦察敌情，并俘虏了敌人派来刺探军情的间谍。据俘虏供认，阿鲁台为了躲避明军的打击而故技重施采取避战策略，已经向答兰纳木儿河（即喀尔喀河支流纳墨尔根河）一带逃窜。明军顺藤摸瓜，跟踪追击。

北征大军一路跋涉，于五月五日到达开平。此时天公不作美，下起了雨，官兵们便在开平休息了八日，以枕戈待旦，等到养精蓄锐之后，重新出发。摩拳擦掌的步骑军以不可阻挡之势于五月二十二日来到清平镇（即元代应昌路一带），辎重车辆却因为雨天的缘故而落在队伍的后面。

战争的胜利离不开后勤的保障，朱棣对这个问题非常重视，下令分兵往后迎接辎重，即使减慢军队前进的速度也在所不惜。

明军距离目的地答兰纳木儿河已经越来越近了，宁阳侯陈懋在金沙泺地区搜索到九匹蒙古马，表明敌人曾在这一带活动过。朱棣及时提醒前线将领，要防止阿鲁台利用马匹作为诱敌之计，同时又老调重弹地指示前锋一旦遇上鞑靼的轻装骑兵，应该先发射神机铳炮，再使用长弓、劲弩等远程兵器，以挫其锋。

陈懋等前锋将领终于在六月十七日最先到达答兰纳木儿河，可是，四面八方"惟有荒尘野草"，"车辙马迹，亦多漫灭"，显然，阿鲁台又一次提前藏匿了起来。不可否认的是，现在是鞑靼历史上轻装骑兵最衰弱的时期，他们几乎完全丧失了反击的能力，只好年复一年地东躲西藏。

朱棣接报之后，增派英国公张辅、成山侯王通等迅速前往查明情况。各路明军在答兰纳木儿河及其周围的山谷展开搜索，在三百余里的范围内丝毫不见阿鲁台的踪影。将军们并没有就此罢休，继续向前搜索到白邛山一带。

最终，所有参与搜索的军队均因粮尽而还。

张辅仍不甘心，他上奏朱棣，称愿携带一个月的粮食，继续深入搜索阿鲁台，但被谨慎的朱棣所拒绝。

阿鲁台既然已经弃土而逃，朱棣只得于二十一日回师，同时强调回师时必须分兵殿后，不可松懈。

回师的明军兵分两路，其中，朱棣率

领骑兵为东路军，武安侯郑亨率领步兵为西路军，两军约定于开平会合。东路军向东经过屈裂儿河（即归勒里河）、涛遇河（即洮儿河），又一次扫荡了盘踞在这一带的朵颜三卫部众，致使其耕种与放牧之地"尽为荒墟"。

朱棣在归途中经过清水源一带，还有模仿古代汉人远征匈奴时"勒石纪功"的雅兴，谁知天妒英才，当他于七月十六日回到苍崖戍附近时，却忽然患病，十八日病逝于榆木川（即乌珠穆沁部东南一带）。这位在疆场上战斗到最后一息的最高统帅，实在不输于前朝"马革裹尸"的名将。最后，痛失统帅的东西两路军队于七月二十七日在武平镇会师，从征文武官员奉着朱棣的灵輲经过开平、怀来、居庸关于八月一日回到了北京，结束了永乐年间的最后一次北征。

◎ 朱棣第五次亲征示意图

141

回顾明朝与蒙古诸部在永乐年间的战争，双方作战的范围从东边的阔滦海子（即呼伦湖）、大兴安岭山脉到西边的土剌河，从北边的斡难河（即鄂嫩河）到南边的贺兰山、阴山山脉，战事涉及明朝的藩属除了鞑靼、瓦剌、朵颜三卫之外，还有朝鲜及一批蒙古、女真的羁縻卫所。从双方动用的人力物力、涉及的作战范围与持续的时间来看，这样大规模的攻防战在明蒙战争史上是空前绝后的！

明初洪武、永乐年间，朝廷用兵频繁，消耗的军费早已远远超过了国家正常的税收水平，就以朱棣为例，他南征交趾（即安南）、北伐蒙古，进行了旷日持久的战争，形成了沉重的财政负担。

那时，全国每年财政总收入大约为三千万石左右粮食，这个税收额度是朱元璋固定下来的，不允许子孙后代随便更改来增加收入，而朱棣执政时的实际财政支出是多少呢？据明史专家黄仁宇的推测，朱棣在位期间的财政支出为收入的两至三倍，也就是说，由于战争，每年的支出达到了六千万石至九千万石左右粮食。

那么，朱棣是如何解决这个巨额的财政赤字，以达到收支平衡的？他主要的解决办法不是提高田赋，而是滥发宝钞这种纸币。据统计，他每年发行五千万至一亿贯的宝钞。根据明朝官方的定价，一贯宝

◎ 明宣宗之像

钞可买一石米，而五千万贯以上的宝钞可以买五千万石以上的米，但是，这些宝钞的真实价值（也就是实际购买能力）不超过三百万石米。也就是说，拿官方印刷的纸币去换粮，是强行将财政危机转嫁到老百姓的身上。这一做法的后果是造成了严重的通货膨胀。

到了朱棣的孙子明宣宗继位的时候，财政形势更加恶化：一方面，宝钞已经贬值得非常厉害，几乎形同废纸，靠滥发纸币来填补财政黑洞的做法再也支撑不下去了；另一方面，明宣宗希望模仿朱棣派遣舰队下西洋，继续实行官方垄断贸易，以海外商品代替贬值的宝钞作为俸禄发给官员来达到赢利的目的，可是这个老办法因直接损害官僚阶层的利益而遭到朝廷内外的广泛反对，故此舰队下西洋的行动不久便停止了。

这也不行，那也不行，看来唯一大幅度增加财政收入的有效方法是提高田赋，但是这势必要打破朱元璋规定的税收额度而"有违祖宗之法"，肯定会受到朝野内外舆论的批评。

在财政来源渐趋枯竭的情况下，明宣宗不得不放弃朱棣开拓边疆的政策，转而采取休养生息，停止对外的大规模军事行动来减少军费的支出。1427年（宣德二年），明政府有鉴于驻守交趾的明军屡次被当地的起义军所击败，便决定干脆将所有的军队撤离该地，正式放弃交趾（明朝在交趾的统治仅仅维持了二十年左右）。在北方，明宣宗又主动放弃了远在长城数百里之外的开平，将防线收缩于长城附近一带。

在此期间，朝廷的政策转向"重文轻武"，文臣的地位逐步得到提高。到了明朝中期以后，文臣们经常奉朝廷之命，以总督、巡抚的职务节制武官，处理地方上的军务以及带领部队出征。明朝的军事制度这些年来也起了变化，原先的卫所制度日益废弛，由于原有的军事力量难以应付边境的局势，募兵制在明代的军事制度上扮演越来越重要的角色。

随着明朝国力的衰退与战略上的转攻为守，蒙古部落便纷纷南下返回传统牧地漠南，使得游牧经济在这个地区重新得到恢复。由此带来的后果是，蒙古贵族入塞抢掠更加方便了。

为了防止蒙古部落的骚扰，有明一代从未停止过在北部边境修筑长城以及各类屯堡、墩台的行动，还先后在东起鸭绿江、西达嘉峪关连绵万里的范围之内设置辽东、蓟镇、宣府、大同、太原、固原、延绥、宁夏、甘肃等边镇，并派出重兵镇驻。

明朝与鞑靼的紧张关系，在朱棣死后的洪熙与宣德年间有所缓和，不再像朱棣在位时那样剑拔弩张。然而，阿鲁台在与朱棣的连年对抗中损失了大量的人力物力，实力已经受到了严重的削弱。隔岸观火的瓦剌却在这段时间内休养生息，从而具备了对鞑靼发起战略攻势、统一蒙古的实力。

血腥的战争似乎永远没有结束的时候，蒙古变幻莫测的政局永远是世人关注的焦点。

第十一章 土木之变的前因后果

瓦剌一度取代鞑靼成为蒙古的霸主。但它崛起的过程一波三折。

朱棣二次北征之后，瓦剌的傀儡大汗答里巴下落不明，权臣马哈木在与鞑靼人的争霸中吃了败仗，部落溃散，他大约在1416年（永乐十四年）前后死去，留下了一个烂摊子给他的儿子脱欢。脱欢经过残酷的内部斗争，杀掉了贤义王太平与安乐王把秃孛罗，吞并了两王的势力，把握时机在政坛上崭露头角。

脱欢是瓦剌新兴的异姓新贵，他与老一辈人的政见完全相反，他不迷信成吉思汗后裔的统治权是由天而赋，坚信即使不是成吉思汗后裔的异姓贵族，也一样有资格做蒙古大汗。脱欢的所作所为显示，在封建混战的浪潮中，传统的伦理观念逐渐被破坏，新的思维开始在草原上萌芽。《黄金史纲》记下了流传在蒙古人中间的一个传说，据说脱欢曾野心勃勃地在成吉思汗的灵堂"八白帐"（模仿成吉思汗生前的宫帐而建立的八座白色毡帐叫"八白帐"，也是后人祭祀的灵堂）中公然向成吉思汗的神像挑衅，表明"夺取汗位"的意图，宣称："你若是福荫圣上，我便是福荫皇后的后裔。"所谓"福荫皇后的后裔"，是指瓦剌贵族的男性与成吉思汗家族的女性世代通婚的史实。脱欢说这番话的目的是彰显自己也一样拥有高贵的血统，言外之意，就是为取代成吉思汗父系氏族出身的后裔的政治地位而寻找理论上的依据。

脱欢自始至终都站在鞑靼的对立面，他召集了瓦剌部众会盟，自封太师，并采取"远交近攻"之策，一方面维持与明朝的臣属关系，另一方面不断向东攻击鞑靼，开始了统一蒙古的事业。

鞑靼人要同时对付明朝与瓦剌两个强敌，在战略上处于极为不利的状态，阿鲁台在与明朝连年累月的交锋过程中屡受挫折，由于根据地遭到朱棣的多次扫荡，实力受到严重的削弱。朱棣死后，他还没有缓过劲来又要面对脱欢发动的新一轮攻击，最终被迫迁离了长期活动的东蒙古地区。瓦剌占领鞑靼根据地的时间大约相当于明宣宗在位的宣德年间。流离失所的阿鲁台与其子失捏干带着一万三千残兵，从克鲁伦河流域迁移到母纳山、察罕脑剌等处（其地在明宣府、大同、宁夏、甘肃边外，相当于今天的内蒙古包头以西乌拉山一带），躲避着瓦剌的穷追猛打。不久，阿鲁台与一个儿子在战乱中死去，部属纷纷溃散，有很多溃散的人员投降了明朝，例如阿鲁台的另一个儿子阿卜只俺投降后被朝廷授为左都督，并获得世袭的资格，一直传至其孙和勇（因为朱棣曾封阿鲁台为和宁王，所以阿鲁台的子孙降明之后便改姓了和）。

阿鲁台既已战死，穷途末路的阿台大汗仍旧徘徊在明朝西北边外地区。这个傀儡大汗离死期也不远了。

本来，明朝对蒙古诸部历来采取锄强扶弱的政策，防止这些部落被统一于强权之下，从而形成尾大不掉之势。可是，自从朱棣死后，明政府由于财政来源不足不得不减少军费，逐渐停止对外的大规模军事行动，放弃了朱棣在世时积极介入蒙古地区事务的政策，因而对瓦剌吞并鞑靼的行为坐视不顾，后来的事实证明，明朝君臣将为这种短视的行为付出沉重的代价。

阿台大汗在阿鲁台死后带着副手朵儿只伯等人到处流窜，主要活动在明朝西北边外的亦集乃一带。他们在亦集乃仍然保存着一整套统治机构，甚至还维持着源自元朝的枢密院、内御史台等中国式官制。

亦集乃，在元代隶属于甘肃行省，元朝在西夏黑水城的基础上扩建了亦集乃城。它的城墙呈正方形，东西长约三百八十多米，南北宽约四百三十多米，高达十米左右，共有十五个马面，并修筑有瓮城、羊马城，是一个比较坚固的城市。

明朝在开国之初曾扫荡过亦集乃。上文已经提到明军在1372年（洪武五年、宣光二年）兵分三路征伐北元，其中徐达的中路军与李文忠的东路军分别在岭北与元军作战，而冯胜、傅友德率领的西路军则成功地平定了甘肃。亦集乃城守将卜颜帖木儿也在这个时候投降了西路军。后来，元明双方反复多次在亦集乃一带进行拉锯战，使这座城市在战争中成了废墟。到了永乐年间，第一个被明朝人所熟悉的鞑靼大汗鬼力赤，最初曾长期游牧于亦集乃一带，但他后来与阿鲁台一起迁移到蒙古草原东部的克鲁伦河流域，并死在那里，而本雅失里则取而代之成了鞑靼的新大汗。本雅失里与阿鲁台先后败死，新任大汗阿台带着残部又重新回到了亦集乃一带，以此作为新的斡耳朵。据此，有人认为阿台就是鬼力赤的后裔，波斯史料《突厥系谱》的有关记载就支持这一观点。不过，《蒙古源流》却认为阿台是成吉思汗的幼弟斡赤斤的后裔，而《蒙古家谱》则称阿台是成吉思汗"第二弟哈卜图哈萨尔之后"。总之，阿台大汗的身世始终神秘莫测。

来回游荡在亦集乃一带的阿台处于穷困潦倒的状态，他为了渡过眼前的难关而不顾后果，竟然数次入寇明境，掳掠邻近的甘、凉地区，为此遭到明军的连年讨伐。同时，他们还继续受到瓦剌的攻击，几乎到了四面楚歌的境地。为此，鞑靼残部的首领们企图改变策略，缓和与明朝的紧张关系。阿台的副手朵儿只伯迫于形势摆出了归附明朝的姿态。《全边纪略》等史书记载："朵儿只伯带领部众三千，驻于也可林察之地，距离凉州约十里，不久绝食来归。"这段记载显示朵儿只伯的部属仅有三千人，从中可以判断出阿台的人马总数也不会太多。阿台随后也表示愿意归附明朝。然而，就像《明史·鞑靼传》所说的，鞑靼残部的首领们表面做出归顺的姿态，然而他们的手下却继续"数次入寇甘、凉"，干着打家劫舍的勾当。这很可能说明阿台等人不能百分之百地控制部队，这些残兵败将正在变为一伙无组织、无纪律的乌合之众。

明军对这些人也不会客气，常常是以牙还牙，并没有停止对他们的讨伐，例如在1436年（正统元年），驻扎边塞的将军陈懋于平川这个地方击败朵儿只伯，并追及苏武山，颇有斩获。同时，明朝也始终没有放弃对鞑靼残部的招抚，继承明宣宗之位的明英宗已在1437年（正统二年）二月遣使晓谕鞑靼残部的首领们，要他们真心实意"来归，朕必恩待加厚"。值得一提的是，明军在征伐阿台、朵儿只伯时，夺回了朝廷于永乐年间封给阿鲁台的和宁王诰敕以及一批图书等信物。可见，尽管阿鲁台已死，但阿台为了能够在必要的时候与明朝进行互市交易，仍然保留着和宁王的诰敕（因为蒙古诸部必须拥有明朝所颁的敕书，才能与明朝进行互市交易）。此外，诰敕这样重要的信物只会保存于鞑靼的中枢机构汗斡耳朵之中，它被明朝缴获，只能说明阿台汗的斡耳朵已经处于瓦解状态。

明军对阿台、朵儿只伯等人进行犁庭扫穴式的毁灭性打击是在1438年（正统三年）春季，兵部尚书王骥同总兵官任礼、蒋贵在四月例行的一次讨伐战中与朵儿只伯于石城狭路相逢，并轻松取胜。鞑靼一些残兵败将逃窜到瓦鲁乃这个地方与阿台会合。蒋贵以归附的阿鲁台外甥阿鲁卜林为向导，带领二千五百名骑兵从镇夷所（今甘肃酒泉以东）出发，取捷径经过三日三夜的急行军，对敌人发动了奇袭，斩首三百余级，追杀八十余里，俘其左丞脱罗及部属一百多人，获得金、银牌各六面与印玺二颗，还得到四百余匹马骡驼牛等。阿台与朵儿只伯在混乱中仅以数骑逃脱。战后，阿鲁卜林做向导有功，被朝廷授予指挥之官衔，并获准居于甘州。

在蒋贵率部平叛阿台、朵儿只伯的同时，任礼所部到达梧桐林，俘获鞑靼枢密同知、院判、金院等十五名官员，接着经过一整天的急行军来到了亦集乃，又俘其万户二人。战俘们供称朵儿只伯逃往野孤心一带。任礼命令俘虏做向导，亲自带着二千骑继续追击了五百余里，一直到黑泉而还，虽然搜捕不到朵儿只伯，但收降了流落在此地的鞑靼贵族平间阿的干招及其余党。此外，右副总兵都督赵安等人从冒宁来到刁力沟，俘获鞑靼右丞都达鲁花赤等三十人以及一批牲畜。

此役，明军转战二千余里，东西夹击，共俘获男女二千余口。鞑靼残部在西北屡受重创，被迫多次派出使者进入塞内和议，表示愿意归附，以苟延残喘，此事《明史·鞑靼传》《王享记》等书都提到过。阿台虽一再表示愿意归顺，但实际仍在西北边外地区自行其是，故此，明军没有减轻对鞑靼的军事压力，但这种"痛打落水狗"的行为只不过是"为他人作嫁衣裳"而已，其结果是加快了瓦剌统一蒙古的步伐。

过了没多久，落魄到了极点的阿台就被瓦剌跟踪而来的部队剿杀了，朵儿只伯下落不明。关于瓦剌取胜的过程，相关的史料非常少，流传至今的仅有只言片语，不过，《黄金史纲》却记下了阿台汗死亡的详情，据说这位大汗在最后一次战斗中被脱欢所俘，他乞求活命，但被脱欢冷冷地拒绝了，因而死得很窝囊。脱欢杀了阿台汗之后不久也离开了人世，这两位政坛劲敌死在同一年。十七世纪期间流传在蒙古地区的一些蒙文史籍记载脱欢曾在成吉思汗的灵堂"挥刀击帐顶"，口出狂言，举止悖谬，结果成吉思汗的神像显灵，用箭将其射死，这个子虚乌有的故事反映了成吉思汗后裔对企图篡位的异姓封建主的恶毒诅咒。

继承脱欢之位的是他的儿子也先。也先成为瓦剌新的实际统治者之后，自称"太师淮王"，并宣布支持一位名叫脱脱不花的元裔做傀儡大汗，以增强蒙古诸部的凝聚力，安抚一下内部的反对派。

野心勃勃的也先东征西讨，不但控制了西域的交通要地哈密，而且还染指明朝在西北边陲要地成立的一些蒙古卫所，使沙州、罕东、赤斤等卫成了自己的附庸，打乱了明朝进行经济封锁的战略部署。其后，瓦剌收服了辽东的朵颜三卫，基本算是统一了蒙古，他们控制的疆土已经西跨阿尔泰山，与西域的别失八里接壤，东越兴安岭，与女真诸部相连，使明朝从辽东与西域方向在战略上对蒙古形成的钳制之势遭到了破坏。这是自捕鱼儿海之战结束五十年之后，蒙古草原首次出现的一个统一的政权。明英宗及其身边的股肱之臣对瓦剌的统一行动基本上不予干涉，这种但求苟安于一时的短视政策必将在日后使之

自食其果。

随着地盘的扩大，瓦剌在同各个地区的贸易往来中获得了经济上的巨大益处，军队也拥有了更多的武器。有趣的是，其中很多武器甚至来源于明朝。本来，明政府在与蒙古诸部的经济交往中，明令规定一些商品属于违禁品，这些违禁品包括兵器及可以制造兵器的钢铁等，但屡禁不止，因为明朝的边吏在带头走私军器，《明宣宗实录》曾记载大同参将曹俭私下里以盔甲、弓箭与鞑靼人交易骆驼，这种贪赃枉法的情况到了瓦剌完成统一大业之后仍未得到制止。在明朝与瓦剌即将决裂之前的正统年间，大同镇守太监郭敬依仗与明英宗宠信的大太监王振的亲密关系，多年以来一直秘密制造钢铁箭头，装入瓮中，交给瓦剌使臣，而瓦剌头目也先每年用良马

◎ 明英宗之像

等物贿赂王振及郭敬，以为报答。上层的边吏将领既然如此，中下层的官兵也肆无忌惮，例如1442年（正统七年），"瓦剌贡使至京，官军中的无赖之徒收集了数以千计的弓，与之交易马匹，其贡使得弓，藏于衣箧之内，出境之后才拿出来"。类似上述这些记载明军走私的文献还有很多，在此不必一一列出。显然，猖狂的走私毫无疑问会严重危害到明朝的国家安全。

过去的历史已经反复证明，蒙古草原上的游牧部落一旦统一于强人之手，南下向中原地区扩张可说是大势所趋，成吉思汗是这样，也先也不例外——他早就为未来的战争做了准备。瓦剌上层贵族们根据形势的发展改变了对明朝的战略防御之策，开始转入战略进攻，而战略的改变必将导致战术的改变，他们入关作战时注重歼灭敌军主力，而不是像鞑靼那样将部队分散开来仅仅满足于掳掠人口与财物，故此，重装骑兵的地位得到进一步的提升，相对而言，轻装骑兵只起到辅助作用。瓦剌军队历来拥有一支拿得出手的重装骑兵，虽然这支骑兵在忽兰忽失温之战中被朱棣率领的明军打败过，但实力犹存，而且随着政治与经济形势的好转而变得更强大。另外，脱欢、也先父子俩在统一蒙古的过程中收编了大量鞑靼轻装骑兵，更是如虎添翼。今时今日的瓦剌各级将领们已在长期的东征西讨中积累了丰富的作战经验，能够娴熟地指挥骑兵各兵种，他们在执行作战任务时先让机动灵活的轻装骑兵骚扰敌人，最后出动重装骑兵摧毁敌人的阵线，其出神入化的战争艺术急起直追成

吉思汗时代蒙古骑兵全盛时期的水平。

相反，明朝的军事实力在永乐年间达到顶峰后，到了正统年间，由于国内政治局势的长期稳定，已经由盛转衰。军队中各种弊端积重难返，比较显著的例子是逃兵现象严重，据统计，到1449年（正统十四年），士兵在建国八十余年间逃亡的总数竟达到一百六十万，卫所的总兵额下降到了新低点。士兵逃亡的原因有很多，常见的有当兵待遇低下以及常年戍守在外导致思乡心切等等，而正统年间又有一个比较特出的诱因，那就是军队的屯田遭到人为的破坏，军屯本是士兵的粮饷来源之一，却被部队里的军官与地方上的官吏豪强不断的侵占，就像当时的兵部尚书王骥所痛心疾首地承认的那样："屯田之法久废，徒存虚名而已，良田为官、豪所占，子粒（指种田所得的粮食）所收，百不及一。贫穷军士无寸地可耕，妻子冻馁，人不聊生。"更有甚者，部分桀骜不驯的将领仗势欺人，肆意私役部属与克扣军饷，使士兵艰难的生活雪上加霜。贪赃枉法、徇私舞弊会彻底摧毁任何一支朝气蓬勃的军队，古今概莫能外。朝廷并非对这种情况一无所知，只是始终拿不出一个很好的解决办法。残酷的客观环境迫使大量士兵走上逃亡之路，而留下来的一些士兵为了生计，别出心裁地经营起了副业，他们有的经商贩货，有的学习技艺做工匠，久而久之，自然疏忽了军事训练，导致"手不习攻伐击刺之法，足不习坐作进退之宜，目不识旗帜之色，耳不闻金鼓之节"。随着时间的流逝，在基层的士兵之中淳朴老

实的人越来越少，充溢着市井之气的油滑之徒倒很多，战斗力难免一落千丈。明军的各级军官也好不到哪里去，洪武、永乐年间制定的一系列训练制度已经在长期和平的日子里形同虚设，多数军官的子孙后裔即使不懂用兵之道也能顺利承职，军队打大仗的机会越来越少，军官集团在歌舞升平的岁月中逐渐腐朽，纸上谈兵之徒比比皆是。

作为军中骄子的明军骑兵在这种风气之中自然不能独善其身，更加遗憾的是，明朝君臣还沾沾自喜地沉湎于过去的辉煌战绩之中，他们受到惯性思维的左右，没有及时觉察到瓦剌骑兵的战斗力已经后来居上的事实，因而未能对明军步骑协同作战的战法做出相应的调整，还顽固不化地沿用对付鞑靼轻装骑兵的那一套来对付瓦剌重装骑兵。神机营仍旧得到格外的重用，这支步兵王牌队伍里的武器装备也没有很大的改变。在此期间，只有少数人有改革的意识，例如顾兴祖将军在负责操练神机营时，根据自己的实践提出了一些变通的办法，他认为神机营将士在作战时分散布置在中军、左右哨、左右掖等五个军营的外围，战时势必首当其冲，可是一旦遭到敌人的突然袭击，或者碰到风雨阴霾的天气，枪铳等操作烦琐的火器在仓促之间难以得心应手地使用，又没有其他兵器可以抵抗，后果不堪设想，故此，他向皇帝建议在神机营每一队列的前后位置"添设刀牌"，增强部分士兵的格斗能力，以防万一。明英宗对此表示赞同。顾兴祖虽然对神机营作了一定程度的改革，但这支依

旧以火器为主的部队仍将面临瓦剌重装骑兵的重大挑战。根据以往作战经验得出的作战规则：重装骑兵驾驭着战马可以迅速躲避步兵射出的利箭与弹丸，专门寻找对手防御力量薄弱的地方强行突阵，但他们在面对那些一齐竖起盾牌、让手中的刀枪像猬毛般向前伸出的步兵时，大多数时候反而不能越雷池一步。故此，最适合与强悍的瓦剌重装骑兵抗衡的不是永乐年间组建的神机营，而是洪武年间的长枪兵。

尽管火器取代冷兵器是大势所趋，但这也是几个世纪之后的事了。可见，在技术还不成熟的条件之下过于超前的军事思想有时并非好事，反而会让未来的战争存在着失败的隐患。

瓦剌必将不可避免地与明朝爆发冲突。明朝的一些有识之士在"山雨欲来风满楼"之际终于对此有所察觉，曾出任兵部尚书的邝埜与宣大巡抚罗亨信都先后发出过警告，明廷开始采用了一些必要的措施加强边防，其中宣府、大同两处成了重中之重，仅仅宣府驻军就获得了朝廷送来的二千多匹战马、五千张角弓、一万条弓弦、十五万支箭、三千支碗口铜炮与一千个信炮。

经济问题总是会成为战争的导火线。按照惯例，瓦剌每年派往明朝的贡使不超过五十人，他们当中每一个人带来的朝贡物品都能得到明朝相应的赏赐。尝到了甜头的瓦剌人不断增加贡使的人数，到了也先执政期间竟然迅速超过千人，最多时人数达到了三千五百多人。这个庞大的代表团，年复一年，给明朝造成了沉重的经济

负担，因而不得不采取种种办法削减赏赐的物资，即使由此招致瓦剌的怨恨也在所不惜。1448年（正统十三年）秋，也先派出二千五百多人朝贡，却向明朝虚报贡使名额为三千五百多人，以求得到更多的赏赐。不料，明政府掌管对外事务的礼部竟然令人先行核实人数，再打赏，凡虚报之人均取消赏赐，发给每个人的赏赐品也不像过去那么多，致使瓦剌人最终所得的仅为原先期望的"五分之一"。也先早已对斤斤计较的明朝感到不满，现在更是恼羞成怒，他决定新账旧账一起算，以此为借口，悍然决定发动战争夺取更多的财物。1449年（正统十四年）七月十一日，他召集人马，兵分四路，大举入塞。其军事部署如下：

也先本人亲自率领一部人马进犯大同，脱脱不花大汗及其部属进犯辽东，阿剌知院所部进犯宣府，还有一路作为偏师向甘州发起牵制性攻击。

瓦剌军队暂时没有夺取中原的雄心，因而这次军事行动只是一次报复性的出击，就像也先事前所说的那样，即使打不下明朝的"大城池"，也要"使其田不得耕，民不得息"，总之，要大肆剽掠，残民以逞。在这几路军队之中，以也先所部最为凶悍，而脱脱不花汗的态度不是很积极。史载脱脱不花在事前劝阻道，我辈的穿着与食用，很多源于明朝，"彼何负于汝，而忍心做这种事？"但也先听不入耳，强硬地扬言："王不做，我将自己做。"最后，脱脱不花汗等不同意见者碍于也先的权势，不得不出兵配合。

为了迎击来势汹汹的也先，大同右参将吴浩仓促在猫儿庄布防，但兵败身死。大同守将西宁侯宋瑛、武进伯朱冕、都督石亨等率兵来到阳和口（今山西阳高附近），于七月十五日与也先狭路相逢。明军诸将悉被监军的太监郭敬所控制，攻守毫无章法，结果全军覆没。宋瑛、朱冕战死，郭敬伏于草丛之中幸免于难，只有石亨突围而还。太监监军之制起于永乐年间，朱棣在"靖难"战争中成功策反了建文帝左右的一些太监，得到了很多军事情报，故在登基之后对某些太监青眼有加，委以重任，允许他们插手征伐、监军、分镇等军中事务，开了一个很不好的先例。到了瓦剌称雄大漠南北期间，不但辽东、陕西等地的驻防部队里面有镇守太监，就连出外执行任务的野战军也同样有这类人。这些太监尽管对军事不太在行，却拥有号令军中将帅的权力，这种外行指挥内行的事肯定会对部队造成不利影响。

也先所部两万骑兵在大同纵横驰骋，一时之间，兵锋锐不可当。脱脱不花于七月下旬在辽东也开始行动，在攻击镇静堡（今辽宁黑山附近）之后，他带领三万人马袭击了广宁（今辽宁北镇），虽然未能打下城池，但扫荡了周围的驿站、屯堡、村庄等八十余处，掳走军民一万三千多人以及一大批牲畜等等。而南下的阿剌知院则指挥部属围攻了宣府附近的独石（今河北赤城一带）等地，与也先遥相呼应。瓦剌还有一路偏师向西北方向发起牵制性攻击，歼灭明军人马数以万计。在肃州（今甘肃酒泉）迎战的明军统帅是十多年前重创了鞑靼阿台残部的任礼，想不到这次却打了败仗。

明朝面对剧变的军事形势，显得措手不及。朝中一些有识之士认为应该采取"坚壁清野，按兵不动，储精蓄锐，等待时机"的稳妥打法，等到对手筋疲力尽之后再出击。年轻气盛的明英宗在亲信太监王振的蛊惑之下，不顾兵部尚书邝埜与侍郎于谦等人的反对，一心效法其曾祖父朱棣进行亲征。他一声令下，经过两日的匆忙准备即率领号称"五十万"的军队于七月十七日出发（明军真实的数目可能是二十余万左右），临行前从武库中取出八十余万件冷兵器与火器分给军中将士，平均每三人使用一头驴运载辎重，此外，每人还发给一些银两与粮食。由于事件发生得过于仓促，"举朝震骇"。

随征的主要将领有英国公张辅、成国公朱勇、奉宁侯陈瀛、恭顺侯吴克忠、永顺伯薛绶、平乡伯陈怀、襄城伯李珍、遂安伯陈埙、修武伯沈荣，以及都督吴克勤、梁成、王贵等人，可谓将帅如云，其中不少人参加过朱棣的亲征，例如吴克忠，现在已经凭资历由"伯"升"侯"了。可是他们的才华在新的行动中未能得到真正的发挥，因为擅权的是太监王振。明英宗自1435年（宣德十年）正月即位之后，便非常信任王振，使得朝政大权被这位司礼监太监一手操纵。这次出征中，年轻的皇帝更是对王振言听计从。

这支临时拼凑的军队经居庸关、怀来，取道宣府，向大同进军，打算迎战瓦剌军队。在途中，因遭遇连日的风雨而人情汹汹。由于准备不足，军队出师尚未满十日，已经有部分将士开始缺粮，随军的一些大臣建议班师，但遭到王振的拒绝。七月二十八日，一路跋涉的官兵们好不容易来到阳和，却在这个不久之前经历过战火的地方目睹了被瓦剌军队打死的官兵的尸体满布路上，士气受到了严重的影响。而取胜之后的也先采取游牧骑兵惯用的战术，带领部属"佯避"而"诱敌深入"，并成功隐蔽了行踪。

八月初一，明军到达大同。此刻，宣府侧翼独石等地失陷的消息传到了军中，王振等人才明白瓦剌的战斗力之强超出想象，不禁方寸大乱，他们任命广宁伯刘安与都督金事郭登镇守大同，于初三日挟持英宗匆忙班师。

留守大同的郭登此前已经劝告随驾的学士曹鼐等人，要求大军取道紫荆关班师，这条路线虽然稍为遥远，但可避开宣府这个常常被瓦剌骑兵骚扰的高危地区，相对而言比较安全一些，可惜王振不听，这个刚愎自用的太监执意要沿着来时之路回师，恰巧要经过重镇宣府，因而路上充满了变数。在塞上虎视眈眈的也先果然行动了，在八月十三日早晨追上驻足于雷家站（今河北新保安一带）的明军，打死了殿后的恭顺侯吴克忠、都督吴克勤等蒙古族骑兵将领。

失败的消息傍晚传回了大本营，明朝君臣还不肯接受明军骑兵打不过瓦剌人的事实，他们又紧急派遣成国公朱勇、永顺伯薛绶率领的三、四万骑兵开赴战场，企图赢回一仗。朱勇无谋，进至雷家站西北四十里的鹞儿岭时误中埋伏，被瓦剌军队从山谷的两翼夹攻，死亡殆尽。

明朝君臣面对骑兵在一天之内一败再败的残酷事实，终于有所清醒，并预感到了迫在眉睫的血光之灾。这时大军已退到了土木堡，距离怀来仅二十里。众人为了自保都想跑入怀来城中暂避，可是王振却因运载辎重的千余辆车掉了队，下令全军留在原地等待。邝埜知道追兵已经越来越近了，他力请明英宗率部分人员先行向居庸关出发，而以精兵殿后，但这个权宜之计被王振否决。当晚，拖着一大堆坛坛罐罐的明军只能就地宿营。意想不到的是，土木堡地势高亢，掘地二丈也挖不到水，人人饥渴难耐，不堪再战。周围百里范围

内山峰耸立，附近唯一有水源的地方是堡南十五里处的一条河流，可是已经被赶到的追兵控制，只能望而兴叹。控制水源的这一路人马可能是阿剌知院的部队，他自战争爆发以来一直神出鬼没地活动于宣府地区，并由独石、马营南下，现在出其不意地占据了位于宣府与居庸关之间的怀来、永宁（今河北延庆）等军事据点，基本上切断了北征明军的归路。也先带领另一路瓦剌追兵也连夜行动，越过土木堡西北的麻峪口，一波一波汹涌而至。

次日天亮之后，瓦剌骑兵环绕着明军军营不断窥伺，进行侦察活动。明军不敢轻举妄动，严阵以待。然而，决战没有立即开始。也先摆出了求和的姿态，派使者

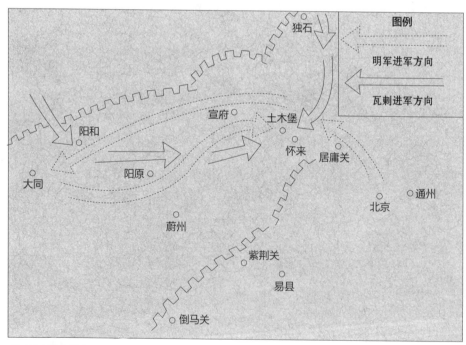

◎ 土木之战示意图

携书到明军大本营提出和议，明英宗对此表示赞同，双方的谈判代表在瓦剌军营之内进行商议。王振企图趁和议期间移营向南靠近水源，他调令明军分批越过堑沟，不料"回旋之间，行伍已乱"，往南没走到三四里，便遭到了对手的突然袭击。原来，也先看见明军阵营正在移动，马上把握机会下达了总攻的命令，瓦剌铁骑奋起长矛与利刀，从四面八方一齐冲过来，他们搴旗斩将，"躐阵而入"，大呼："解甲投刀者不杀！"明军阵线开始瓦解，成千上万的人到处乱窜。

瓦剌的铁骑，也就是重装骑兵，这支屡战屡胜的队伍又一次大显身手，成功破阵之后，轻装骑兵也紧跟着上场了，逐一用弓箭射杀溃兵，致使明军尸体"蔽野塞川"。明英宗与亲兵乘马突围，却冲不出去，最终下马席地而坐，束手待擒，他身边的宦官、侍卫死了不少，《明史纪事本末》记载很多人"矢被体如猬"，意思是这些人的身体布满了箭，如猬毛一般，真是一场不折不扣的大屠杀。狐假虎威的王振死于乱军之中，另外，殉国的文武大臣有英国公张辅、奉宁侯陈瀛、平乡伯陈怀、襄城伯李珍、遂安伯陈埙、修武伯沈荣、都督梁成、都督王贵以及兵部尚书邝埜、户部尚书王佐，还有学士曹鼐、张益等等，总共数百人。普通士兵死亡的不计其数，只有少数幸运儿逃过一劫。随军的二十余万匹骡马与大量军需辎重落入敌人手中。瓦剌军队满载而还之后，宣府总兵杨洪打扫了土木堡战场，发现还有各式各样的兵器遗弃在地上，其中，火器占了大部分，

统计共有二万二千余把神机铳、四十四万支神机箭与八百个大炮（可能是信炮之类的火器）。这表明，明军步兵的拳头部队神机营在这一仗中败得相当惨，可谓英名尽丧。

回顾神机营的作战历史，就会发现这支王牌军队极少单独行动，它总是与骑兵协同作战。朱棣生前多次就神机营应该如何打仗的问题做出过指示，他反复强调明军在战时应该先用神机铳炮挫敌锋芒，然后再伺机出动骑兵反击。虽然这些指示在新的形势之下有点过时，但如果后人能够照章办事，不致败得那么惨。可惜的是在土木堡决战中，以明英宗为首的统帅部却反其道而行，竟将骑兵与步兵分散使用，吴克忠与朱勇先后两次带领骑兵轻率地脱离步兵队伍去迎战对手，结果全军覆没，损失数万人马。接着，土木堡的十几万明军步兵也被追击之敌逐一击破。可以推断，神机营在战斗打响时一如既往地处于步兵队伍的最前列，但营中的火器兵抵挡不住瓦剌重装骑兵的突击而首先崩溃了，那些在神机营后面布阵的刀牌手、长枪手也必将被四处乱窜的火器兵搞得鸡飞狗跳，乱成一团，形成了多米诺骨牌效应，全线崩溃。

瓦剌以区区二万骑兵在土木堡战胜号称五十万的明军，创造了战争史上的奇迹。不过，这次胜利带有侥幸的成分。也先这位军中的最高统帅缺乏战略眼光，他并未立刻长驱直入，进击北京，而是只顾沿途劫掠，其后携带着大批战利品出塞。

也先想把明英宗当作人质推上前台，要挟镇守边塞的明军将士，以达到"挟天

子以令诸侯"的目的。他在八月中下旬经过宣府时，命令明英宗让守军开门。城上将士巧妙地回答道："天色已晚，不敢开门。而且主将杨洪不在城里，我们不能擅作主张。"也先无奈，只得拥着明英宗绕道离去。宣府守军以主将杨洪不在城里为理由拒绝打开城门只不过是托词，其实杨洪的态度很清楚，就是无论如何都不受敌人的摆布。后来发生的一件事也说明了这一点，也先在塞外胁迫明英宗写了一封信给杨洪，谁知他看也不看，将之原封不动地送到北京。朝廷为此而特别遣使回复，声称："上一封皇书是假的。自今以后，即使有真书，也不要接受。"一意坚守的杨洪深以为然。

北返的瓦剌军队离开宣府之后，于八月二十一日经过大同，守将郭登同样紧闭城门。明英宗派人向郭登传话，说道："朕与你有姻亲，为何拒朕于外？"郭登从容回答："臣奉命守城，不知其他。"明英宗接到回报后，怀恨在心。打错了如意算盘的也先只好掳掠了宣大周边的一些村落，悻悻返回了塞外。郭登的祖父是名将郭英，郭英有一个妹子嫁给明太祖朱元璋为侧室，由此寻根究底，郭登与明英宗算是沾亲带故。即使是这样，郭登仍然没有为了皇帝而献城。从宣府与大同两地守军的表现来看，当时在边关将士的意识中，领土比皇帝更重要。对于杨洪、郭登等人的行为，不同的人有不同的评价，可说是毁誉不一，例如后来清朝的乾隆帝站在自身的立场上，在御制的《御批辑览》之中，"深斥郭登拒君的行为"，认为这种做法不妥当，而民国的清代史专家孟森先生却

在《明史讲义》中反过来批评乾隆帝，认为他的御批是"知惜其身而可弃其国"。

土木之变是明军空前的惨败，堂堂一国之君竟然沦为了阶下囚，这是自元明战争爆发以来的第一次。虽然明军过去曾多次攻克过蒙古人的首都，但毕竟没有直接在战场上捉获过蒙古人的最高领袖，故此，当明英宗被捉的消息传回来，明朝军民心理上所受到的巨大震撼是可想而知的。在这个人心惶惶的时候，皇太后连忙让明英宗的弟弟郕王朱祁钰监国。郕王在右都御史陈鉴、给事中王竑、兵部侍郎于谦等人的支持下铲除了王振在朝中的余党，平息了众怒，接着召集群臣商议战守之事。

那时北京城内留守的部队已不足十万，基本上是老弱之辈，而且武器装备严重不足，仅十分之一的人有盔甲。很多大臣对能否守住京城并无信心，此刻纷纷在朝堂之上放声痛哭，手足无措，不知所为。

侍讲徐珵在群臣中有点名气，他号称足智多谋，对天文、地理、阴阳方术之书深有研究，故此，太监金英专门召徐珵来到郕王之前问计。谁知徐珵语出惊人，他公开主张放弃北京。原来这个书呆子夜观星象，发现了"荧惑入南斗"的不祥之象（"荧惑"指火星，"南斗"指二十八宿中的斗宿，古代占星学认为荧惑入南斗不利于国家与君王），因而在国难当头时便以星象有变为由，宣扬道："天命已去，请迁都于南方以消除灾难。"徐珵的建议是真诚的，他深信此举有利于国家，甚至早已提前把自己的老婆送到了南方。

郕王如果听从了徐珵的建议，那么就

等于是第二个不战而逃的元顺帝。

然而，这时毕竟与元末天下大乱时的形势不同，最重要的是到目前为止，战火仍然局限于北部边境的部分地区，暂时没有形成燎原之势，故此，一些比较理智的朝臣是不会赞成迁都之说的。郕王尚未正式答复徐珵的提议，太监金英抢先开了口，他大声叱责徐珵所言不当，而礼部尚书胡濙、学士陈循等朝臣也公开表示迁都之说不可行。

徐珵大为沮丧，不敢再多说什么了。

第二天，一向自我标榜为"粉身碎骨浑不怕，要留清白在人间"的于谦挺身而出了，他是所有朝臣之中最为强硬的主战派，他反对任何妥协的行为，以最快的速度呈上了一道奏章，正气凛然地宣称："京师为天下根本，宗庙、社稷、陵寝、百官、百姓与仓库储存皆在此处，如果有任何轻举妄动，则大势尽去，宋朝南渡之事，可为教训。徐珵妄言迁都，应该斩立决！"郕王虽然没有处决徐珵，但实际已经让这个名不符实的人靠边站了。接着，太监金英受命向群臣发出警告，他斩钉截铁地说道："死则君臣同死。如果再有人散布迁都的言论，必死于国法之下！"同时，朝廷出榜告谕，向世人公布了坚守北京的决心。

坚决主张抵抗到底的于谦获得皇太后的支持，被任命为兵部尚书，统领诸将保卫北京。国不可一日无君，在这个非常时期，郕王朱祁钰在众人的拥立下于九月登基做了皇帝，史称"明代宗"。

当明朝另立新君的消息传到塞外之后，本来企图利用土木堡胜利的余威捞取更多利益的也先敏锐地觉察到明英宗的利

◎于谦之像

◎明代宗之像

用价值已经大打折扣，为此他专门抽时间召集部落中的多位首领与相关人士进行会议。与明英宗一起被俘的太监喜宁为了讨好也先而不惜卖国求荣，竟将自己所知道的明朝虚实和盘托出，并怂恿瓦剌攻打北京，为此出谋献策道："以送回皇帝为名，至边塞之后胁迫诸将开关，召总兵等镇守之官出来，肯出来相见的将帅则留任，可以得志。京师兵力空虚，如果长驱而入，必将迫其君臣南迁，恢复大都之事可为也。"根据《否泰录》的记载，瓦剌上层统治者在九月下旬终于做出了决定，正式要求明朝南迁，提出"还我大都"，并让明代宗下台，把帝位归还给成为俘虏的明英宗，如果明朝不同意这些条件，那么就开战，"即使五年十年，亦要仇杀"。从这里可以肯定，蒙古游牧战士始终没有忘记北京，因为这座城市是他们魂牵梦绕的故都——大都，有朝一日他们必然会尝试反攻。现在，反攻的时间终于在元朝灭亡八十一年之后到来。

明朝对瓦剌的诸多要求嗤之以鼻。

就这样，战幕再次揭开。

所幸的是，明朝君臣已经把握时机对北京防务进行了一个多月的整顿，他们招募民兵，并从河南、山东、长江以南等地调动了大量军队入卫，布置于京城，为了争取时间而加紧制造军械，同时将南方库存的兵器北调，甚至还派人到土木堡旧战场收集了数十万件遗弃的冷兵器与火器，并增兵宣府、大同、居庸关、紫荆关等地，适当加强了北京外围地区的防务。

瓦剌对内以"还我大都"为鼓舞士气的口号，对外宣称要送明英宗回北京，以迷惑明军。这支部队于十月初开始行动，兵分两路，也先亲自挟持明英宗带着三万多人由紫荆关进军北京，另一路偏师取道居庸关、白羊口（北京昌平附近）作为牵制。

九月二十八日，也先重返大同，守将郭登照旧不开城门，他理直气壮地宣布："赖天地祖宗之灵，国家已有了君主。"意思是明英宗已经过时了，我如今只听新君明代宗的话，也先知道大同已有准备，没有发动进攻，只是稍作停留便离开，经阳和，于初四日进至紫荆关。守关的明军尽管有所准备，但抵抗四天之后终于失守，指挥韩清与副都御史孙祥战死。瓦剌军队的胜利与太监喜宁的引路有很大关系，他们因此才能够从间道攻克紫荆关，迅速经易县、良乡等地到达北京城下。另一路偏师也顺利攻陷了白羊口。

瓦剌入侵的消息传来，朝野汹汹，京师戒严，这是它成为明朝首都以来的第一次。

主持具体工作的于谦早已调动大量人力物力加固了北京的城墙，预先把城门附近的居民迁入城中。同时，他一面储存粮食，一面实行坚壁清野之策，为了防止周边地方官府仓库里的粮食落到敌人的手里，事先派人将其全部焚烧。可是，明朝统治阶级内部对战守的问题意见不一，掌管五军大营的右都督石亨的态度比较谨慎，主张尽闭京城九门，坚守以避敌锋芒，但被于谦否决，他认为不可向敌人示弱，否则瓦剌人的气焰会更加嚣张，故此，他坚决要求"凡兵皆出营郭之外"，一定要

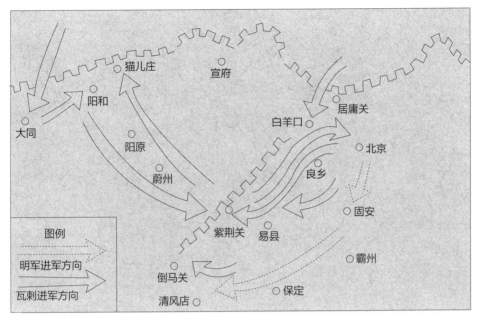

◎北京保卫战示意图

在城外与敌人野战。于谦的想法得到了朝廷的支持，于是，明军派出二十二万军队，分列京城九门之外，皆"背城而阵"。具体的布置是：都督陶瑾布阵于安定门，广宁伯刘安布阵于东直门，武进伯朱瑛布阵于朝阳门，都督刘聚布阵于西直门，镇远侯顾兴祖布阵于阜成门，都指挥李端布阵于正阳门，都督刘得新布阵于崇文门，都指挥汤节布阵于宣武门，而于谦本人则"躬擐甲胄"，亲自出城督战，与石亨以及神机营都督范广、副总兵武兴等人一起布阵于德胜门之外。守城的都督王通与御史杨善为了防止城外的士兵不战而退，下令紧闭各个城门。

必须指出的是，如果明朝竭尽所能召集而来的二十二万军队不能在城外打一个翻身仗，就可能造成灾难性的后果，致使黄河以北的明军从此彻底丧失野战能力，只能龟缩于各个城镇、屯堡等一系列孤立的据点里，眼睁睁地看着据点之外的老百姓呻吟于瓦剌军队的铁蹄之下。

于谦没有取胜的把握是不敢轻率地将仅有的这一点家当押上去的。因为城外的明军以步兵为主，而"背城而阵"正是步兵防御骑兵的高招，其优势在于：背靠城墙既可以掩护后翼，防止被骑兵迂回包抄，又能够得到城上守军的火力支援，可谓一举两得。在中国漫长的战争史中，步兵用这种打法战胜骑兵的例子有很多，著名的有南宋抗金期间的顺昌之战，当时的抗金名将刘锜以五千人"背城而战"，用"刀斧"等兵器出战，同时，城上守军居高临下以劲弩射击，终于击退金军精锐的铁骑——"拐子马"。明朝建立之后也不乏类似

157

的战例，比如"靖难"战争的东昌之役，忠于建文帝的部队凭着"背城而阵"的战术打败了朱棣一向赖以克敌制胜的重装骑兵，赢得了开战以来的第一场大捷。历史总是不断在重复，如今的于谦又要靠这一招保卫北京了。

此时，在北京城外布阵的明军仍然非常倚重神机营。现在的神机营与不久之前在土木堡之战中被摧毁的那支王牌部队不同，它是朝廷重新组建而成的，为了以最快的速度补充兵员，于谦甚至将在运河上负责漕运的官军编入营中操练。然而过去的战斗经验表明，由于神机铳炮存在装弹速度慢等技术上的弱点，因而对付瓦剌重装骑兵的作用有限，故此，神机营这一次能否脱胎换骨出奇制胜就成了众人瞩目的焦点。

瓦剌于十月十一日来到北京城下，列阵于城西北，并在此期间分兵四出剽掠，给京城周围的百姓制造了新的灾难。副总兵高礼、毛福寿在彰义门之北打退了三百瓦剌骑兵的试探性攻击，擒其头目一人。

也先原本以为北京"旦夕可下"，现在眼见明军严阵以待，遂变得有些沮丧，转而想通过讹诈的手段捞取一些好处。他于十二日挟持明英宗来到德胜门外，索取"金帛以万万计"，并想邀请于谦及吏部尚书王直、太子太保胡濙等人和议，但遭到了朝廷的拒绝。到了第二天，双方首先在德胜门外大打出手，瓦剌军队先以数名骑兵前来侦察，于谦调兵埋伏于城外两旁的空屋里面，不让对方察觉。为了引诱敌人进入埋伏圈，明军派出几名骑兵在阵前

挑战，然后故意诈败，拼命往回跑，企图"放长线钓大鱼"。瓦剌军队不知是计，竟然出动万余兵马追击，向德胜门汹涌而来。说时迟，那时快，神机营都督范广指挥埋伏在空屋里面的明军端起神炮等火炮一阵猛打，把来犯之敌打得人仰马翻。

神机营躲藏在空屋里面确实能出其不意地打击敌人，不过，这种战法重复使用会让敌人产生心理防备，不再那么容易上当。最后解决问题的还是刺刀见红的硬功夫。在这个关键时刻，石亨及时出场，上演了一幕骑兵对骑兵的精彩大戏。石亨是渭南人，他生得"方面丰躯、美髯及膝"，被智者誉为"有封侯之相"。他虽然出自

◎石亨之像

军人世家，曾袭职宽河卫，做了个指挥佥事，但与军中那些尸位素餐的纨绔子弟不同，他练得一身好武艺，不但"善骑射"，而且提起大刀能够"轮舞如飞"，在军旅生涯中每次出征都"挺刃当先，辄立奇功"，一路升官至都督同知。毫无疑问，他承袭了常遇春那一类将帅好勇斗狠的作战风格，擅长"斗将"。时人皆以为，边将智勇双全者首推杨洪，其次则是石亨，可惜石亨在土木堡之役前夕驻军于阳和口时，因受到监军太监的掣肘而被瓦剌击败，他单骑奔还，后被朝廷撤职。于谦为了保卫北京，重新荐举石亨为官，令立功赎罪，两人本来一齐驻于德胜门外，但在瓦剌人到达之后，根据形势的变化，石亨率部分人马移师安定门外。战斗打响不久，于谦判断敌人的主攻方向是德胜门，立刻敦促石亨回师参战。石亨得令后马不停蹄地杀回来，挺刃单马向敌人疾驰过去，左右随从紧随其后，如秋风扫落叶一般一下子杀敌数十人。堂侄石彪手持巨斧，以"百万军中取上将首级"的勇气突入敌军阵营的中坚，所向披靡。敌人退往城西，石亨所部追到城西，不久又转战到了城南。其后，越战越勇的石彪率领精兵一千多人把敌军引入彰义门外的埋伏之中，再由石亨率领主力夹击，取得胜利。

瓦剌军队在一系列的战斗中被步骑协同的明军所挫败，就连也先的弟弟孛罗与平章卯那孩等贵族都中弹而死，只得黯然而退。

具有丰富作战经验的瓦剌军队立即调整作战部署，实行"避实击虚"之策，利用骑兵快速突击能力强的特点转而进攻西直门。明军都督孙镗奋力斩杀敌军先锋数人，但抵抗不住对方的猛烈攻击而失利，被迫撤回并急叩城门请求入内休整。这时，给事中程信正在西直门的城楼上督战，他认为孙镗所部虽然受挫，但实力仍在，因而拒绝开门接纳。无可奈何的孙镗不得不屯兵于城外，让手下背靠着城墙继续与追兵苦战。城楼上的程信没有袖手旁观，他与都督王通、都御史杨善等人指挥城头的部队一边呐喊助威，一边用枪炮等火器往下射击，以助城外军队一臂之力。不久，明将毛福寿、高礼奉命赶来增援。在混战中，高礼身中一箭，可见战况之激烈。正在双方打得难解难分的时候，石亨这支生力军及时引兵杀到，终于击退了敌人。

十四日，两军的主战场转移到了彰义门。都督王敬、武兴列阵于门外，阵前的士卒皆手拿神机铳等远程火器，他们背后的人则按次序拿着弓箭与各式长短兵器，而处于阵列最后的是骑兵。这个阵势比较符合朱棣生前所规定的作战原则。遗憾的是，参战的骑兵并非是石亨那样骁勇善战的军人，而是临时拉来充数的皇室内官侍人，这些家伙的战斗力究竟如何只有天知道了。他们等到瓦剌军队杀到，先以神机铳猛烈射击，然而就在瓦剌军队将溃未溃之际，阵后的骑兵为了抢功，争先恐后地涌上前来，致使现场一片混乱。瓦剌军队乘虚而入，以全力杀了个回马枪，用乱箭射死了指挥官武兴，将明军打得大败而逃。这生动地说明了明军火器部队野战中如果没有得到骑兵有效的配合，仅靠自身的力量很难与敌人的铁骑抗衡。

眼看反攻的瓦剌骑兵就要逼近彰义门的城门。在这个紧急关头，城中的居民纷纷主动参战，他们登上高处，用砖石投掷围城之敌，喊杀之声震天响。提督军务的金都御史王竑、都督毛福寿率领援兵如旋风一般赶到，但等他们来到战场，却扑了一个空。原来，瓦剌骑兵远远望见他们的旗帜便主动撤走了。

当晚，另一路攻打居庸关的瓦剌偏师也被守军用火器击退。

也先围城五天，不但在正面战场上损兵折将，而且派到周围抢掠的人员也不断遭到老百姓自发的攻击，他心知无法迅速克城，又担心后路被明军各地的勤王之师切断，不得不在十五日夜间挟持着明英宗后撤，经紫荆关、猫儿庄向塞外退去。蒙古自退出中原之后首次大规模反攻敌人的首都就这样草草结束了，"还我大都"的口号也成了一句空话。

这次参加进攻北京的瓦剌军队最多不超过五万人，脱脱不花汗的部队作为后备力量，还没入关便听到也先败还的消息，因而顺水推舟退兵了。

分散劫掠京郊各郡的瓦剌骑兵，每股不过百余骑，他们驱赶着掳掠而来的男男女女与那些大大小小的牲畜往回撤，远远望见，好像有成千上万的人，使一些追赶而来的明军不敢轻举妄动。不过，另一些胆大的追兵却获得了战功，石亨、孙镗、杨洪、范广等将领追敌至清风店、固安等地，打死了部分殿后的瓦剌士卒，夺回一批人口与辎重。其中表现比较突出的还是

石亨，他日夜不停地追击了三天，到达清风店之北时，恰巧碰到一股将要取道紫荆关、倒马关出塞的瓦剌军人。石亨故意派遣间谍四处放话欺骗敌人，声称他本人未在阵中，统率明军追击的另有其人。瓦剌军队信以为真，掉过马头反攻。此举正合石亨的心意，他马上带领石彪与数十名精锐骑兵，大呼奋击，"直贯虏阵"，刀斧齐下，杀敌数百人。瓦剌士卒方知中计，无不四散而逃，尽弃所掠财物。战后论功，石亨第一，他被封侯而统领京营。明代中期著名诗人李梦阳为此专门写了一首《石将军战场歌》，歌颂石亨的丰功伟绩：

清风店南逢父老，告我己巳年间事。
店北犹存古战场，遗镞尚带勤王字。
忆昔蒙尘实惨怛，反覆势如风雨至。
紫荆关头昼吹角，杀气军声满幽朔。
胡儿饮马彰义门，烽火夜照燕山云。
内有于尚书，外有石将军。
石家官军若雷电，天清野旷来酣战。
朝廷既失紫荆关，吾民岂保清风店。
牵爷负子无处逃，哭声震天风怒号。
儿女床头伏鼓角，野人屋上看旌旄。
将军此时挺戈出，杀胡不异草与蒿。
追北归来血染刀，白日不动苍天高。
万里烟尘一剑扫，父子英雄古来少。
天生李晟为社稷，周之方叔今元老。
单于痛哭倒马关，羯奴半死飞狐道。
处处欢声噪鼓旗，家家牛酒犒王师。
应追汉室嫖姚将，还忆唐家郭子仪。
沉吟此事六十春，此地经过泪满巾。
黄云落日枯骨白，沙砾惨淡愁行人。
行人来折战场柳，下马坐望居庸口。

却忆千官迎驾初，千乘马骑下皇都。
乾坤得见中兴主，杀伐重开载造图。
姓名应勒云台上，如此战功天下无！
呜呼石家今已无，安得再生此辈西备胡。
诗人对石亨的评价很高，将其与汉唐的御边名将霍去病、郭子仪相提并论，但诗歌的最后一句用充满了感时伤怀的笔触写道"呜呼石家今已无，安得再生此辈西备胡"，痛惜边关诸将庸才居多，良将难觅。可见，石亨的胜利只不过是明军由盛转衰时的一次回光返照，此后，这支军队再也未能重现洪武、永乐年间那种"金戈铁马，气吞万里如虎"、横扫蒙古草原的风采。朝廷继续维持战略防御的政策，即使偶尔出击塞外，其规模也是有限的。

北京保卫战中，"背城作战"的明军在占据地利之便的情况下得到超常的发挥，神机营与重装骑兵尽力御敌，它们的表现平分秋色。可是，于谦对京营的整体表现不太满意，他在战后酝酿着组建一支新的队伍——"团营"。受于谦直接指挥的团营是由从京营中挑选的精兵组成的，人数由最初的六万增加到十五万，分作十营操练，每营一万五千人。总兵官是石亨，左副总兵是孙镗，右副总兵是范广，左参将是过兴，右参将是张义，美中不足的是还有曹吉祥、刘永诚等太监监军。

团营革除了京营三大营的某些弊端，各级将领与士兵无论是训练还是打仗都始终相处在一起，使内部更加团结，号令也更加统一了。于谦吸取了北京保卫战的教训，他修订了以往惯用的"首以铳冲其锋，继以骑冲其坚"的打法，尽管这种打法源

于朱棣规定的作战原则，可是事实已经反复证明，神机铳炮等火器在与瓦剌重装骑兵对抗时作用有限，步兵在近战时需要装备刀、牌等冷兵器配合骑兵作战。于谦的新战法在上奏给皇帝的《建置五团营疏》一文中有很好的表述，他说道："贼（指瓦剌军人）之所恃者，弓马冲突而已。贼知我火器一发之后，未免再装迟慢，以此我军放罢火器，就便驰突前来。今若与之对敌，我军列阵，外用鹿角遮护，持满以待。贼若来紧，坚阵不动，先以弓弩对敌，神铳未发，先以火药爆竹诈之，贼必谓我火药已尽，不复畏避，驰马来攻，则我军火铳火之，飞枪火箭弓矢齐飞。若贼势不动，又以大将军（一种火炮）击之。待贼势动，分调精锐马军用长枪、大刀、劲弓射砍，

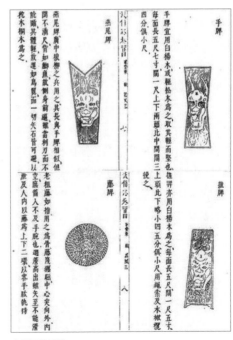

◎明军的盾牌

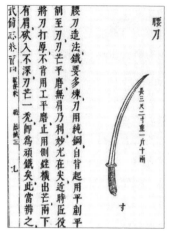

◎明军的腰刀

◎盾牌手训练图

步军用团牌、腰刀一齐冲入贼阵，或刺射人马，或砍其马足。"从文中可见，这种打法的新颖之处在于，当敌军重装骑兵不顾火器手的阻击而继续死打硬拼时，步军必须拿起团牌、腰刀一齐迎上前去，上砍骑手、下砍马脚，配合己方的骑兵一起杀敌。换言之，军中的盾牌手与刀手在现在得到了更多的重视。

于谦在疏文中没有提及步兵的长枪手，这是有原因的。此前，他在另一篇疏文中也说过明军所用的长枪"杆长刃短"，难以"回转攻刺"，建议将这类兵器改为"刃长杆短"，以利使用，可见，他对长枪在战场上的表现不是很满意。原来，长枪军虽然能与重装骑兵抗衡，但在使用时也存在一些弱点，例如明代中后期的御边名将戚继光曾指出过"长枪难用"，他认为，当"敌马万众齐冲，势如风雨而来"之时，大多数步兵手中的长枪唯有向前戳去，然而，那些主要用木与竹制造的细长枪杆常

常会承受不住迎面而来的强大压力而断为两截，是以"一枪仅可伤一马，则不复可用矣"。相反，如果让步兵放弃只能使用一次的长枪，转而拿着耐用的藤牌与长刀，一边"以牌蔽身"，一边"单刀滚去，低头砍马足"，破敌效果会更佳。必须说明的是，提刀横扫马脚需要比较大的空间施展拳脚，适合于单兵作战，而举刀从上往下劈向马头，则适合于紧密相连的阵线，当将士们"联作墙般"，"密密一字向前"，齐齐挥刀之时，对敌骑的威慑可想而知。由此可见，刀牌手仅就作战方式而言，比起"唯有向前一戳"的长枪兵要丰富得多。

不过，长枪兵经过相对简单的培训即可上岗，而刀牌手则需比较长时间的苦练才能形成战斗力，因而，于谦格外注重对团营里各兵种的训练。他强调团营里的步骑兵除了必须"每日演习弓马武艺"之外，还要"兼习阵法及交锋、冲突、安营、走阵"，"以为战斗之势"，并选用著名的八阵法

对部队进行培训。八阵之法，变化多端，合则为八阵，分散又可为六十四阵，士卒练习时务必要做到"耳目惯熟，步骤轻健，能知进退坐作之法，免致临敌畏怯失措"。

经过对京营进行大刀阔斧的改革，于谦终于练出了一支精锐的部队，但这支部队却没机会与瓦剌作战，因为瓦剌统治者在北京城下碰壁之后，认定通过和平贸易获得的利益远比从战争中掠夺的风险要低，因而改变了对明朝的开战政策，准备进行和议。根据《明实录》记载，瓦剌主力人马不足十万，且在入侵明境与进军北京这一系列历时数月的战事中有大批人员战死或病死，总数"不下万余"，这样的损失，也先不能无动于衷。身陷囹圄的明英宗也没有闲着，他盘算着如何除掉叛国的太监喜宁，与他一起被俘的侍从袁彬建议派遣喜宁回宣府索取衣物，以便借明军之手将其诛杀。喜宁不知是计，征得瓦剌人的同意之后，与一名叫作高磐的侍从一同上路。袁彬事前在木板上刻了一封信，

秘密绑在高磐大腿上，要求边关的明军逮捕喜宁。宣府参将杨俊得信之后，立即设计抓住喜宁押送入京，处以极刑。瓦剌人失了向导，无形中增加了向中原用兵的难度，这有助于和平的恢复。1450 年（景泰元年），也先遣使与明朝和谈成功，并在同年八月初三送还明英宗，双方贸易关系暂时恢复正常。

明英宗返回北京之后，被尊为"太上皇"而软禁于南宫之中，但他暗中联系太监曹吉祥及其党羽徐珵（此时已改名叫徐有贞）、石亨等人，趁明代宗病危之际于1457 年（景泰八年）正月复辟成功，重新坐上皇帝之位，改元"天顺"。在北京保卫战中立下大功的于谦因忠于明代宗而在这场宫廷政变中被逮捕，后被处死。

于谦死后，团营也被革除编制，直到八年后才一度恢复。此后明朝统治者根据形势的需要时而革除团营的编制，时而恢复，由于变动频繁，物是人非，其战斗力与当初组建时相比不可同日而语。

第十二章 决战之后

物极必反，盛极必衰。瓦剌在叱咤风云的同时，上层统治阶级的内部也酝酿着动乱。也先入侵明朝，获得"土木堡大捷"之后，自信心进一步膨胀，并在声威日隆的情况下开始觊觎脱脱不花的汗位。双方出生的部族不同，政见也有异，例如脱脱不花曾在"土木之战"之前反对攻打明朝，后来参与侵明，他也仅在辽东等地应付式地打了一下而已。综上所述，两个理念不同的人相处久了必然发生龃龉，导致兵戎相见。

汉文史籍《明英宗实录》记载，也先经过精心策划，在1451年（景泰二年）十月二十八日先下手为强，给了脱脱不花汗所部致命的一击，"尽收其妻妾、太子与人民"。成为孤家寡人的脱脱不花汗骑着一匹野生的黑鬃黄马，在茫茫的大草原中没日没夜地逃跑，最后在逃亡途中被仇家弑杀。

脱脱不花汗死后，也先作为异姓封建主成了瓦剌与鞑靼的最高领袖，他继承父志，于1453年（景泰四年）自称为"大元田盛（天圣）大可汗"，终于完成了多年的夙愿。虽然自从元朝灭亡之后，很多蒙古大汗成为被异姓封建主操纵的傀儡，但是异姓封建主敢于取代成吉思汗的后裔

正式成为蒙古大汗的，也先是唯一的一例。这时候距离元朝灭亡已经八十五年了。在这段漫长的岁月里，成吉思汗后裔们的境遇每况愈下，丝毫没有看到家族复兴的任何希望。也先为了防止成吉思汗的子孙卷土重来，竟然大开杀戒，有很多元帝的后裔都在这次大屠杀中惨遭毒手。

也先残忍嗜杀，搞得人人自危。很多地方都议论纷纷，人们担忧照此下去，他会把蒙古人杀光。也先并没有适可而止，及时地消除人们的疑虑，反而继续采取高压政策。他因猜忌阿剌知院，便暗中在宴会中下毒鸩杀其子，老谋深算的阿剌知院佯作不知，隐而不发，并一直耐心等待着，终于在1454年（景泰五年）八月等到了报复的机会，对正在打猎的也先发动突然袭击。据《明英宗实录》记载，阿剌知院在杀也先之前，历数其滥杀无辜的罪行，称："天道好还，今日轮到你死啦！"也先在这场突如其来的内讧中，死于控奎与扎布汗河流域的库克汗山上。其后，阿剌知院也在混乱中被其他部落的领主击毙。至此，蒙古又一次四分五裂，各部落各为其主，互相倾轧。

也先的死标志着瓦剌失去了在蒙古号令诸部的霸权。从此，瓦剌在鞑靼诸部的

排挤下逐渐离开蒙古草原向西迁移。

石亨欲趁蒙古内乱之机领兵出塞，夺回传说中的传国玉玺，以完成朱元璋未了的心愿。文臣李贤公开反对道："宝玺乃秦始皇所造，刻有李斯所书之篆文，实乃亡国之物，不足为贵。"刚刚复辟的明英宗经受过土木之变的惨痛教训，不想首先在边塞挑起争端，因而支持了李贤的意见。那时明朝连年水旱，致使府库空虚，军民疲困已极，也实在无力再开展大规模的军事行动。

鞑靼开始复兴。鞑靼诸部的大小封建主们深受正统观念的影响，他们为了与瓦剌争雄，需要重新树立一个众望所归的大汗，以收拢人心。因此，成吉思汗的后裔又有机会在政治舞台上登台亮相。脱脱不花汗遗留下的两个儿子马可古儿吉思及莫兰台吉先后登基。但是，他俩的政治才华稍逊，很快便在残酷的内部斗争中被权臣弒杀，政局仍然混乱不堪，出现了近十年汗位空缺的奇怪现象。这种情况直到鞑靼察哈尔部首领满都鲁挺身而出为止，他在1471年（成化七年）进入河套后，正式对外自称可汗。

河套，其地在黄河之南，自宁夏至偏头关，连绵二千里，水草丰饶。明朝开国之初在河套外围设立东胜卫。东胜之外土地平坦，蒙古骑兵经过此地，难以隐蔽，常常被明朝守军发觉。其后，朝廷却陆续将设置于塞外的东胜诸卫内徙，致使河套暴露在漠南蒙古诸部之前。进入河套地区放牧的鞑靼人掳明人为向导，时常入塞抄掠延绥等地，边事因而日渐棘手。

大汗满都鲁年仅四十二岁便死去。满都鲁的妻子满都海福晋让一个名叫把秃猛可的成吉思汗后裔即了汗位，号称"达延汗"。所谓"达延汗"即是"大元汗"的异译。顺便提一下，有人抓住"大元汗"这一点，由此竟然得出一个奇怪的结论，称北元没有灭亡，这种想法是非常奇怪的。往前来说，以前篡位的瓦剌人也先曾自称为"大元田盛（天圣）大可汗"，难道也代表瓦剌部的也先继承了元朝的正统吗？可是也先根本就不是成吉思汗的后代。往后来说，清顺治十五年（1658年），西藏的达赖喇嘛授予蒙古卫拉特顾实汗的继承人"持教达延汗"的称号，难道据此可以认为"大元"直到这时候仍然继续存在于西藏吗？这当然是荒谬的。事实上，蒙古贵族北迁之后，有时为了便于与中原人士打交道，会对外标榜"大元"的称号，但是这个称号只不过是徒有其表，内涵早已今非昔比。到了满都海福晋时代，汉文化的影响更是大幅度衰退，达延汗在位时干脆取消了残留的元代官制，改用蒙古本土制度。

达延汗即位之初，实力在四分五裂的鞑靼诸部之中并不占绝对优势。鞑靼号称六万户，分别是左翼的察哈尔、喀尔喀、兀良哈三万户，右翼的永谢布、鄂尔多斯、土默特三万户，达延汗属下仅有察哈尔一个万户，各类大小封建主割据一方，专横跋扈。满都海福晋全力支持达延汗发起统一战争。大约在1510年（正德五年），达延汗终于完成了统一鞑靼左右翼的伟业。必须要说明的是，达延汗的统一事业，就地域和人口而言，比起以前脱欢与也先父子的统一，是大为逊色的，因为达延汗统一的仅仅是鞑靼，尚未包括瓦剌。

达延汗先后分封了十一个儿子，以众多成吉思汗后裔的血统为纽带，牢牢地控制着鞑靼各部落，一举结束了异姓封建主互相争霸而内乱不休的局面。至此，成吉思汗的后裔终于战胜了异姓封建主，重振了因元朝灭亡而日渐式微的汗统，此举标志着皇族的复兴。这时距离元朝灭亡已经一百五十年左右了。

达延汗与明朝的关系是时和时战，他即位之初，没有能力约束鞑靼诸部，所以当一些部落骚扰明朝时，会引来明军的反击。后来，他派遣使者求贡，双方关系有所缓和。

达延汗向明朝朝贡时，常常以对立国自居，明朝对其"悖慢"的态度在一定的程度上予以容忍。1496 年（弘治九年），达延汗上书明朝要求以三千人入贡，扬言"减我一人，三千人俱不来"，明朝当然不可能放这么多使臣入关，因为招待这批人的费用及回赐财物将会造成严重的财政负担，所以只同意一千人入京。达延汗果然不来朝贡。他最后一次朝贡是在 1498 年（弘治十一年），因嫌明朝的赏赐稍薄，从此不再派使团入塞，而是用战争的手段在宁夏、延绥、大同等处大肆抢掠，"殆无虚日"。

总之，达延汗大举入塞是为了经济利益，并非想消灭明朝而重建大元朝。达延汗死后，他的继承者继续驻牧于明朝北部边境，威胁着长城沿线的蓟镇、宣府、大同、太原、固原、延绥、宁夏、甘肃等边镇，其范围涉及今天的河北、山西、陕西、宁夏、甘肃等省。自从鞑靼统一之后，由于内部战乱的减少，经济有了明显的发展，人口也得到了增加，根据嘉靖初年明人的观察，鞑靼诸部的"控弦之士"大约有三十万人（所谓"控弦之士"，从字面上的意思来看是指那些精于"骑射"的游牧战士，不包括老弱妇孺在内），此后数十年间"生齿日繁"，军中的青壮年必然越来越多。蒙古人掳掠了大批汉人进入草原，其中有不少是能工巧匠，又使其手工业的水平相应提高，就以铁加工行业为例，他们入塞搜刮时"寸铁不遗"，全部运回草原，使长期以来对铁的紧急需求得到缓解，并在此基础上有能力制造出各类精良的钢铁兵器。根据《北虏风俗》的记载，入侵明朝境内的鞑靼军队可谓"金戈铁马，明光耀目"，这证明他们有能力维持一支令人称羡的重装骑兵。

不过，达延汗生前始终没有设立一个中央机构，而是仅仅凭着自身的地位实行家长式的统治。他死后，随时光的流逝，各部封建主一代传一代不断分封下去，原来的封地因人口的增长而越封越小，各万户诸多封建主之间的血缘关系也日益疏远，越来越多的人不再服从继任大汗的号令，就这样，封建割据的局面又逐渐在鞑靼出现。这次封建割据与过去不同的是，称霸各个地方的部落头目全部都是成吉思汗的后裔，而不再是异姓封建主。鞑靼诸部历来分为左右翼两大部分，后来，左翼因受到右翼的排挤而被迫迁徙到辽东，从

◎明末蒙古诸部形势图

此山西、陕甘以北的牧地全部被右翼霸占，此举意味着达延汗在位期间获得统一的鞑靼正式重新分裂。

　　明朝出于对鞑靼诸部的不信任，经常对一些部落首领提出的"通贡"请求不加理睬，甚至进行经济封锁，结果导致游牧骑兵入关抢掠的浪潮越演越烈，特别是在十六世纪的嘉靖年间，鞑靼右翼统治者企图用战争来胁迫当时在位的明世宗进行通贡，在长达三十多年的时间里不停地在明朝北部边境烧杀掳掠，塞内外烽火连天。内犯的游牧战士少则两三骑，多则成千上万，其中影响最大的一次是在1550年（嘉靖二十九年）打到北京城下的"庚戌之变"。这一年六月，鞑靼贵族经过精心的策划，以迅雷不及掩耳之势从大同的小

◎明世宗之像

莺圪塔墩口入境。轻而易举地突破了明军的防线，他们就像钻进了铁扇公主肚子里的孙悟空，准备大闹一场，为此集中了总数近十万的人马，全力向东挺进。从蓟镇间道南下，飞也似的冲向大约一百七十里之外的古北口，虚晃一枪之后绕道前往西黄、榆沟等处拆毁边墙，击破明军的抵抗而长驱直入。没用多久就经过密云、怀柔、顺义等地，于八月十七日直抵处于北京外围的通州，个别骑兵竟然杀到了北京城外二十里处的村落。

这时的北京自从北京保卫战之后，百余年间未见敌人影踪，因而防务松懈。守城部队总数仅有四五万人，一旦军情紧急，难免手忙脚乱。将士们到武库领取武器装备时，又被管库太监按照惯例勒索财物，结果延误了布防的时间。而从京营中挑选人员组建的团营也早已腐朽，就像时人叶向高所痛切地揭露的那样，团营中的士卒经常干一些与公事无关的私活，而他们微薄的薪金又时常会遭到军中将领的克扣，早已失去了斗志，整支部队处于"上下相蒙"、得过且过的状态，当鞑靼人打来时，竟不能发一箭御敌，致使首都大门白昼紧闭，城外烽火连天。当时的士兵队伍里遍布老弱之辈，这些人因怯战而终日涕泣不休，还有部分精壮人员在官宦之家打杂，未能及时归队，造成整个城防队伍兵力不足，基本丧失了反击的能力。

鞑靼兵临北京城下的目的不是为了打下这座城，惯于野战的游牧骑兵尚未具备这样的攻坚能力，他们只是为了搜刮财物。除此之外，他们还想通过武力向明朝示威。

根据事后的统计数据，鞑靼军队从十四日入塞，到二十八日出塞，包括北京周围地区在内的多个州县被掠走与残害的人口、牲畜总数达到"二百万"。

明朝中后期的明军，战斗力早已一落千丈，即使鞑靼人打到首都也不敢与之决战，任其饱掠而归。驻扎于边防线上的军队依靠著名的辽东、蓟州、宣府、大同、太原、延绥、固原、宁夏、甘肃等九个边镇拱卫京师，号称"九边"。从东北的鸭绿江到西北的嘉峪关，在万里边防线上，每一个军事重镇都各自管辖着一系列的卫所、墩台，那些龟缩在大大小小的据点里面的军人，无论出自哪个兵种，也无论使用冷兵器还是火器，基本上都能凭着城墙的掩护有效地抵抗对方的骑兵。尽管明军的战斗力衰退了，但毕竟"百足之虫，死而不僵"，仍然有能力出动小规模部队时不时地进攻一下蒙古草原。明军这些军事行动在汉文的史籍中被称为"捣巢"。这一时期的明朝边防军队配置了大量的战车用于野战，原因之一是随着制炮技术的进步，需要动用车辆运载那些越来越大、也越来越重的炮。战车既可使用人来拉，也可使用马匹来牵引，车厢之内除了铳炮等远程兵器之外，还可以布置一些长枪、刀牌，准备近战。明代中后期著名的将领俞大猷、戚继光在镇守北部边境时均组建过战车营。通常情况下，当明军在野外遇见鞑靼骑兵时，他们立即将一辆辆的战车排列成阵作为障碍物，然后发射车上的远程兵器，必要时步骑兵可冲出车阵之外进行厮杀。必须指出的是，由于战车的速度比

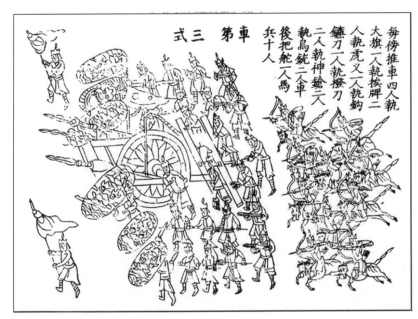

每傍推车四人执
大旗一人执挨牌二
人执虎义一人执钩
镰刀一人执撬刀
镋钯二人执神镲二
二人执鸟铳二人
执鸟铳二人
后把舵一人马
兵十人

◎明军的战车

不上战马，它主要用于防御，不能有效进行追击，故此没有取得过大量歼灭敌人的战绩。

明朝统治阶级顽固地对蒙古地区进行经济封锁，导致边境走私的风气盛行，有不少的驻防部队介入其中，军中的利欲熏心之辈常常将铁器等违禁品售卖给塞外的敌人，以图厚利。久而久之，这些人甚至从最初的走私发展到通敌卖国，嘉靖年间出任大同总兵的仇鸾承认部队中有人偷偷潜出塞外与鞑靼人进行非法交易，时间一长遂"结为心腹"，成为真正的害群之马。纲纪松弛的后果是使驻守边防的很多官兵士气低落、无心作战，宣大总督王崇古指证不少"怯懦"的将士每当遭到敌人的攻击，就挖空心思推卸责任，损失小的时候就隐匿不报，损失大的时候就虚张声势，

将十个百个的小股敌人上报为成千上万的大部队，从而以寡不敌众为借口，企图逃脱上级的处罚。

由于市井之徒横行的卫所军队早已不堪使用，官府为了维持一定的战斗力，不得不进行募军。但招募的军队时间一长也难免染上陋习，重蹈覆辙。在这个文恬武嬉的时代背景之下，各路明军既无信心、也无能力与鞑靼骑兵决战，他们在大多数情况下是"头痛医头、脚痛医脚"，仿佛成了救火队，哪里出了问题就跑向哪里，这种"治标不治本"的办法只能使病情拖延下去。幸运的是，蒙古人的进攻通常是东打一枪、西打一棒，显得琐碎而杂乱无章，平日里各部落是"各自为战"，甚至是"人自为战"，根本看不出任何深思熟虑的战略部署，暂时颠覆不了明朝的统治。

明军尽量避免决战，而蒙古人也没有寻求决战的想法，战争就这样不死不活地延长下去，和平变得遥遥无期。从庚戌之役一直到1570年（隆庆四年）明朝与鞑靼右翼因"俺答封贡"而全面和解为止，在将近二十年的时间里塞内外几乎每一年都狼烟四起，血流漂杵，老百姓的生命与财产处于朝不保夕的水深火热状态中。在这个动荡不安的时期里，鞑靼专门抢掠长城沿线各省。鞑靼贵族们每一年都会进行几次规模比较大的联合行动，至于万人以下的进犯次数，更是屡见不鲜，难以统计。鞑靼军队的频繁入侵虽然可以抢到物资，但有时也要付出人马死伤的沉重代价，可见抢掠确实要冒很大的风险，就像其右翼头目俺答所承认的那样，"入边为非作歹，虽然抢掠到一些东西，但我方人马也常被杀伤"，而且还面临明军出塞进行"捣巢""烧荒"等报复。连年的战乱使塞内外平民哀鸿遍野，经济凋敝。如何缓和紧张关系，停止对抗，已经成为明蒙双方急需解决的问题。

机会终于来了。1570年（隆庆四年），俺答汗的孙子把汉那吉因家庭内部矛盾离家出走，投降了明朝。明朝的封疆大臣——宣大总督王崇古、大同巡抚方逢时将送上门来的把汉那吉视为"奇货可居"，认为应该利用他作为筹码与俺答进行谈判。王崇古与方逢时的主张得到了中枢的支持。这时明世宗已死，继位的是对外夷采取开明态度的明穆宗，而首辅及内阁亦经过了新旧交替，新的执政者认识到与鞑靼诸部改善关系可以节省军费，控制财政超支，

从长远来看也有利于边塞的繁荣昌盛，正酝酿着调整对蒙古的政策。双方经过多次谈判，最终达成协议，明朝以把汉那吉交换了潜逃到蒙古草原的明朝叛徒。这次危机得到解决之后，俺答顺理成章地向明朝提出通贡开市的要求。王崇古知道停战的时机已经到来，他力排众议，认为应该改变因循守旧的政策，果断与俺答和解，给边塞内外的苍生带来渴望已久的和平。王崇古的意见得到了朝中内阁大学士高拱、张居正的支持，而且最后也得到了明穆宗的首肯，一波三折的通贡开市终于确定下来了。1571年（隆庆五年）三月，明朝封俺答为"顺义王"，同时，鞑靼右翼诸部大小首领（把都儿、黄台吉等人）亦受封"都督同知""指挥同知""指挥佥事""千百户"等职。双方具体规定了封贡、互市等事项，先后在沿边诸关隘开市。这就是历史上具有划时代意义的"俺答封贡"，它是明蒙双方那些有远见的政治家们共同努力的结果。双方的战争不死不活地打了几十年，已经搞得天怒人怨，现在停战是人心所向、大势所趋。

此后，明朝与右翼的关系全面解冻，东起延、永，西抵嘉峪七镇，数千里地区偃旗息鼓，军民安居乐业，边民们和平地进行经济交流。明朝每岁亦节省了十分之七的军费。

不过，与鞑靼左翼相邻的蓟辽地区却仍然硝烟弥漫。活动在辽河套的鞑靼左翼从嘉靖年间起多次入塞抄掠，时为边患，其中辽东成了重灾区，正如日本学者和田清所说的，"使明廷辽东大为疲敝，不久

◎努尔哈赤之像

就形成了清朝兴起的基础"。

到了十七世纪前期，清太祖努尔哈赤在东北的白山黑水之地崛起，建军立国，同时威胁到明朝与鞑靼左翼，这意味着历史即将翻开新的一页，明朝与蒙古诸部在未来的岁月里都将被这个来自关外的新兴政权用武力统一。共同的敌人迫使明军与鞑靼部队不得不抛弃前嫌，转而联合起来，共同御敌。经过二百多年的打打杀杀之后，明朝与蒙古的战争终于转入低潮，并逐渐平静下来了。

《明史》所称的"边境之祸，遂与明朝相终始"，可说是对这场从明朝开国一直持续到明亡的漫长战争作了一个非常中肯的总结。明人评论元亡明兴时认为："自

我太祖皇帝（指朱元璋）涤污荡垢之后，胡裔半留中国，入遁沙漠者不多。太宗文皇帝（指明成祖）又重申北伐之威，几番对其进行扫穴犁庭，于是，丧魂落魄的残余势力只能在穷荒绝徼之中喘息不已，不再轻举妄动……"关于蒙古在明初所遭受的重大损失，蒙文史籍亦不讳言。虽然明军在正统年间遭遇"土木之变"这样的惨败，但蒙古真正对明境发动大规模、长时间的侵袭却是从嘉靖年间开始的。时人魏焕在《九边考》中作了一个很有代表性的评论，说道："虏莫强于辽、金、元之时，莫弱于我朝，始盛于今日。"特别是鞑靼右翼的领袖俺答，频繁入侵明境，成了一大祸害；而辽东的鞑靼左翼，亦在明境焚烧抢掠。蒙古的入侵行动因遭到明军的抵抗而人马折损甚众。鞑靼左翼领袖土蛮有一次骚扰蓟镇，来到棒槌岩，由于不熟悉地形，在与明军作战时慌乱之间导致"千骑一时落岩尽死"；俺答进犯石州，据说血战之后"人马于道上死去数万"。这一

◎边关明军作战图

171

切就像蒙古贵族所承认的那样："虽然可以抢掠到一些东西，但我方人马也常被杀伤。"明蒙战争导致"华夷交困"，双方都陷入了困境。促成和议，使彼此之间能够进行和平的经济交流，就成了共同的努力目标。到了清太祖努尔哈赤崛起的时候，明蒙战争也随之即将落幕了。

综观元亡之后的明朝与蒙古诸部的整个战争过程，可简明扼要地分为三个阶段。

第一阶段的明军兵锋凌厉。从1367年（至正二十七年）朱元璋运筹帷幄、北伐中原，到1424年（永乐二十二年）朱棣在亲征漠北的途中死亡为止，时间长达半个世纪。这一阶段的明朝多次派兵主动出击，纵横塞内外，深入草原，对蒙古诸部采取咄咄逼人的战略攻势。蒙古诸部无力抵抗，往往逃向一些荒远偏僻的地方，苟延残喘。

第二阶段的明军转攻为守。从明仁宗于1424年（永乐二十二年）继位，到十五世纪中后期的成化年间为止。在这五、六十年的时间里，明朝进行战略收缩，不再锐意开拓边疆，转而采取稳守反击、以防御为主的策略。其间的土木之变更是使明朝遭到空前的挫败。而蒙古诸部在此期间卷土重来，纷纷南下至辽东、宣大、河套、陕甘等边塞地区与明军对峙。

第三阶段的明军与蒙古游牧战士处于对峙状态。从十五世纪晚期的弘治年间起，到十六世纪中后期清太祖努尔哈赤崛起为止，长达百余年。这期间成吉思汗的后裔战胜了割据一方的异姓封建主，基本统一了蒙古诸部，势力大增，并不断进犯内地，

大肆杀戮。从辽东到大西北，万里长城沿线烽烟四起。明军固守防线与蒙古诸部周旋，双方时战时和。由于"鹬蚌相争，渔翁得利"，女真族领袖努尔哈赤趁着明蒙对峙之机在东北不断发展壮大势力，接着对外实行扩张。新的一次改朝换代即将到来，明朝与蒙古的战争已经退居次要位置。

回顾明军与蒙古贵族统治阶级长达二百多年的战争，各种大小规模的战事层出不穷，难以统计。在各个时期的一些具体战事中，有的是明军取胜，有的是蒙古人占了上风。那么在这场持续二百多年的战争中，究竟谁优谁劣？根据当代学者王雄的考证，洪武年间，向明朝投降以及被明军俘房的元军人数达到七八十万之多。这其中蒙古人所占的比重一定不少。洪武之后，虽然有朱棣在永乐年间对蒙古亲征的壮举，但明军歼灭的蒙古人数已呈逐年下降之势。明军以在战场上斩获首级的多少作为论功行赏的依据之一，然而这支队伍在明朝中后期与蒙古作战时，一次斩获千个首级以上的战例已经比较少见。不过在此需要强调的是，明军在战场上斩获的首级数并不等于明军的歼敌数，例如：1567年（隆庆元年），入塞抢掠的鞑靼人在撤退经过棒槌岩时，因不熟悉地形，"顷刻之间跌于岩下者不可胜计，山岩沟涧宽达数十丈，一时人马充盈"，事后，明军搜索这些山岩的沟涧时，很多鞑靼人已经腐秽得让人不能靠近，根本割不了首级；而1581年（万历九年）的辽东长勇堡（今辽宁沈阳以东）之战，鞑靼军在败退时皆钩其尸而去，明军也割不了首级。故此，

单凭明军斩获的首级之数很难统计出蒙古军队的真正伤亡人数。同样，各种史籍对明朝在漫长战争中的总损失的记载也含糊不清，例如"土木之变"，《明实录》只是记载"死伤者数十万"，俺答寇边时，"岁掠华人以千、万计"，上述的记载均不是确切的数据。综上所述，单凭双方人员在战争中的损失这一笔糊涂账，似乎是很难得出明军与蒙古军谁优谁劣的结论的。

蒙古人曾在"土木之变"中俘虏了明英宗，这证明蒙古人仍然善战。那么，明军是否俘虏过蒙古人的最高领袖呢？对此需要略加考证。事实上，明朝在开国战争中俘虏过元朝末代皇帝元顺帝的孙子买的里八剌，并于1374年（洪武七年）将其释放回塞外，这个人后来真的当上了蒙古大汗。至于到底是哪个大汗，则有两种说法：其一是死于捕鱼儿海之战结束后的脱古思帖木儿大汗，历史学者薄音湖经过考证之后认为这种说法可信。其二是额勒伯克·尼古埒苏克齐可汗，此人的事迹没有在明代史籍中留下记载，但根据蒙文史籍《黄金史纲》与《蒙古源流》的记载，他是脱古思帖木儿死后相继短暂在位的几名大汗之一，他贪图美色，竟然杀弟夺妃（一说杀子夺妃），最终因为施政无方的缘故被瓦剌权臣所弑——历史学者宝音德力根认为此人就是买的里八剌，理由主要有两个：第一，两者年龄相同，根据汉文《元史》与《草木子》等书的相关记载，宝音德力根认为买的里八剌生于1362年（至正二十二年），而根据蒙文《黄史》（原名《古代蒙古汗统大黄史》）与《黄金史纲》

等书的相关记载，额勒伯克·尼古埒苏克齐可汗也是生于1362年（至正二十二年）；第二，两人的名字，词义相同，"额勒伯克·尼古埒苏克齐"就是"买的里"的蒙古语意译，是"富有慈心"之意。不过，买的里八剌毕竟不能与明英宗相提并论，因为他成为俘虏时还未当上蒙古大汗。但是，仅仅凭着蒙古人俘虏明英宗这一孤立的事实而得出蒙古军在整个战争中的战绩比明军还要优胜的结论，恐怕令人难以信服，况且，明军也在正统年间用武力逼使鞑靼大汗阿台一再请求归附。

明军也有抢尽风头的时候，在长达二百多年的战争中，这支军队出手不凡，接连摧毁了蒙古政权的首都大都、上都，迫使蒙古大汗退回游牧状态。在往后的日子里，将士们先后在应昌、捕鱼儿海、斡难河源、忽兰忽失温、亦集乃等地摧毁了蒙古大汗（包括后来的鞑靼大汗、瓦剌大汗）游牧时的政治中心——汗斡耳朵。相反，自从朱棣于永乐年间迁都北京之后，蒙古人仅在正统年间的"土木之变"及嘉靖年间的"庚戌之变"中兵临北京城下，但是都未能攻克北京，也未能恢复旧江山，始终改变不了元亡于明这个铁一般的事实。

如果将双方在决战中胜负的次数来加以比较，或许可以作为判断谁优谁劣的一个标准。

战争虽然漫长，但双方主力真正进行过的决战只有九次，分别是洪武年间的太原之战、沈儿峪之战、岭北之战、捕鱼儿海之战，永乐年间的克鲁伦河之战、兀儿古纳河之战、忽兰忽失温之战，以及正统年间的土木之战与北京保卫战。在这九次大决战中，明军胜多败少，失败的只有三次。就此而言，明军的战绩要比蒙古军更胜一筹。

最后值得一提的是，几乎每一场决战之后，失败的一方都会总结经验教训对军队进行改革，及时更新武器装备，并对步、骑等兵种做出合理的调整，以期待在下一次决战中克敌制胜。就以明军为例：岭北之战失败后，明朝为了抗衡对手的重装骑兵而相应在步兵中提高长枪手与刀牌手的比例；克鲁伦河之战失败后，为了对付鞑靼的轻装骑兵，配备了大量火器的神机营应运而生；土木之战失败后，迫使明军留守部队在北京保卫战中匆忙上阵，同时也促成了京师三大营的改革与团营的组建。由此可知，取胜的秘密是军队的统帅在对付不同的对手时能够采取不同的打法，如果有谁因循守旧、拒绝改革，就不能百分之百地保证击败敌人，弄不好还会吃败仗。而传统文人津津乐道的谋略等一些不可捉摸的因素在很多时候只起到辅助作用。只有从这个角度来把握元明战争史的脉络，才会察觉血腥的战争竟然能够促进军队的进步，尽管这种进步是曲折的，但并非停滞不前。

参考书目：

古代史籍：

《宋史》
《金史》
（元）李志常《长春真人西游记》
（元）陶宗仪《南村辍耕录》
（元）叶子奇《草木子》
（元）权衡《庚申外史》
（元）刘佶《北巡私记》
《元史》
《明实录》
《明史》
《玄览堂丛书》
《明经世文编》
《明会典》
《崇祯长编》
《明清史料》
《明太祖文集》
（明）俞本《明兴野记》
（明）金幼孜《北征录》《后北征录》
（明）高岱《鸿猷录》
（明）何乔元《名山藏》
（明）萧大亨《北虏风俗》
（明）峨岷山人《译语》
（明）袁忠彻《符台外集》
（明）方逢时《云中处降录》
（明）魏焕《九边考》
（明）冯瑷《开原图说》
（明）郭造卿《卢龙塞略》
（明）严从简《殊域周咨录》
（明）瞿九思《万历武功录》
（明）冯时可《俺答前志》
（明）吴震元《奇女子传》

（明）诸葛元声《两朝平壤录》
（明）王鸣鹤《登坛必究》
（明）沈国元《两朝从信录》
（明）茅元仪《武备志》
（明）程开祜《筹辽硕画》
（明）王在晋《三朝辽事实录》
（明）沈德符《万历野获编》
（明）王士琦《三云筹俎考》
（明）谈迁《国榷》
《满文老档》
《清初内国史院满文档案》
《清实录》
（清）查继佐《罪惟录》
（清）谷应泰《明史纪事本末》
（清）彭孙贻《明史纪事本末补编》
（清）蒋良骐《东华录》
（清）赵翼《廿二史札记》
（清）翟灏《通俗编》
（清）刘献廷《广阳杂记》
（清）魏源《圣武记》
《道果延晖集》
（蒙古）《阿勒坦汗传》珠荣嘎译注
佚名《蒙古黄金史纲》
佚名《诸汗源流黄金史纲》朱风、贾敬颜译
（蒙古）图巴《蒙古黄史》乌力吉译
（蒙古）罗布桑丹毕坚赞《黄金史》
（蒙古）罗密《蒙古家谱》
（西藏）蔡巴·贡嘎多吉《红史》
（朝鲜）《李朝实录》
《吴晗辑朝鲜李朝实录中的中国史料》
（波斯）拉施特《史集》

今人著作：

陈寅恪《金明馆丛稿初编》《金明馆丛稿二编》

万绳楠《陈寅恪魏晋南北朝史讲演录》

孟森《明清史讲义》

陈高华《元大都》

李治安《元代政治制度》

陈得芝《蒙元史研究丛稿》

乌兰《〈蒙古源流〉研究》

曹永年《蒙古民族通史》第三卷

薄音湖《明代蒙古史论》

达力扎布《明代漠南蒙古历史研究》《明清蒙古史论稿》

宝音德力根《十五世纪前后蒙古政局、部落诸问题研究》

黄仁宇《十六世纪明代中国之财政与税收》

孙文良、李治亭《明清战争史略》

马明达《说剑论丛》

万明《中国融入世界的步履——明与清前期海外政策比较研究》

罗桑却丹《蒙古风俗鉴》

《北方民族史与蒙古史译文集》

叶新民、齐木德道尔吉主编《元上都研究文集》

（日本）和田清《明代蒙古史论集》

（日本）冈田英弘《达延汗六万户之起源》

（日本）田山茂《清代蒙古社会制度》

（美国）塞瑞斯著《达延汗后裔世系表笺证》

（俄罗斯）迈斯基《蒙古共和国》

（法国）马克·布洛赫《封建社会》

王雄《明洪武时对蒙古人众的招抚和安置》《察哈尔西迁的有关问题》

李新峰《土木之变志疑》

周清澍《明成祖生母弘吉剌氏所反映的天命观》

金峰《喇嘛教与蒙古封建政治》

张都《元上都故城》

李逸友《内蒙古元代城市概说》《蒙古史研究参考资料新编》

达力扎布《北元初期的疆域和汗斡耳朵地望》，《蒙古史研究》

王顺《"天魔"舞的传播及渊源》，《蒙古史研究》

陈得芝《赤那思地小史》，《元史论丛》第六辑

李中会《清季民国时期东西方旅行者在元上都遗址》，《元史及民族与边疆研究》第二十二辑

中国人民解放军军事科学院《中国军事通史》

台湾三军大学《中国历代战争史》

谭其骧《中国历史地图集》

刘永华《中国古代军戎服饰 》

THE WAR OF
THE SPANISH SUCCESSION

介绍和评价了参战各方的帝王、将相等重要人物在战争历程中的方方面面

引用了大量一手文件和信函,展示了交战各国的民风、文化、地理和民族意识

堪称研究西班牙
王位继承战争的百科全书

指文 **战争艺术文库**/015

英法争霸的序幕
西班牙王位继承战争
1701—1714

[英]詹姆斯·福克纳 著　　无形大象 译